保险事故诉讼证明问题研究

RESEARCH ON THE PROOF OF INSURANCE ACCIDENT LITIGATION

黄华珍 —— 著

北京大学出版社
PEKING UNIVERSITY PRESS

图书在版编目(CIP)数据

保险事故诉讼证明问题研究 / 黄华珍著. —北京：北京大学出版社，2023.11
 ISBN 978-7-301-34525-2

Ⅰ.①保… Ⅱ.①黄… Ⅲ.①保险—事故—诉讼—证据—研究—中国 Ⅳ.①D922.284.4

中国国家版本馆 CIP 数据核字(2023)第 189838 号

书　　　名	保险事故诉讼证明问题研究 BAOXIAN SHIGU SUSONG ZHENGMING WENTI YANJIU
著作责任者	黄华珍　著
责 任 编 辑	周子琳　王建君
标 准 书 号	ISBN 978-7-301-34525-2
出 版 发 行	北京大学出版社
地　　　址	北京市海淀区成府路 205 号　100871
网　　　址	http://www.pup.cn　http://www.yandayuanzhao.com
电 子 邮 箱	编辑部 yandayuanzhao@pup.cn　总编室 zpup@pup.cn
新 浪 微 博	@北京大学出版社　@北大出版社燕大元照法律图书
电　　　话	邮购部 010-62752015　发行部 010-62750672 编辑部 010-62117788
印 　刷 　者	大厂回族自治县彩虹印刷有限公司
经 　销 　者	新华书店
	650 毫米×980 毫米　16 开本　14.75 印张　223 千字 2023 年 11 月第 1 版　2023 年 11 月第 1 次印刷
定　　　价	68.00 元

未经许可，不得以任何方式复制或抄袭本书之部分或全部内容。
版权所有，侵权必究
举报电话: 010-62752024　电子邮箱: fd@pup.cn
图书如有印装质量问题，请与出版部联系，电话: 010-62756370

序

　　保险法属于商法，本来诉讼法与商法的交叉研究较为薄弱，而诉讼法与保险法的交叉研究更为薄弱。因为单攻保险法，即可在该专业上如鱼得水，无须他顾；而诉讼法学者却难以深入保险法专业研究。黄华珍博士的《保险事故诉讼证明问题研究》一书是在博士论文的基础上，结合她本人多年在保险法领域的法律实务经验加以修改而成，是关于保险法与证据法有关交叉领域疑难问题研究的力作，开拓了证据法研究的视野。

　　民事证据法实践中，保险法律实务同案不同判的情况较为严重。有的案件中法官错误地分配证明责任，有的案件中法官无视一方当事人的证明困难直接作出证明责任判决，有的案件中法官将自己的裁判责任以证明责任为由转嫁给当事人，有的案件中法官以其他国家机关作出的公文书代替自己对事实的认定，还有的案件中法官在间接证据较为充分的情况下却怯于运用经验法则断案。错误分配证明责任的结果，会改变实体法规则，使立法者的意图无从实现。所以，梳理保险法领域的司法证据问题并为实践操作提供一些经验或建议，是有探索性的尝试。

　　本书从《中华人民共和国保险法》有关证明责任分配的一个条文的法解释出发，发现该条文从文义上看并不完全符合证明责任分配的"规范说"，相反更接近英美的阶段式证明责任说，分析了受判例法影响的我国保险法在证据法上与国内主流的德系的证明责任分配说如何衔接，并论证了不与传统证明责任分配相融洽的保险法亦可通过法解释学适用"修正的规范说"。

　　受判例法影响的商法规范，其有关案件事实证明工作的困难并不能通过证明责任分配制度一分了之。其相当多的案例，需要借鉴大陆法系关于证明责任减轻理论与司法规则。当前我国尚缺乏系统性研究证明责任减轻制度的研究成果,证明责任减轻制度的适用条件、法律后果及其相互关系等基本问题尚处于模糊状态。本书以保险诉讼中疑难复杂证明问题为例,研究表明证明责任过程意义重于结果意义,客观证明责任作为诉讼的指挥棒影响诉讼进程,法官应运用经验法则、证明责任减轻等制度竭力避免证明责任判决,是发现案件真实的重要手段。这些研究对保险法实务以及民事诉讼法理论都有较强的借鉴意义。

黄华珍硕士期间在中国政法大学研读民事诉讼法学专业,此后进入保险公司从事保险法律实务工作,并考入北京航空航天大学攻读博士学位。我同时系其硕士和博士导师。她为此作投入很多的精力,几乎把一切业余时间都用在了研究写作上。由于她十分勤奋好学,有很好的法学功底,再加上十余年的实务工作经验,能对很多保险法的证据证明问题提出创新性见解。我相信本书对保险实务工作者和民事诉讼法学理论研究者都会有很好的启发。我期待黄华珍博士在证据法和保险法交叉研究领域有更多的优秀成果。

2023 年 9 月 1 日于北京

目　　录

第一章　保险事故的证明难点与克服 ················· 001
一、问题的提出 ································· 001
二、保险事故的定义与特点 ······················· 003
　（一）保险事故的基本概念 ····················· 003
　（二）保险事故的特点 ························· 005
三、保险事故证明的难点 ························· 006
　（一）因武器不平等引发被保险人一方证明困难 ··· 006
　（二）因信息不对称引发保险人一方证明困难 ····· 007
四、证明困难克服的路径和机制 ··················· 008
　（一）证明困难克服的路径 ····················· 008
　（二）证明困难克服的主要机制 ················· 013
五、保险事故证明一般规则构建 ··················· 018
　（一）国内学者有关保险事故证明规则的学说 ····· 018
　（二）域外保险事故特殊证明规则 ··············· 020
　（三）我国司法实践中保险事故证明规则 ········· 024
　（四）我国保险事故证明规则的重构 ············· 025

第二章　主要险种保险事故的证明 ··················· 028
一、保险合同纠纷案件证明责任分配的一般原则 ····· 028
　（一）被保险人一方应对保险金请求权成立要件承担证明责任 ····· 030

(二)保险人应对权利障碍要件、消灭要件以及受制要件承担
　　证明责任 ………………………………………………… 032

二、人身保险中保险事故的证明 …………………………………… 036
　(一)人身保险中保险事故的类型 ……………………………… 036
　(二)人身保险中保险事故与保险金请求权证明的关系 ……… 039
　(三)重大疾病险中保险事故之证明 …………………………… 053

三、意外险中意外伤害的证明 ……………………………………… 057
　(一)意外险中意外伤害的含义与构成要件 …………………… 058
　(二)意外险中意外伤害的证明 ………………………………… 065
　(三)特殊意外事故的证明 ……………………………………… 080

四、财产险中保险事故的证明 ……………………………………… 098
　(一)财产保险的类型 …………………………………………… 098
　(二)财产保险证明责任分配的特殊问题 ……………………… 100
　(三)财产险保险事故之证明——以建筑安装工程一切险为例 … 109

五、责任保险中保险事故的证明 …………………………………… 118
　(一)责任保险中保险事故的类型 ……………………………… 118
　(二)责任保险中保险事故的证明——以交强险为例 ………… 120

六、保证保险中保险事故的证明 …………………………………… 124

第三章　故意制造保险事故的证明 ………………………………… 126

一、故意制造保险事故证明路径之选择 …………………………… 128
　(一)间接证明 …………………………………………………… 128
　(二)表见证明 …………………………………………………… 130

二、间接证明之基本理论 …………………………………………… 131
　(一)间接证明的要求 …………………………………………… 131
　(二)间接证明的模式 …………………………………………… 135

三、我国故意制造保险事故案件证明现状之评析 ………………… 139
　(一)以错误的证明责任分配规则替代证明评价 ……………… 139

（二）判决理由对间接证明认定过程阐述不充分 …………… 141
　　（三）迷信公文书的证明力 …………………………………… 142
　　（四）对间接证据之调查不充分 ……………………………… 144
四、故意制造保险事故证明规则之构建 …………………………… 144
　　（一）故意制造保险事故客观要件之证明 …………………… 145
　　（二）故意制造保险事故主观要件之证明 …………………… 147
　　（三）主客观状态相结合之证明 ……………………………… 148

第四章　保险事故中因果关系的证明 …………………………… 150

一、保险法因果关系证明之界限 …………………………………… 151
　　（一）客观证明责任的适用范围 ……………………………… 153
　　（二）事实因果关系与法律因果关系之区分 ………………… 154
　　（三）保险法因果关系之特点与识别标准 …………………… 160
　　（四）保险法因果关系的证明界限 …………………………… 167
二、保险法因果关系证明困难之克服 ……………………………… 179
　　（一）两种证明责任减轻的路径 ……………………………… 179
　　（二）典型案例评析 …………………………………………… 184

第五章　保险事故证明中的证明妨碍 …………………………… 193

一、证明妨碍基本理论的重构 ……………………………………… 194
二、保险合同诉讼中的证明妨碍 …………………………………… 197
　　（一）未履行出险通知义务 …………………………………… 197
　　（二）其他证明妨碍行为 ……………………………………… 211

结　论 ……………………………………………………………… 213

参考文献 …………………………………………………………… 215

致　谢 ……………………………………………………………… 225

第一章 保险事故的证明难点与克服

一、问题的提出

保险事故之证明具有一定的困难性,保险事故多为意外事件,而非人为制造事件。所谓"意外",有非故意、非计划、偶发、突发的含义,因此"意外"可视为消极事实。① 消极事实是指某事实(包括事实、资格、地位等)之不存在或某法律上评价结果之不存在(如对于过失责任法条之"无过失")。② 通常认为消极事实具有证明的困难性,因消极事实常涉及"某事实之不存在",对于不存在之事实如何证明,是长久以来困扰法学者的问题。从逻辑上看,证明某一不存在之事实,应穷尽一切可能存在之情形,然而在具体诉讼情境下,受制于时间、成本等因素,这是不可能实现的目标。此外,意外事件证明还涉及故意与否等主观心理状态之证明,也涉及意外事件与损害结果之间因果关系之证明,主观心理状态与因果关系之证明也被视为证明领域的疑难复杂问题。

在特定情形下保险事故之证明更为困难,除消极事实本身具有的证明困难性外,还可能涉及证据偏在、武器平等的问题。如在被保险人因意外事件死亡或丧失意识能力的寿险理赔案中,受益人完全处于事发现场之外,很难说明保险事故之经过。又如在盗窃险案中,被保险人往往缺乏直接证据证明车辆被盗之事实。再如在一些单方交通事故案中,被保险人可能难以提供《交通事故认定书》等公文书。

---

① 参见姜世明:《举证责任与证明度》,新学林出版股份有限公司2008年版,第41页。
② 参见姜世明:《举证责任与证明度》,新学林出版股份有限公司2008年版,第13页。

为缓解被保险人一方索赔难问题,《中华人民共和国保险法》(2015年修正)(以下简称《保险法》)第 22 条第 1 款规定:"保险事故发生后,按照保险合同请求保险人赔偿或者给付保险金时,投保人、被保险人或者受益人应当向保险人提供其所能提供的与确认保险事故的性质、原因、损失程度等有关的证明和资料。"不少保险实体法专家认为此条规定了原告仅承担初步证明责任,最终证明责任仍应由被告承担,或者双方分担证明责任。① 该观点是对被保险人过重证明责任的一种缓释措施,却违背了证明责任只能由一方当事人承担的基本原理,不当加重了保险人的证明责任。但是如果固守《最高人民法院关于民事诉讼证据的若干规定》(2019年修正)(以下简称《民事诉讼证据规定》)"谁主张、谁举证"的原则,完全不顾被保险人一方对保险事故证明困难的救济,则亦可能损害被保险人利益。下文将以两则案例进行说明:

案例 1-1:2013 年 6 月,唐某在家摔倒被送医院后医治无效死亡,唐某家属持唐某生前投保的某公司意外险保单索赔,该公司以唐某的死因是猝死,合同约定"猝死不属于意外伤害"为由拒赔。一审法院支持原告主张,判令保险公司败诉。二审法院改判,理由是:保险公司提供的门诊病历、病程记录、死亡注销证明、死亡证明等证据上,均载明被保险人唐某的死亡原因为"猝死"或"心血管疾病",可以认定唐某的死亡原因为猝死及心血管疾病,唐某的门诊病历虽然载明了唐某摔倒的事实,但该门诊病例并未载明唐某的死亡是由于摔倒造成,且被上诉人也并未提供充足证据证明唐某的死亡是由于摔倒所致,该举证不能的后果应由被上诉人承担。②

案例 1-2:2009 年 8 月,被保险人吴某在参加旅行社组织的旅游过程中,因泡温泉猝死于温泉池内,吴某家属起诉要求保险公司赔偿旅行意外险,保险公司以猝死为除外责任为由

---

① 参见许崇苗:《保险法原理及疑难案例解析》,法律出版社 2011 年版,第 383 页;刘建勋:《保险法典型案例与审判思路》,法律出版社 2012 年版,第 312 页。
② 泰康人寿保险股份有限公司扎兰屯支公司与李某意外伤害保险合同纠纷上诉案,内蒙古自治区呼伦贝尔市中级人民法院民事判决书(2014)呼商终字第 35 号。

拒赔,法院认为原告家属已提供原告生前病史,表明其未犯有可能引发猝死的疾病,已完成初步证明责任,被告未能提供原告死亡系因疾病引起的证据,应承担不利后果,遂判令被告败诉。①

猝死是否属于意外险合同约定的意外事件,意外险中意外性要件究竟应由何方当事人承担证明责任?在前述案例中,被保险人同样是猝死,其诱因一个是摔倒,另一个是泡温泉,而法院却作出了截然相反的判决,在案例1-1中,法院认为受益人未提供被保险人死于意外摔倒的证据,因医院门诊病例上显示被保险人猝死;而在案例1-2中,法院认为被告保险公司未提供被保险人死于疾病的证据。证明责任规则的混乱也是实务中大量同案不同判现象产生的原因。

证明责任的基本原理与基本规则是什么?作为保险诉讼律师,笔者深感证明责任在我国的法律适用问题突出。实务中,证明责任分配规则的解释依据不统一,法官的自由裁量权较大。在保险诉讼案件中,笔者建议运用民事诉讼证明原理,将证明责任规则体系化、确定化,以消除证明责任规则虚化的现象。针对保险事故证明的困难性,试图在遵循证明责任基本原理的前提下,综合运用诉讼证明规则降低被保险人一方的证明责任,以求正义的天平在被保险人和保险人之间不致不当倾斜。此为本书写作宗旨与目的。

二、保险事故的定义与特点

(一)保险事故的基本概念

保险是风险管理的手段之一,是转移发生频率低但损失程度高的风险的最佳途径。② 所谓风险是指损失发生的不确定性,引发风险的原因

---

① 参见林晓君:《猝死案件的保险责任认定》,载《人民司法》2012年第24期。
② 风险管理的方法还包括:风险避免,即放弃可能引致风险的行动;损失预防,即采取预防措施防止风险;风险抑制,即在风险事件发生后采取措施减小损失。除保险外,风险转移的方法还有金融债券转移,自保转移等。有时风险自留也是风险管理的手段,即不采取任何行动处理风险,这通常适用于损失较小的风险,一般的财务预算可以对应此类风险。

是各类风险事件,如地震、洪水、火灾、暴风雪、死亡、疾病、偷窃等。① 保险管理风险的原理在于:将被保险人遭受的风险转移给保险人,从而将少数人偶然的大额损失在整个社会中进行共同分摊,降低或消除个体因风险可能遭受的经济损失。保险分摊风险的数理基础是大数法则,即当风险单位数量足够多时,实际损失就趋近甚至等于期望损失。也就是说,对于个人来说发生概率完全不确定的风险,发生概率在大数法则下变得可预测,保险人可以通过预测风险发生概率,收取数额较小的保费以支付将来可能发生的大额损失。可以说,保险是通过大多数人的贡献来补偿少数发生不幸的人而达到经济保障的目的。②

然而,并非所有的风险都具有可保性,可成为保险标的,可保风险必须满足七个方面的要求:一是必须有大量的风险单位,以使保险人能够根据大数法则预测损失;二是损失必须是意外造成的,如果是被保险人故意造成的,就会产生道德风险,使保险机制失灵,因为大数法则是以事件的随机发生为基础的,如果损失是故意造成而非随机发生,则对未来的预测就会失真;三是损失应该是可确定和可衡量的,否则无法确定保险赔偿金额;四是损失属于非灾难性损失,如果某种风险单位的全部或大部分都将受损,损失大到无法分摊,则保费将高到无人问津,保险机制也会失灵;五是损失概率是可预测的,战争、暴乱等无法预测的风险是无法承保的;六是保费必须经济可行,有一种说法是,如果损失发生概率高于40%,则保费就会等同于保险金额;③七是必须是仅有损失而无获利可能的风险,否则就是赌博,投机性风险不是保险承保对象。④

《保险法》第16条第7款规定,保险事故是指保险合同约定的保险责任范围内的事故,强调保险事故的合同性。我国台湾地区"保险法"将保险事故界定为"不可预料或不可抗力之事故",强调不可预料性和不可抗

---

① 参见〔美〕乔治·E.瑞达:《风险管理与保险原理》(第8版),申曙光主译,中国人民大学出版社2006年版,第68页。
② 参见〔美〕肯尼思·布莱克、〔美〕哈罗德·斯基博:《人寿与健康保险》(第13版),孙祁祥等译,经济科学出版社2003年版,第232页。
③ 参见〔美〕乔治·E.瑞达:《风险管理与保险原理》(第8版),申曙光主译,中国人民大学出版社2006年版,第75页。
④ 参见魏华林、林宝清主编:《保险学》(第2版),高等教育出版社2006年版,第14页。

拒性。

(二)保险事故的特点

1. 意外性

保险事故应当具有意外性,即发生与否具有不确定性。如果事件确定发生,则可能存在逆选择和道德风险。即使是那些必然发生的事实,如死亡,其到来时间也应当具有不确定性,否则亦可能使保险机制失灵。几乎所有的保险事故都不应当是投保人一方故意造成的事件,故意总是被排除在保险赔付之外。因此保险事故应当具有意外性,其在性质上类似于民法上的意外事件。

当然,民法上的意外事件本身是一个非常有争议的概念。[1] 笔者认为意外事件可分为广义意外事件与狭义意外事件。广义的意外事件包括不可抗力,即凡不可预见、不可避免、不可克服的情况均属于意外事件。狭义的意外事件除应具备不可抗拒性、不可避免性、不可克服性外,还应具备以下特征:偶发性、非过错性以及人为性,是因个人原因引起的不可归责于个人的偶发事件。从内涵上,狭义的意外事件可定义如下:特定主体非故意或非过失行为引起的、偶然的、不可避免、不可抗拒的情况。

正如图1-1所示,保险事故与民法意外事件是交集关系,即民法意外事件中一部分等同于保险法意外事件,属于可由保险承保的风险,但是仍然有一部分意外事件因不具有可保性无法由保险转移,如缺乏统计数据支撑无法运用精算技术的风险,核事故等损失过于巨大的事件,战争、暴乱等无法预测的风险等。而保险事故中也有相当一部分不符合民法意外

---

[1] 由于我国法律对意外事件无明确定义,有关意外事件的定义多在学理层面,目前主要有以下三种观点:一是不可预见说,强调意外事件的不可预见性,如认为意外事件是"通常情况下无法预见的小概率事件"。参见魏振瀛主编:《民法》,北京大学出版社2007年版,第689页。二是不可抗拒说,强调意外事件是不可预见的、偶然的、突发的、不可避免的事件,因为不可抗拒是不可预见的必然结果。参见陈帮锋:《论意外事故与不可抗力的趋同——从优士丁尼法到现代民法》,载《清华法学》2010年第4期。三是无过错说,强调意外事件非因当事人过失发生,如认为意外事件是"非因当事人故意或过失,因当事人意志以外的原因偶然发生的事故";认为"意外事故是指非因当事人的故意或过失而偶然发生的事故"。参见杨立新:《侵权法论》(上),人民法院出版社2013年版,第208页。有学者将意外事件的判断标准确定为:(1)不可预见;(2)归因于行为人以外的原因;(3)偶发事件,但不包括第三人行为。参见王利明:《侵权行为法归责原则研究》(修订2版),中国政法大学出版社2004年版,第176页。

事件的构成：一是部分非故意的过失事件，如责任保险承保对象是被保险人应当承担的民事赔偿责任；二是行为人能够避免而未能避免的事件，如责任保险中，若行为人注意程度更高一些很可能避免损害的发生；三是非灾难性的普通事件（年金保险中较为常见），如生存保险和两全保险是以保险人在特定时间生存作为给付条件。总之，除特殊险种外，如年金保险、责任保险，多数保险事故都符合民法意外事件之属性。

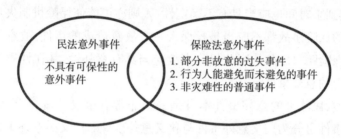

图1-1　民法意外事件与保险法意外事件之关系

2. 契约性

保险事故是保险合同约定的能够引起保险赔付的风险事件。如前所述，即使符合意外性之特征，若不在保险合同约定的赔付范围内，也无法获得赔付，因此，保险事故具有非常明显的契约性。以我国重大疾病保险为例，并非大家通常认为的重大疾病均在赔付范围内，相反，只有合同约定的几十种特定重大疾病才可以获得赔付。① 再以车险中第三者责任险为例，只有符合合同约定条件的交通事故引起的赔偿责任才在赔付范围以内，而民法上的意外事件不以契约性为构成要件。

三、保险事故证明的难点

（一）因武器不平等引发被保险人一方证明困难

所谓武器平等原则，系源自于宪法上诉讼权保障之要求，在诉讼程序上，保障两造地位平等、机会平等以及风险平等。此不仅为形式上之平

---

① 参见中国保险行业协会发布的《重大疾病保险的疾病定义使用规范》（2020年修订）。

等,亦须为实质平等之保障,在立法制度之设计及法律之解释适用上,使有意主张权利之人均能享有利用诉讼制度之机会,且为其排除主张权利之障碍。① 在保险索赔诉讼中,索赔方一般为普通民众,缺乏专业保险技能与法律素养。而保险条款往往极为复杂,其用语非一般民众理解力所能及。加上保险事故之定义往往涉及医学等领域专业术语,条款定义未必周全,索赔方完成举证责任往往极为困难。此外,保险事故具有意外性的特殊属性,通常是偶发的、突然的,事前难以提前准备,事中和事后难以收集证据,使一些保险事故之举证极为困难。如果维持一般民事诉讼证明规则,被保险人索赔成功率可能极为有限。然而,重新针对保险诉讼制定特殊证明规则更需慎之又慎。因此,在保险公司与被保险人双方证明能力武器装备不平等的情况下,如何确立公平合理的证明规则是一个亟待解决的问题。

(二) 因信息不对称引发保险人一方证明困难

与被保险人一方屡屡陷入证明困难相对应的是,保险人的证明困难也不容忽视。保险人往往处于保险事故发生现场以外,对事故之经过完全无知,需通过事后的线索收集来判断被保险人一方是否存在诈保等道德风险。而道德风险与逆选择风险的适当控制又是保险机制得以充分发挥之根本,若放任道德风险,则保险人不得不通过提价维持高昂的运营成本,价格成本最终又会转嫁至全体消费者,重则危及保险机制的有效运转。

在保险事故证明中,证据往往偏向于被保险人一方,因被保险人一方往往经历事件发展过程,这就导致很多情况下保险人的抗辩难以实质性展开。与此同时,保险人作为专业保险经营者却有着强大的证据搜集能力和诉讼实力,相较于作为消费者的被保险人一方,享有实质上的优势地位,这就导致处于实质性弱势地位的被保险人需得到法律的特别保护。鉴于此,武装被保险人以确保武器平等与解决证据偏在问题具有同等重要性,如何在个案中取得两者之间的平衡是需要解决的难题。

---

① 参见沈冠伶:《民事证据法与武器平等原则》,元照出版有限公司2007年版,第208页。

四、证明困难克服的路径和机制

(一)证明困难克服的路径

1. 以证明困难作为客观证明责任分配的基准

以证明困难作为证明责任分配基准的学说首推待证事实分类说。待证事实分类说主张按照需要证明的事实的性质来分配证明责任,将事实分为积极事实和消极事实(某事实不存在)、外界事实和内界事实(如过失、效果意思、行为能力等),鉴于消极性事实、内界事实难以证明,待证事实分类说主张消极性事实和内界事实由对方负证明责任。待证事实分类19世纪末以前,待证事实分类说在大陆法系一直居于通说地位,但该说的局限性亦非常明显,因为消极事实与积极事实难以区分,语词表述方式之不同将产生不同定性,而且消极事实亦可通过间接证据证明,而内界事实亦可通过事实或法律推定等机制使证明负担容易实现,并非完全无法证明。①

2. 以证明困难作为修正证明责任分配原则的因素

待证事实分类说因存在上述缺陷,后渐被法律要件分类说所取代。法律要件分类说从当事人平等原则和事物盖然性出发分配证明责任,主张何种要件事实应由何方当事人负举证责任,应视该要件事实系发生何种法律上的效果而定。法律要件分类说以特别要件说中的"规范不适用说"(以下简称"规范说")为通说。该说由罗森贝克提出,认为证明责任分配原则只有一个,即从实体法规范相互间的逻辑关系寻找证明责任分配的原则,实体法的要件事实的存在只有被法官抱以确信程度的心证,该法律才能被适用,当法官认为事实不存在或真伪不明时,不能适用该实体法,不适用特定的法规范就不能获得诉讼上请求效果的当事人,应当对该法规范当中包含的构成要件所对应的生活事实承担主张和证明责任。②

---

① 参见陈荣宗:《举证责任之分配》,三民书局1984年版,第394页。转引自〔日〕高桥宏志:《民事诉讼法:制度与理论的深层分析》,林剑锋译,法律出版社2003年版,第447页。

② 参见〔德〕莱奥·罗森贝克:《证明责任论——以德国民法典和民事诉讼法典为基础撰写》(第4版),庄敬华译,中国法制出版社2002年版,第364页。转引自骆永家:《民事举证责任论》,台北商务印书馆2009年版,第89页。

罗森贝克将实体法规范分为作为权利发生根据的权利根据规定、妨碍权利根据规定法律效果发生的权利障碍规定、排斥或抑制权利发生的权利受制规定和使已形成的权利归于消灭的权利消灭规定四类，认为主张权利存在的人应对权利根据规定负证明责任，否认权利存在的人应就权利障碍要件以及权利消灭要件负证明责任。罗森贝克在证明责任分配上排除了法官的实质性考虑（自由裁量），认为区分各要件的基准唯有实体法条文的形式构造。

规范说广受诟病的是其过于注重法条的外在形式，是一种概念法学的证明责任分配方式，过于僵化而无法顾及实质公平。此外，其对法规构造依赖程度较高，未考虑证明责任分配的实体法无从适用规范说裁判①；无法顾及立法者未考虑到的新型案件的证明责任分配问题；未考虑权利根据规定和权利障碍规定很难区分。不少学者试图提出新学说取代规范说，但终因缺乏法律安定性等缺陷而均未取得通说地位。德国学者汉斯·普维庭作为规范说的拥护者，提出了"修正的规范说"，主张规范说的文义解释存在缺陷，应该按照历史解释、目的解释、体系解释等多种解释方法区分民法的原则规范和例外规范："如果用所有解释方法去理解罗森贝克的规范说，将使规范说更有生命力。"②此后不少学者致力于完善"修正的规范说"，提出利益衡量说、要件事实论等理论。其共同之处是均认为应首先按照实体法条文的形式决定证明责任分配，然后再按实质理由（是否公平）来修正这种形式分配。在实质考量之标准上，学说上又存在"纯以实体法规范旨趣及基于实体法政策之价值判断为基准"和"除实体法考虑外，还应包括当事人间之公平及证据法上的考虑（如证据距离、证明难易）等"两种观点的对立。从判决实证考察的角度来看，学者们认为当前

---

① 规范说以当时德国民法典为依据，认为立法者已以法律条文的形式将举证责任分配规则，按普通与例外、权利发生、权利消灭与权利妨害规定形式纳入各法条中。但有德国学者指出当时的立法者仅考虑法条用语表达之自然、简明，并未考虑证明责任分配问题。也有日本学者认为德国民法制定过程中较多地考虑了证明责任分配问题，因此便于从条文中直接推导出证明责任分配法则。《日本民法典》起草者曾明确表示即使牺牲证明责任分配，也要在民法条文中采用使国民易于理解的表述。我国台湾地区学者认为要件设计有一些逻辑可循，如原则上仍将权利发生要件置于法条之原则前提上，以单独法条（项）或以但书方法规定障碍要件，而消灭要件和抑制要件多以单独条文规范。参见张卫平：《证明责任分配的基本法理》，载何家弘主编：《证据学论坛》（第1卷），中国检察出版社2000年版，第279页。

② 参见〔德〕普维庭：《现代证明责任问题》，吴越译，法律出版社2006年版，第74页。

德、日等国,举证责任之分配以法律要件分类说之特别要件说为通说,但待证事实分类说仍然存在。① 也就是说,证明困难虽然不能作为证明责任分配的基本准则,却可以成为证明责任分配时的参考因素。

3. 以证明困难作为行为意义证明责任的原则

鉴于司法实务中,依举证责任而作出的判决数量十分稀少,当真伪不明系非因当事人主观原因造成时可能产生实质不公,而客观证明责任无法发挥规制当事人诉讼行为的作用,大陆法系国家或地区出现了对证明责任概念的反思与重构,主张淡化客观证明责任概念、推崇主观证明责任概念。日本出现了第三波程序保障理论,即"行为责任论",该说否定客观举证责任论将举证责任理解为处理真伪不明的法规范的观点,主张举证责任是当事人基于诉讼外及诉讼过程中之交涉规则所生的行为责任,认为"如果对行为责任的分配予以合理构筑,那么几乎不会出现事实真伪不明的结果。万一出现真伪不明的情况,由于当事人不负有责任,因此也不能课以其败诉的不利益,法院就可以不作本案判决"②。

我国台湾地区民事诉讼法学界也出现了否认客观证明责任、突出主观证明责任的学说。邱联恭教授认为,从解释论上应将台湾地区"民事诉讼法"第277条的规定解释为主观举证责任(行为责任),即并非实体法意义上的裁判规范,在案件事实真伪不明时指导法院如何裁判,而是程序法意义上的行为规范,在案件事实真伪不明时指导当事人在诉讼过程中进行举证,以避免诉讼任何一方在任何情况下恒负举证责任的实质性不公问题。规范说和法律要件分类说都可以作为判断行为责任的标准之一,而非客观证明责任判断的标准。③

我国台湾地区学者认为,客观证明责任应由实体法规范,程序法上的证明责任是指"证据提出责任",并提出阶段的举证责任学说,该说认为

---

① 参见陈荣宗:《举证责任之分配》,三民书局1984年版,第394页。转引自〔日〕高桥宏志:《民事诉讼法:制度与理论的深层分析》,林剑锋译,法律出版社2003年版,第447页。高桥宏志指出,在日本并未采用纯粹的规范说,而是以实体法趣旨为中心,同时考虑证据距离、证明难易、盖然性等因素。

② 胡学军:《从"抽象证明责任"到"具体举证责任"——德、日民事证据法研究的实践转向及其对我国的启示》,载《法学家》2012年第2期。

③ 参见邱联恭:《口述民事诉讼法讲义(二)》,2010年自版,第380页。

"证据提出责任"之分配应更多地考虑证明度、证据之距离、证明之难易、盖然性之高低等程序因素,通常负客观举证责任的当事人有最初之阶段举证责任,对待证事实之证明应达到一定证明度,否则败诉。但若被告就待证事实有特别认识途径或证据方法,则原告仅需提出初步表面证据证明其主张(未完成表面证明的败诉),被告必须积极提供证据证明该事实的不存在(否则败诉),被告完成举证之后最终的举证责任仍由原告承担;特定情况下不负客观举证责任的当事人需先以"初步表面证据"证明事实不存在,证明成功后再由负客观举证责任的一方证明相反事实之存在。①

这一举证责任的新理论暂未获得大多数学者的认可,主要是基于法安定性的考虑,且该理论对行为责任的内容和分配尚未提出具体、系统化之说明。但是其对于客观证明责任概念的反思,对具体诉讼中行为意义上举证责任之重视,以及极力避免客观证明责任判决的努力,对民事证据法和诉讼实践均具有重要的启发和深远的影响。

4. 总结与分析

我国绝大多数民事诉讼法学者赞同罗森贝克的规范说,该说在理论界也取得了通说地位,但实务界却比较谨慎,近年来出现了一些动摇。从司法上看,有学者引用浙江省、江苏省等法院内部文件,表明不少法院对法律要件分类说之适用仍持审慎态度②;从立法上看,虽然《民事诉讼证据规定》采纳了规范说,但是《中华人民共和国民事诉讼法》(2021年修正)(以下简称《民事诉讼法》)却回避了证明责任分配学说问题。

近年来,理论界也出现了一些新动向。有研究者提出暂不应采规范说作为我国民事证明责任分配的一般原则,其从民法法条的实证分析入手,认为我国民事立法者并未具备按照规范说来设计法律条文结构的自觉性,规范说之采纳有赖于民法典的编纂者在设计法条表述时充分考虑

---

① 在阶段的举证责任学说下,"证据提出责任"不同于传统的"主观举证责任",因其可能与客观举证责任在诉讼上的投射结果不同,主观举证责任通常是客观举证责任在诉讼中的投射,与其基本保持一致,但在该说下,证据提出责任可能由不负客观举证责任的一方负担,且此项责任之未完成可直接导致败诉结果。

② 参见谌宏伟:《"规范说"与中国民事立法》,载《北大法律评论》2014年第1期。

证明责任的分配问题。① 还有研究者提出"真伪不明"在我国民事证明制度中未确实存在,因为尽管我国通说倾向于大陆法系客观证明责任理论,但立法和司法活动都表明该理论未得到体系化运用,相反,普通法系的说服责任的应用更为流行。② 个别学者采实质论,主张应当以实体法原则作为民事证明责任分配的实质性原则,完全否认证明责任分配寻求某种形式标准的理论意义。③

笔者仍然赞同修正的规范说理论,原因在于:

一是修正的规范说具有法安定性的优点,在我国目前个别法官同案不同判情况较为突出的司法环境下,维护法安定性具有重要性。在司法实践中,我们首先应按照规范说确立的基本原则分配证明责任,当出现证明困难等问题时,需结合实体法规范的宗旨综合评估衡量,若证明责任倒置或减轻理由不充分,则仍应维持证明责任分配的基本原则。众所周知,证明责任分配结果往往直接影响实体权益之实现,甚至可能直接改变实体法规则,修正的规范说具有控制法官恣意的优点,能够确保实体法宗旨在个案情境下得到忠实执行。

二是罗森贝克规范说之形式主义缺点完全可以通过法解释学加以克服。罗森贝克严守实体法法条形式主义与其所处时代的主流法哲学思想不无相关,但在强调司法能动主义的今天却显得格格不入。学者们尤为担心的是,不具证明责任分配意识的实体法如何实施罗森贝克学说,在我国立法技术相对落后、实体法与程序法割裂问题较为严重的现实下,该问题之解决更为重要。以《保险法》为例,整部法律中仅有一条涉及证明责任分配,且学界和司法界对该条之解释尚未形成一致意见,甚至有学者转向否定证明责任作为程序规则的独立性,主张举证责任分配是基本民事法律制度,属于立法权事项④。事实上汉斯·普维庭也曾想构建一套"通用的证明责任分配理论",但最终得出了不存在、也不可能存在一种通用

---

① 参见谌宏伟:《"规范说"与中国民事立法》,载《北大法律评论》2014年第1期。
② 参见曹志勋:《"真伪不明"在我国民事证明制度中确实存在么?》,载《法学家》2013年第2期。
③ 参见徐涤宇、胡东海:《证明责任视野下善意取得之善意要件的制度设计——〈物权法〉第106条之批评》,载《比较法研究》2009年第4期。
④ 参见王利明:《民事证据规则司法解释若干问题研究》,载《法学》2004年第1期。

的证明责任分配理论,证明责任分配规则是多元的结论。立法者在起草法律时多听任公正性和目的性要求的支配,如果期待从民法典中归纳出立法者关于证明责任明确或隐含的规定,并据此来解决所有证明责任疑难问题一定是不可能的,也是空洞的。① 笔者认为法律解释作为法律之补充、延伸,能够担当填补实体法疏漏、纠正实体法错误、澄清实体法混淆的重任。学理探讨之深入有助于促成学说之形成坚定证明责任的程序法理②,从而指导司法实践,减少司法实践中的随意性和不稳定性。

三是当事人的证明困难可通过举证责任转换、表见证明、事案解明义务、证明度降低等证明责任减轻的具体制度加以克服。20世纪90年代司法改革之初,法院为减轻审判负担而推崇客观证明责任理论,一些基本事实不清的证明责任判决在司法实践中不断涌现,而当前学界和实务界重视避免证明责任判决的方法和行为意义证明责任的概念,这无疑是一个理性回归,关键在于具体制度的构建。

然而,笔者并不赞成矫枉过正,随意以证明困难作为调整证明责任分配的理由;应在完善规范说的基础上,精细地构建证明责任减轻制度,通过举证责任倒置、表见证明、具体化义务等具体制度减轻证明困难。然而这是一个庞大的工程,本书无意从学理上探讨证明责任减轻体系之构成,而仅从保险事故证明这一小题目切入,试图验证修正的规范说在我国的适应性。

(二) 证明困难克服的主要机制

在诉讼证明理论上,证明困难并非不可克服。例如,对于消极事实的可证性,罗森贝克指出,"未发生的事实,固不能以直接证明,但仍可由下述方式举证,亦即,某事物被发现,但若某事实存在时,该事物不应被发现,或相关事实未被发现,然如其存在,该相关事实应被发现"③。也就是

---

① 参见〔德〕汉斯·普维庭:《现代证明责任问题》,吴越译,法律出版社2000年版,第375—400页。
② 把证明责任当作解决证明困难的工具是对证明责任制度的误解,证明责任分配的理论基础首先是正当程序原理,证明责任法定化是不可能实现的乌托邦。参见吴英姿:《证明责任的程序法理》,载《南大法学》2020年第2期。
③ 〔德〕莱奥·罗森贝克:《证明责任论——以德国民法典和民事诉讼法典为基础撰写》(第4版),庄敬华译,中国法制出版社2002年版,第380页。

说，由于消极事实无法听觉，亦非视觉所及，可借由可察觉的积极事实证明与推论。

常用的方法有：一是累进式证明（Der progressive Beweis），即从导致消极事实的原因入手，证明原因不存在，因此导致消极事实的结果亦不存在，如否定子女关系之诉，丈夫若能够证明其在妻子怀孕期间不在场，则可推论所怀之子女非其之子女。二是回溯型证明（Der regressive Beweis），即从导致消极事实的结果入手，证明导致原因发生的结果不存在，从而推论原因亦不存在，如不作为侵权，或不作为行为可能导致的损害结果未出现，则可推论侵权人不存在不作为行为。三是间接证明（Der apogogische Beweis），即反驳待证消极事实的反面事实，从而推论待证事实存在。当然，罗森贝克亦提出了举证责任倒置的方法，即认为若就事实不存在之证明甚为困难，而于事实存在之证明甚为简单，则若相对人不提出事实存在之证明，且亦不曾致力为之，法官可依自由心证认为该事实不存在。[1]

除上述方法之外，大陆法系发展出系统化证明责任减轻制度缓解证明困难，下文笔者将梳理主要证明责任减轻制度，以作为后文保险事故证明分析的基础。

1. 证明责任倒置

证明责任倒置是以正置为前提的，即理论上应先承认"规范说"所建立的证明责任分配基本原则，若法律或司法实践基于利益衡量决定将部分原本应由一方当事人证明的要件交由另一方当事人承担，即为证明责任倒置。证明责任倒置可分为法定的证明责任倒置和裁量的证明责任倒置。法定的证明责任倒置是指立法者于立法时预为价值选择（基于诚信原则、危险领域、证据接近等原理）而由立法明文，即借由以但书之法条结构方式或明文规定证明责任归属或以某要件事实推定之立法形式而将证明责任转换为由他造当事人负之者。裁量的证明责任倒置是指司法实务创设证明责任转换的类型。[2]

---

[1] 参见〔德〕莱奥·罗森贝克：《证明责任论——以德国民法典和民事诉讼法典为基础撰写》（第4版），庄敬华译，中国法制出版社2002年版，第380页。

[2] 参见姜世明：《举证责任与证明度》，新学林出版股份有限公司2008年版，第80—92页。

有研究者认为基于法安定性的考虑,不应赋予司法机关创设证明责任倒置类型的权力。① 笔者认为,由于我国立法对于证明责任倒置的规定尚不全面,一些在域外比较成熟的证明责任倒置类型尚未被我国法律认可,因此,司法实践创设证明责任倒置类型就显得十分必要。为了防止法官恣意,建议根据基本国情,借鉴相关理论,采类型化的创制方式,即由法官在特定类型的案件中适用证明责任倒置规定,案件类别可通过司法解释的形式固化,在司法解释形成之前也可以采用内部通知、会议纪要等非规范性法律文件的形式明确。在程序上,赋予高级别法院创设权,避免低级别法院在个案中随意创设,破坏证明责任规范的法安定性。

在大陆法系,证明责任倒置是最严厉的方法,只有在极为特殊的情况下才使用。证明责任倒置的设置有严格的适用条件,以消极事实证明为例,德国学者认为只有当消极事实举证不可能或困难,且证明责任倒置对于相对人并非不公平,且未抵触法律之明文规定或宗旨时,才可启动证明责任倒置。② 而且原则上德国法并不承认对于消极事实之证明困难可一般性地以举证责任转换为举证责任减轻,通常其通过课以对方较高的具体化义务的方式解决证明困难。③

2. 表见证明

表见证明是指法院基于由一般生活经验而推得之典型事象经过,由某一客观存在事实(不争执或已得完全确信者),而推断另一对于裁判具有重要性待证事实之证据提出过程。④ 通说认为表见证明属于证据评价范畴,因其并没有转换证明责任,只是将证明对象从较难证明的要件事实转化为更容易证明的典型的关联事实。表见证明不是在案件事实真伪不明时倒置证明责任,恰是为了阻止事实不明的情况,因为经验法则让法官对不能直接证明的事实形成完全确信。德国学者指出,"表见证明并不是一种特殊的证据手段,而是在自由证明评价的框架内形成确信时合乎逻辑地使用生活经验法则……对于表见证明而言,最重要的

---

① 参见霍海红:《证明责任配置裁量权之反思》,载《法学研究》2010年第1期。
② 参见姜世明:《举证责任与证明度》,新学林出版股份有限公司2008年版,第26页。
③ 参见姜世明:《举证责任与证明度》,新学林出版股份有限公司2008年版,第27页。
④ 参见姜世明:《举证责任与证明度》,新学林出版股份有限公司2008年版,第308页。

是借助一般生活经验可以填补在证据评价中缺乏的具体间接证据或者信息漏洞"①。

表见证明的构成要件有两个：一是存在一未争执或已被证实的、典型事象经过，二是经验法则。所谓典型事象经过是指典型原因促使发生一定的结果，而无须进一步证明，其规则是"若事实 A 存在，则几乎始终会发生 Y 结果"。在诸项经验法则中，只有经验原则才可以用于表见证明，经验原则具有高度盖然性，若以数据表示通常在 85% 以上，简单经验法则、偏见以及经验定律均不得用于表见证明。表见证明多用于可归责性和因果关系要件的证明，但也并非仅限于此，如德国个人的意志决定、话费账单的正确与否、恶意隐瞒等案件中也存在适用表见证明的情形。②表见证明成功后，对方不用对相反面进行本证证明，只需通过简单的反证来撼动表见证明，反证的方式可以是阐明案件事实存在不同于一般生活经验的极大可能性。

我国法律法规、司法解释中不存在"表见证明"的概念，但根据《民事诉讼证据规定》第 10 条第（三）项和第（四）项的规定，根据法律规定推定的事实或者根据已知的事实和日常生活经验法则推定出的另一事实，当事人无须举证证明。通常这被认为是法律推定与事实推定的法律根据，事实推定即运用经验法则根据某一已知事实推论得出要件事实存在或不存在的结论。但如前所述，经验法则中只有具有较高盖然性的经验原则才具有直接推论要件事实的作用，盖然性较低的简单经验法则不得作为直接推论的依据，仅可以在间接证明中与其他证据共同得出推论结论，因此有学者认为事实推定的概念实际上降低了表见证明的标准，必须以间接证明和表见证明的概念加以取代。③无论如何，从解释学上看，《民事诉讼证据规定》第 10 条第（三）项和第（四）项足以作为司法实践中运用表见证明规则的依据，但需进行限缩性解释，即将日常生活经验解释为具有较高盖然性的经验原则。

---

① 〔德〕罗森贝克、〔德〕施瓦布、〔德〕戈特瓦尔德：《德国民事诉讼法》，李大雪译，中国法制出版社 2007 年版，第 838 页。
② 参见姜世明：《举证责任与证明度》，新学林出版股份有限公司 2008 年版，第 308 页。
③ 参见周翠：《从事实推定走向表见证明》，载《现代法学》2014 年第 6 期。

3. 事案解明义务

当事人的事案解明义务是指,当事人对于事实厘清负有对于相关有利及不利事实之陈述(说明)义务,以及为厘清事实而提出的相关证据资料(或忍受勘验)之义务。①事案解明义务适用于诉讼双方当事人,但重点是文书、勘验物等指非负证明责任一方的事案解明义务。德、日通说并不认可非负证明责任一方具有一般化的事案解明义务,因其证明责任基本原理和辩论主义相悖,但大都在诉讼法和实体法中规定了非负证明责任一方的具体事案解明义务,实体法中主要是各类情报请求权,而诉讼法则包括文书提出义务、当事人讯问、勘验、当事人不知陈述、摸索证明、具体化义务等一系列具体制度设计。我国《民事诉讼法》和相关司法解释并没有规定一般事案解明义务,但是存在文书提出义务、当事人询问、勘验等具体事案解明义务的规定,下文将介绍后文分析中用到的文书提出义务和具体化义务。

(1) 文书提出义务

就文书提出义务而言,我国《民事诉讼法》并未明文规定"文书提出义务",但《民事诉讼法》第 68 条②、《民事诉讼证据规定》第 17 条③和第 95 条④,从解释论上可视为文书提出义务的法律依据,只是上述立法规定过于粗疏,文书提出义务的法律要件和法律效果有待立法或司法解释进一步明确。在法解释论上,可对《民事诉讼证据规定》第 95 条作扩大解释,将文书提出义务要件定义为:有证据证明不负证明责任的一方当事人持有证据或者依据法律法规的规定应当掌握某证据,负证明责任的一方当事人因客观原因不持有该证据,该证据对于待证事实之证明具有重要

---

① 姜世明:《举证责任与真实义务》,新学林出版股份有限公司 2006 年版,第 110 页。
② 《民事诉讼法》第 68 条规定:"当事人对自己提出的主张应当及时提供证据。人民法院根据当事人的主张和案件审理情况,确定当事人应当提供的证据及其期限。当事人在该期限内提供证据确有困难的,可以向人民法院申请延长期限,人民法院根据当事人的申请适当延长。当事人逾期提供证据的,人民法院应当责令其说明理由;拒不说明理由或者理由不成立的,人民法院根据不同情形可以不予采纳该证据,或者采纳该证据但予以训诫、罚款。"
③ 《民事诉讼证据规定》第 17 条规定:"当事人向人民法院提供外文书证或者外文说明资料,应当附有中文译本。"
④ 《民事诉讼证据规定》第 95 条规定:"一方当事人控制证据无正当理由拒不提交,对待证事实负有举证责任的当事人主张该证据的内容不利于控制人的,人民法院可以认定该主张成立。"

意义,法院可发布文书提出命令。就法律效果而言,可对《民事诉讼证据规定》第 95 条作出扩大化解释,当事人违反文书提出义务通常不发生强制履行效果,而是产生证据法效果,即法院可依自由心证于判决理由中评价,认定该文书内容为真实,当申请人于文书制作过程之外而无法得知文书内容时可认定该文书欲证明之待证事实为真实,以示对义务人的制裁,但是对方当事人可提出证据反驳该推定。

(2) 具体化义务

我国《民事诉讼法》未规定当事人的具体化义务,但第 124 条第(三)项①规定:当事人起诉应当于诉状中记明诉讼请求和所依据的事实与理由。从解释论上看,该条可以作为具体化义务的法律依据。所谓具体化义务是指当事人对事实主张应符合具体化之要求,即关于事实上的陈述应对于细节加以剖析,该事实主张应被特定地陈述。② 无论原告、被告均负具体化义务。不负证明责任的一方当事人在特殊情况下也负具体化义务。当应负证明责任的一方当事人因不可归责于己的原因无法为具体化义务时,而相对人对于该事件经过及证据较为接近,具有提出证据的期待可能性时,法官可基于证据距离、武器平等、诚信原则之综合考虑,要求非负证明责任的一方当事人例外地承担具体化义务,即要求其对待证事实进行具体化之争执。违反具体化义务的后果是:若负具体化义务的当事人一方不进行具体化争执,则法官可对其进行不利评价,符合拟制自认条件的,可进行拟制自认。

五、保险事故证明一般规则构建

(一) 国内学者有关保险事故证明规则的学说

保险事故应由被保险人承担证明责任,通常这不会引发争议,尤其在机动车保险、寿险等险种中。在寿险案件中,受益人只需提供被保险人生

---

① 《民事诉讼法》第 124 条规定:"起诉状应当记明下列事项……(三) 诉讼请求和所根据的事实与理由……"

② 姜世明:《举证责任与真实义务》,新学林出版股份有限公司 2006 年版,第 241 页。

存或死亡证明,即可以领取保险金,这种证明多由有关机关或机构提供,如公安机关的《死亡证明书》,医院的《死亡证明》《诊断证明》等。在机动车保险案件中,被保险人只需提供交通部门出具的《事故责任认定书》等证明文件,即可证明交通事故之发生,一些小额理赔案件,被保险人甚至只需电话报案说明情况即可获得理赔。然而,在一些疑难案件,如机动车盗窃案、被保险人死亡的意外险理赔案、重大疾病险理赔案中,被保险人一方却很难做到完全证明,且其索赔金额往往巨大,容易引发争议。

《保险法》第22条第1款规定:"保险事故发生后,按照保险合同请求保险人赔偿或者给付保险金时,投保人、被保险人或者受益人应当向保险人提供其所能提供的与确认保险事故的性质、原因、损失程度等有关的证明和资料。"该款规定被理论界视为保险事故证明责任的一般性规则,然而学界尚未对此达成共识。根据官方解释,该款规定确立了投保人、被保险人、受益人一方负有证明保险事故发生的举证责任,但保险人要求投保人一方提供的证明和资料不能超出投保人、被保险人以及受益人的能力范围。[1]

实务中保险人一方与投保人一方经常对举证责任分配问题争执不下,不少研究者对此展开研究。现有成果主要表现为以下两种观点:一是初步举证责任说。有研究者认为,不能完全按照"谁主张、谁举证"的原则分配证明责任。具体而言,若索赔方提供的证据能够初步得出事故发生在保险责任范围内的结论,则其完成了证明保险事故发生的举证责任[2];有研究者认为,保险金请求权人所提交的证据使法官就保险事故的性质、原因和损失程度形成初步心证时,举证责任发生转移[3]。二是双方举证责任说。有研究者认为,完全由一方承担举证责任是不公平的,应由法院根据公平原则和诚实信用原则,结合当事人的举证能力等因素确定举证责任的承担。[4]

---

[1] 参见吴定富主编:《〈中华人民共和国保险法〉释义》,中国财政经济出版社2009年版,第63页;奚晓明主编:《〈中华人民共和国保险法〉条文理解与适用》,中国法制出版社2010年版,第151页。
[2] 参见张影、黄冠猛:《保险合同纠纷案件的举证责任分配》,载《人民司法》2010年第14期。
[3] 参见刘建勋:《保险法典型案例与审判思路》,法律出版社2012年版,第312页。
[4] 参见许崇苗:《保险法原理及疑难案例解析》,法律出版社2011年版,第383页。

(二)域外保险事故特殊证明规则

鉴于特殊保险事故证明之困难性,大陆法系和英美法系在长期的司法实践中,发展出一套专门针对保险事故证明的特殊规则,下文将详细介绍。

1. 德国

第一眼证据(Beweis auf erste Sicht)和外观证据(Beweis des äußeren Bildes)是过去二十几年德国为投保人发展起来的一种三阶段审查模式,是在不存在典型事象经过的情形下,降低了证明标准。① 也就是说,第一眼证据和外观证据规则不是表见证明,因为其没有典型的事象经过,是一种比表见证明更为有利的证明责任减轻方式。该规则发展之目的是保护被保险人的利益,德国联邦最高法院提到了一种实体法上的风险分配(eine materiellrechtliche Risikozuweisung),这种风险分配的产生,是基于某种由合同当事人按其合同目的引起的、包含于合同中的责任发生风险之移动。② 该规则是德国联邦最高法院通过解释保险合同而获得的,并非从一般性民事诉讼证明规则中推出,因此其具有适用上的特殊性,通常用于机动车盗窃等特殊案件。因为,如果被保险人在盗抢险理赔案中对"机动车丢失"(das Abhandenkommen des Fahrzeug)承担完全证明责任,那么保险保护就很可能失去价值。

德国联邦最高法院创制的第一眼证据和外观证据规则是从三级模式出发的。

(1)第一层级

在第一层级,被保险人必须陈述且证明,某种使(已投保的)盗窃外观的迹象具有相当可能性之事实。表见证明或者典型事象经过是不需要的。这种证明减轻在原则上对那些不诚实的被保险人(如被判过刑的等)也有好处。通常情况下,能使符合投保条件的盗窃行为之外观足以清晰显现的证据迹象(Beweisanzeichen)上的确认,就已经足够(外观证明,

---

① 参见周翠:《从事实推定走向表见证明》,载《现代法学》2014年第6期。
② Günter Bauer, Die Kraftfahrtversicherung, C.H.Beck (München), 3.Auf., 1993, Rn.727.

Beweis des äußeren Bildes）。①

如果证明机动车在某个特定地点存放并且于此之后不再能找到,盗窃行为的外观证明被认为已经实现。就这种最低程度构成要件（diesen Mindestsachverhalt）而言,被保险人必须在诉讼中达到使法官充分确信的证明。对这两个事实都必须加以证明,只证实一个事实是不够的。②

不过这通常是不可能或者几乎不可能的,向警察告发盗窃或者向他人告知并不足够。于此就产生是否考虑根据德国《民事诉讼法典》（die deutsche Zivilpmzessordnung）（以下简称 ZPO）第 448 条对被保险人进行询问的问题。德国联邦最高法院就此指出：ZPO 第 448 条的前提条件更多是针对原告的可信度缺少信任。除此之外,必须要存在某些使原告主张一定程度有可能性的要点。证明困难不足以支持这些必要条件的削减。……诉之陈述的真实与不真实处于同等状况,这并不足以为 ZPO 第 448 条的适用提供依据。……在无损这些因素的情况下,法官在自由评价辩论结果（ZPO 第 286 条）范围内也大概能够信任被保险人的主张与陈述,即便被保险人就其主张和陈述的正确性不能提出其他证明。③

在这种关联性方面,被保险人的可信度（Glaubwürdigkeit）扮演了很重要的角色。就此德国联邦最高法院作出了详尽解释：这就涉及对于作为正直人士（eine redliche Persönlichkeit）的原告作出的案件陈述可否给予信任。但通过某种与争议保险事故无关但被证实的不诚信（Unredlichkeit）行为,后者（案情陈述）也可能遭受质疑。④

（2）第二层级

如果被保险人已经实施了这种"外观证明",则保险人就必须在第二层级证实某些具体事实,这些事实因被保险人而以显著可能性导致接纳某种保险事故表象。

在第二层级,尤其是对于被保险人诚实性（die Redlichkeit des Versicherungsnehmer）的质疑（如前科、之前的欺骗企图等）——这不应与第一

---

① Günter Bauer, Die Kraftfahrtversicherung, C.H.Beck (München), 3.Auf., 1993, Rn.728.
② BGH NJW-RR 2002, 671, 1997, 663.
③ Günter Bauer, Die Kraftfahrtversicherung, C. H. Beck (München), 3. Auf., 1993, Rn. 728.
④ Günter Bauer, Die Kraftfahrtversicherung, C. H. Beck (München), 3. Auf., 1993, Rn. 728.

层级的可信度（Glaubwürdigkeit）混淆，对其他参加人的诚实性的质疑以及事实情况（Tatumstände），就起到了作用。① 也就是说，保险人仅证明被保险人在其他案件或其他情形中具有不诚信行为是不充分的，必须证明在本案情形下具有不诚信行为。当外观已由证人证明后，则并不取决于被保险人的一般信誉。因为即使对于一个不可靠的被保险人也不允许剥夺这样的机会，即外观由证人去证实。

对此证明的要求，就要严格于要求被保险人在第一层级负担的证明；为废止被保险人的证明减轻，甚至在确定（有争议的保险事故之）损害数额时，保险人不正确的陈述就不足够。实践中，保险人的异议（Einwand）经常起到作用——被保险人配制了一把万能钥匙，而机动车由此可能被"盗窃"；没有锁芯上的痕迹车辆后来被找到；被保险人对于再配制的钥匙没有给出合理的解释。就此德国联邦最高法院提出，配置"万能钥匙"并不应当适宜于仅仅满足对保险人也存在证明减轻。

(3) 第三层级

如果保险人在第二层级成功完成反证（Gegenbeweis），那么其后被保险人就要承担几乎不能实现的保险事故的充分证明责任。②

2. 美国

无论是财产保险还是寿险，被保险人一方在申请理赔时均需提供索赔请求和索赔资料，证明保险事故之发生及损失，目的是防止道德风险。损失证明必须包含具体细节，或者能证明被保险人损失的相关情况和性质。当然，被保险人如果没能按照保单要求提交损失证明，保险人极少能以此为由逃避给付，法院判断保单上有关损失证明条款是否得到履行的标准是相当宽松的，各地法院都坚持"实质性履行"标准来判断损失证明是否足够。法官认为，"正义要求保险人不能以技术原因逃避其明确承诺过要承担的责任"。被保险人一方所提交的证明只需要做到能够合理说明其索赔请求就可以了。当然，如果被保险人没有办法提交损失证明，法

---

① Günter Bauer, Die Kraftfahrtversicherung, C. H. Beck (München), 3. Auf., 1993, S. 194.
② Günter Bauer, Die Kraftfahrtversicherung, C. H. Beck (München), 3. Auf., 1993, Rn. 728.

院此时的态度通常都是不会让保险人以此为由拒绝赔付。① 也就是说，美国有关保险事故的证明规则与我国学者主张的初步举证责任规则较为类似，被保险人一方只需提供其能够提供的资料，法院不会因为被保险人未提供其难以提供的证据资料而令其败诉。

3. 比较分析

综上所述，在减轻被保险人一方证明负担的方法上，美国采取了原告初步举证的模式，德国采取第一眼证据和外观证据规则。我国《保险法》第 22 条之文字表述与美国模式十分相似，然而，笔者认为德国模式更适用于我国，理由在于：美国模式与其基于陪审团审判方式的证据法具有密切联系，与我国证据法具有天然排斥性。美国民事诉讼法之下的举证责任明确地区分"证据提出责任"（burdern of production）与"说服责任"（burden of persuasion），"证据提出责任"仅需使法官相信有一个真正之重要事实上的争点，证明标准仅需达到 25%，只有完成"证据提出责任"，案件才不会被法官以直接判决或指示判决驳回而进入下一诉讼阶段；而"说服责任"则需使法官相信 A 事实存在之可能性比不存在之可能性大（以数字表示为 51%以上），此时证明责任转由被告负担，被告需提出反证使法官相信陪审团可能认定 A 事实不存在，否则法官也将以直接判决令原告胜诉。

可见美国民事诉讼中原告的证明负担轻于德国。在德国，原告对要件事实之证明需达到高度盖然性标准，以数字表示证明标准为 85%以上，尽管有学者指出该证明度标准仅为概念上的区别，司法实务中两大法系未必存在如此大之差别，然而美国公民易于提起诉讼且诉权实现之便捷性的现实毋庸讳言。原告初步举证的模式与美国阶段式民事诉讼非常契合，即使在非保险诉讼中，原告亦承担初步举证责任，当原告主张事实存在之可能性大于不可能性时，说服责任即转由被告承担。然而，对于采法官审判模式的大陆法系而言，原告之证明必须达到法定证明标准，只有在特殊案件，如过错与因果关系之证明案件中，高度盖然性的证明标准才

---

① 参见〔美〕小罗伯特·H. 杰瑞、〔美〕道格拉斯·R. 里士满：《美国保险法精解》（第 4 版），李之彦译，北京大学出版社 2009 年版，第 289 页。

可能降低为优势盖然性标准,若非法定理由,绝无随意降低原告证明度之可能,客观举证责任亦不可能在双方当事人之间随意转换。根据我国国情,我国民事诉讼审判模式和民事证据法参考德国模式创建,因此德国第一眼证据与外观证据规则可能更适用于我国。

(三)我国司法实践中保险事故证明规则

我国司法实践对于保险事故并无一般性、统一性之证明规则,所以经常出现同案不同判的情形。个别法官随意分配要件事实之证明责任、对被保险人要求维持一般证明标准从而使其诉求实现较为困难。在一些疑难案件中,以机动车盗抢险为例,我国法院经常依赖公权机关的公文书以替代证据评价。

通常情况下,法院以公安机关出具的证明作为车辆被盗的证据,如在一起案件中,法院在判决书中写道:"黄某自有的粤 AU30××汽车于 2012 年 5 月 13 日被盗的事实,有事发报警后由公安机关出具的报警回执、被盗(抢)车辆证明等证据予以证实,该院予以认定"[①]。也就是说,法院回避了对盗窃事实的认定,转而依赖公安机关之证明,一份《盗窃证明》即可被视为完全证明。

而在另一起案件中,法院降低了证明要求,《刑事案件登记表》也被认为具有完全证明的效力:被保险人张某称其车辆停放于某商场门口时被盗,并提供了加盖有某市公安分局刑侦五中队章印的《接受刑事案件登记表》以及六大队有关该登记表所载内容为真的《证明》,法院认为"张某所举公安机关的证明载明车辆丢失、报案、立案,与保险条款载明的理赔条件相符"[②]。

不少法院并不认可报警记录的证明效力:在一起案件中,法院不认可《报警证明函》的证明效力,认为"张某仅提供了黄台派出所出具的两份《关于证明张某报警的函》,该函的内容,仅是客观表述报警事项,而非派

---

① 中华联合财产保险股份有限公司广州市花都支公司与黄某财产保险合同纠纷上诉案,广东省广州市中级人民法院民事判决书(2013)穗中法金民终字第 275 号。

② 天安保险股份有限公司河南省分公司与张某保险合同纠纷案,河南省郑州市中级人民法院民事判决书(2011)郑民四终字第 428 号。

出所对报警事项的认定。除此报警函之外,张某并未提交明显现场痕迹及经公安部门确认的证据。据此,仅凭报警函,不足以证实张某主张的财产损失系盗抢行为所致,故不能证实其财产损失属于保险合同约定的保险范围"①。

以其他国家机关的公文书替代证据评价固然具有减轻法院裁判责任的益处,然而,法院与其他国家机关对事实的认定标准是不同的,如盗抢险中盗窃的定义与刑法中盗窃罪的定义不完全相同。有时,当事人车辆丢失了,符合保险条款中的盗窃定义,但是公安机关却未必能够出具《盗窃证明》,而《报案证明》《报警证明》等却建立在当事人的单方陈述基础上,证明力较弱。此外,法院事实认定程序与其他国家机关事实认定程序不一,法院之事实认定建立在法庭调查审理的基础上,具有充分的程序保障,而行政机关之事实认定以效率性为前提,行政处理还需接受法院审理之最终审查。因此,法院不得完全依赖其他公文书,必须建立一套特殊证明规则。

(四)我国保险事故证明规则的重构

1. 一般规则

如前所述,我国学界对保险事故证明责任有两种观点,一是初步举证责任说,二是双方举证责任说。两种观点虽然结论不同,但共同之处在于以证明困难作为证明责任分配的基准,主张当被保险人一方无法或难以完成证明责任时,证明责任便交由对方当事人保险人一方来承担。保险理赔实务中,保险人常常设置举证障碍阻碍被保险人实现保险金请求权,维护被保险人一方的权益确实是保险证明理论须解决的问题。然而放弃或修正证明责任分配的基本原则,转而求诸一种不具有稳定性的主观分配规则,却可能走向过于保护被保险人一方的另一个极端,也可能造成证明责任法不具有法安定性的恶劣结果。初步举证责任说、双方举证责任说均违反罗森贝克提出的一个要件事实只能由一方当事人承担证明责

---

① 张某与中国人民财产保险股份有限公司济南市分公司财产保险合同纠纷上诉案,山东省济南市中级人民法院民事判决书(2014)济商终字第658号。

任,不能由双方同时承担证明责任的原则。若同一要件事实同时由双方当事人承担证明责任,则当该要件事实真伪不明时,法官应当判何方当事人胜诉呢?判令双方均败诉违反裁判逻辑,也违反法院不得拒绝裁判的基本原则。

正确的做法应是坚守一个稳定的证明责任分配基准,即以罗森贝克规范说作为证明责任分配基准,被保险人一方应对保险金请求权的各构成要件逐一证明,其证明应符合法定证明标准,若确有证明困难,结合法规目的考察,可通过举证责任转换、表见证明、事案解明义务等证明责任减轻的具体规则加以缓解,是否适用证明责任减轻制度则取决于该制度要件是否被满足。

由于保险证明具有特殊性,除普通的证明责任减轻措施外,根据我国国情,还可以借鉴德国第一眼证据规则和外观证据规则。

2. 例外情况

保险实务中,在某些情形下,被保险人一方对保险事故进行完全证明几乎是不可能的。如上文提及的机动车盗窃案件。又如在被保险人溺水身亡、坠楼身亡等意外事故中,受益人处于事件发生过程之外,根本无法提供确切证据证明被保险人系因意外事故身亡。被保险人一方的证明负担有必要被减轻,原因在于:一方面,从保险法立法宗旨上看,减轻被保险人一方证明责任是保护被保险人合法权益的需要,保险事故之发生具有突然性、意外性,在特定情形下往往缺乏确实证据,若严格按照完全证明之要求,可能导致被保险人的基本权益被剥夺。另一方面,从法经济学角度上看,即使法院认定的事实与真实情况不符,即被保险人一方存在道德风险或逆选择风险,保险人因此产生的损失也可通过提高保险产品价格的方式转移至其他消费者,同时在一个完全竞争市场里,保险人也会通过提高事前风险识别能力,以避免事后成本的激增,间接推动良性市场秩序的形成。

被保险人一方证明责任减轻的方式不仅限于表见证明、具体化义务、证明标准降低等传统证明责任减轻方式,我国还应建立第一眼证据规则和外观证据规则。从表面上看,德国第一眼证据规则和外观证据规则与美国的初步证明规则具有相同效果,均是要求被保险人一方提供其所能够提供的证据。但是笔者认为两者之间存在一个根本性差别,即美国初步证明规则是保险证明的一般性原则,这与其阶段式诉讼构造和较低的原告诉讼证明标准有关;而德国之第一眼证据规则和外观证据规则却是作为保险诉讼证明之特殊规则,而不是作为民事诉讼之一般规则存在,即使在保险诉讼中,也不是任何诉讼中均可适用,仅适用于机动车盗窃案件等特殊诉讼案件。我国应该借鉴德国第一眼证据规则和外观证据规则,建立我国之特殊保险诉讼案件之特殊证明规则,摒弃那种一般化降低原告证明标准要求其提供初步证明的做法。

即使在德国,第一眼证据规则和外观证据规则也是联邦最高法院在诉讼实务中发展出来的特殊规则,其尚不存在统一适用要件。德国学者指出:"这种证明体系在理论上看起来很简单,但其在实践中的结果是很不稳固的。从司法实践中(个案裁判)几乎不能得出统一的指导方针,并不令人诧异的是:是否能从不涉及所主张盗窃行为外部客观情况的某种被保险人行为中得出结论——被保险人自己拟制了盗窃行为存在显著可能性,这只能在个案中由审判法官来评判。"[1]我国宜通过司法实践由法院通过判例确定具体规则,不宜未经实践积累而一般性地确立特殊案件证明标准降低的普遍规则。

以机动车盗窃案为例,至少法院不能主要依靠公安机关的公文书断案,可参照德国规则:被保险人一方无须证明盗窃的具体过程,仅需提供证据线索,证明"车辆停放"和"丢失"两个事实。在证据较弱的特殊情况下,法官也可以通过询问当事人,以当事人陈述作为认定案件事实的重要依据。当外观证据被确认后,保险人可以提出证据加以反证,该证据必须针对本案具体情形,包括当事人在本案中存在诚信问题(而非一般性地存在诚信问题),或其他情况证据证明外观证据存在瑕疵。当保险人反证得到确认后,具体证明责任转移至被保险人一方,而在此时被保险人可能已经很难完成其证明责任。

---

[1] Günter Bauer, Die Kraftfahrtversicherung, C. H. Beck (München), 3.Auf., 1993, Rn. 729.

第二章 主要险种保险事故的证明

一、保险合同纠纷案件证明责任分配的一般原则

根据《保险法》第22条第1款的规定,被保险人一方应当向保险人提供其所能提供的与确认保险事故的性质、原因、损失程度等有关的证明和资料。根据"谁主张、谁举证"的基本证明原理,毫无疑问,被保险人一方应当对保险事故之存在承担证明责任。然而保险合同对于保险事故之约定较为复杂,除在赔付范围中正面约定保险事故的定义,往往在除外责任中对保险事故作出反面约定,有时也在赔付范围中隐含免责条款。被保险人一方是否对此均承担证明责任?如若由被保险人一方承担全部证明责任,无疑会加剧其证明困难,因其不仅要证明风险事件属于赔付范围,而且需一一举证证明风险事件不属于保险人除外责任或免赔范围。如案例2-1:

案例2-1:2009年,韩某某向Y保险公司投保重大疾病保险,保险合同条款约定"被保险人经医院确诊初次发生重大疾病的,本公司按其保险金额给付重大疾病保险金,对该被保险人保险责任终止"。合同同时约定"重大疾病是指被保险人初次发生符合下列定义的疾病,或初次接受符合下列定义的手术",其中第九项为"良性脑肿瘤"。2017年,韩某某遭遇车祸,在做CT检查时意外发现脑部有肿瘤,医生为韩某某做了脑肿瘤切除术,术后切片化验表明韩某某患"海绵状血管瘤"。韩某某以患良性脑肿瘤为名向保险公司索赔,但保险公司拒赔,理由为海绵状

血管瘤不属于保险合同约定的赔付范围。因保险合同约定"脑垂体瘤、脑囊肿、脑血管性疾病不在保险范围内"。双方产生争议诉至法院。原告韩某某认为合同未明确将海绵状血管瘤列为除外责任,而有证据证明海绵状血管瘤属于良性脑肿瘤。原告在法庭上出示了世界卫生组织、人民卫生出版社出版的《疾病和有关健康问题的国际统计分类》、人民卫生出版社出版的国家级规划教材《外科学》(第8版)、人民卫生出版社出版的国家卫生部"十二五"规划教材《肿瘤学概论》,表明血管瘤属于良性肿瘤的范围。而被告保险公司亦出具了另外几本医学专著,显示血管瘤属于血管类疾病。据医学专家表示,血管瘤究竟属于良性肿瘤还是属于血管类疾病,医学上存在争议。对于合同约定的保险事故,双方均提出证据证明,但被保险人所患疾病是否属于合同约定之重大疾病陷入了真伪不明状态,法官应当如何判断?①

本案原告代理人提出:原告已提供充分证据证明其所患疾病属于合同约定之良性脑肿瘤,其举证责任已完成,证明责任转移至被告,被告应提出充分证据证明原告所患疾病属于合同约定的除外责任。根据《保险法》第30条的规定②,当双方对某一定义存在争议时,首先应当按照"通常理解"解释。根据百度百科、360百科等通常解释,海绵状血管瘤属于肿瘤。即使对于什么是通常理解有争议,也应当采用有利于被保险人的解释。

法官在庭审过程中向原告释明,表示原告不仅应提出证据证明海绵状血管瘤属于良性肿瘤,而且应证明海绵状血管瘤不属于脑血管性疾病。然而原告证明海绵状血管瘤不属于脑血管性疾病谈何容易?一方面,脑血管性疾病这一医学术语之概念本身就存在一定的模糊性,从不同角度

---

① 参见韩某某与平安养老保险股份有限公司北京分公司人身保险合同纠纷案,北京铁路运输法院一审民事判决书(2018)京7101民初717号。
② 《保险法》第30条规定:"采用保险人提供的格式条款订立的保险合同,保险人与投保人、被保险人或者受益人对合同条款有争议的,应当按照通常理解予以解释。对合同条款有两种以上解释的,人民法院或者仲裁机构应当作出有利于被保险人和受益人的解释。"

来看可能得出不同结论,且随着时间的推移,其概念之含义也在变化;另一方面,从医学角度来看,海绵状血管瘤之定性本身亦存在一些争议。换句话说,海绵状血管瘤是良性肿瘤,但从另外一个角度来看,也可能属于脑血管性疾病。从证明责任上看,保险人应当对除外责任承担证明义务,即证明海绵状血管瘤属于脑血管性疾病。而案例2-1中,保险人并未提供充分之医学证明。况且,即使同样有证据证明海绵状血管瘤属于脑血管性疾病,由于保险人在合同中对脑血管性疾病并未作出定义,且未将海绵状血管瘤明确列为除外责任,在同时存在两种以上解释时,根据《保险法》之疑义利益解释原则,应当判令被保险人胜诉。

在案例2-1中,最终法院采纳了原告的意见,法院在判决中指出:"原告提供的国家标准《疾病分类与代码》①明确将海绵状血管瘤归类为良性肿瘤,故本院根据国家标准认定海绵状血管瘤属于良性肿瘤。对于脑海绵状血管瘤是否属于脑血管性疾病的问题,经查,涉案保险合同并未对脑血管性疾病的概念和具体情形作出约定……按照不利解释规则,本案应作出有利于被保险人的解释。"实践中,目前法院极少依据证明责任作出判决,这也体现了客观证明责任作为法的特征尚不明显,证明责任被随意分配的现象比比皆是。本章将研究保险人与被保险人就保险事故应当如何分配证明责任。

(一)被保险人一方应对保险金请求权成立要件承担证明责任

保险金给付请求权是保险合同的主给付请求权。从实体法上看,肯定一项合同履行请求权,应满足以下前提:合同成立(合意)、有效、未结束、未消灭以及不存在抗辩权。② 然而,从程序法上看,作为原告的被保险人一方并非对所有实体法要件均需承担证明责任。罗森贝克指出,"不适用特定的法规范其诉讼请求就不可能有结果的当事人,必须对法规范要素在真实的事件中得到实现承担主张责任的证明责任……每一方当事

---

① 《中华人民共和国国际标准疾病分类与代码》(GB/T 14396—2016),中国标准化出版社2016年版。
② 参见〔德〕迪特尔·梅迪库斯:《请求权基础》,陈卫佐等译,法律出版社2012年版,第211页。

人均必须主张和证明对自己有利的法规范的条件","原告必须对权利形成规范的前提条件加以证明(附带对补充规范的前提条件加以证明),而被告则必须对其试图用于反驳原告的诉讼请求的法规范的前提条件加以证明,这里主要是指权利妨碍规范的前提条件、权利消灭规范的前提条件或者权利排除规范的前提条件"。①

根据《保险法》第 22 条的规定,被保险人一方请求赔付,应当提供能够确认保险事故的证明材料;而《保险法》第 16 条第 7 款②规定,保险事故是合同约定的保险责任范围内的事故,即被保险人一方必须证明其遭受的损害属于合同约定的赔付范围。《保险法》规定由被保险人一方承担证明责任的原因在于,保险标的的风险虽然由保险公司按照合同约定承担,但保险标的依然由被保险人控制、管理和使用,因此由被保险人承担证明责任符合公平原则,并且有利于防范道德风险。③

据此,一项保险金请求权之成立,原告需证明:一是保险合同成立并生效;二是发生了保险合同约定的保险事故并产生损害结果;三是保险事故发生于保险期间;四是保险事故与损害结果有因果关系。因此,在保险金请求权之实现中,居于核心位置的是证明所遭受的损害是因合同约定的保险事故引起,那么首先必须证明发生了合同约定的保险事故。

例如,在人身险的定期或终身寿险中,被保险人一方必须提供证据证明发生了合同约定的死亡事件;在意外险中,被保险人一方必须提供证据证明发生了合同约定的意外事件;在重大疾病保险中,被保险人一方必须提供证据证明发生了合同约定的重大疾病。而保险险种繁多,每一个险种所约定的保险事故均有不同,具体仍需结合案件具体情况而论。

以车险中的车辆损失险为例,《家庭自用汽车损失保险条款》通常约定:"保险期间内,被保险人或其允许的驾驶员在使用被保险机动车过程中,因以下原因造成被保险机动车损失,保险人依合同约定赔付:1.碰撞、倾覆、坠落……"然而,对于具体事件需提供证据证明,如果证明未达到证

---

① 〔德〕莱奥·罗森贝克:《证明责任论——以德国民法典和民事诉讼法典为基础撰写》(第 4 版),庄敬华译,中国法制出版社 2002 年版,第 110 页。
② 《保险法》第 16 条第 7 款规定:"保险事故是指保险合同约定的保险责任范围内的事故。"
③ 参见刘建勋:《保险法典型案例与审判思路》,法律出版社 2012 年版,第 309 页。

明标准,原告无法得到赔付。例如:

> 案例2-2:许某于2010年10月投保车辆损失险,保险期限1年。许某在法庭中陈述:2011年3月10日,其许可的驾驶员唐某驾驶车辆进入某服务区,离开10分钟后回来发现车辆被剐蹭,唐某开车去追未果,而后唐某来到服务区要求开启视频录像调查取证,被告知录像已坏。法院终审判决认为许某只提供了当事人陈述,根据最高人民法院证据规定,仅有本人陈述不能提出其他证据的,且对方不认可的,不予支持。①

案例2-2中,尽管被保险人之车辆留下了碰撞之痕迹,可以推断碰撞之事实发生,然而依合同约定赔付范围的保险事故必须是被保险机动车在使用过程中,而被保险人所提供的证据无法证明其损失是因车辆使用而发生的碰撞。车损险之所以将赔付范围限定于车辆使用过程中,与其定价机制有关,不应无限扩大至车辆的一切损失。各险种之具体保险事故各不相同,合同对事故之定义也不尽相同,本书随后将分险种详细分析主要险种保险事故之证明问题。

(二)保险人应对权利障碍要件、消灭要件以及受制要件承担证明责任

罗森贝克指出:"通常情况下原告的诉讼请求是建立在一个独立的法规范基础之上的……对于形成构成诉讼的法规范的前提条件的此等事实,原告必须承担主张责任和证明责任。只有当被告主张的事实与一个新的独立的对其有利的规范的特征相适应,且该事实说明该规范的介入是正当的之时,被告才承担证明责任。"被告作出如下抗辩:一是构成原告诉讼请求的法规范并不存在,或者该规范有不同于原告所主张的其他前提条件,或有更多的前提条件,或该规范必须被作其他解释;二是法规范和所提出的事实并不能得出原告所主张的权利的结果;三是可以否认事实关系,要么直接说不,要么对基础事实提出一个不同于原告的解释。除

---

① 参见刘建勋:《保险法典型案例与审判思路》,法律出版社2012年版,第309页。

非在第三种情况下被告提出了一个间接反证,否则前两种情况下被告均不承担证明责任。也就是说,当被告的陈述仅仅是否定诉讼,或诉讼理由时,被告不承担证明责任,只有当被告的陈述包含独立的、有利于被告的法规范,被告才承担证明责任。①

那么,何为独立的规范呢?罗森贝克指出,其包括权利妨碍规范、权利消灭规范和权利排除规范。所谓权利妨碍规范是指从一开始就阻止权利形成的规范,权利消灭规范是指使已形成的权利归于消灭的规范,权利排除规范是指通过形成权的行使排除针对他形成的权利的行使。②

权利消灭规范比较容易理解,是指保险金请求权已消灭,如已实现保险赔付,不少保险条款中均约定赔付后保险责任解除,个别险种允许被保险人一方获得多次赔付;保险合同期限届满;保险合同因合同主体行使终止权而终止;保险标的全部灭失而终止;保险合同因解除而终止。权利排除规范是指权利虽已产生,但目前尚不具备行使条件,如先履行抗辩权、同时履行抗辩权等。

较为难以理解的是权利障碍要件,权利障碍要件与权利成立要件相生相伴,权利障碍要件识别之困难也是罗森贝克学说受诟病的一个重要原因。然而,笔者认为通过类型化的分析足以识别权利障碍要件。

罗森贝克指出:"在回答一个事实是否属于权利形成、权利障碍、权利消灭或权利排除的事实这样的问题时,我们必须始终以法规范为根据……唯独法秩序是不可改变的。"如果从制定法的法条看,我们如何找寻权利障碍要件呢?罗森贝克指出权利成立要件与权利障碍要件可以用规则与例外的关系来说明。权利成立要件规定在何条件下一个权利或法律关系应当产生,权利障碍要件告诉我们,如果添加一个或数个特定要素,该权利或法律关系例外地不产生。"并且权利障碍要件必须通过法律规定在制定法中明确规定",罗森贝克不无兴奋地说:"我们应当向民法典的编辑们问候,因为他们自觉地且一贯地满足这一要求……如果一个

---

① 参见〔德〕莱奥·罗森贝克:《证明责任论——以德国民法典和民事诉讼法典为基础撰写》(第4版),庄敬华译,中国法制出版社2002年版,第110页。
② 参见〔德〕莱奥·罗森贝克:《证明责任论——以德国民法典和民事诉讼法典为基础撰写》(第4版),庄敬华译,中国法制出版社2002年版,第110页。

规范是这样的用语,我们认为是一个例外规范,'……不在此限'或'除外'……总之,法条中的但书条款被认为是识别权利障碍要件的重要表征。"①然而,我们遗憾地发现我国《保险法》编撰者并未贯彻证明责任分配理念,系统地将法规范表述为基本规范和相对规范。如果我们要以"但书"在《保险法》中寻找第22条的例外条款,是注定要失望的,因为甚至第22条也不符合一个权利成立要件的典型特征。正因为如此,我国不少学者认为罗森贝克的规范说无法在我国适用。

当然,罗森贝克的该学说即使在当时也受到抨击,甚至有学者指出原告必须主张和证明权利成立要件的所有前提条件,包括权利障碍要件不存在。②罗森贝克指出,"由于这样的困难而根本拒绝权利障碍规范的概念,在我看来是不合适的"。出路当然在于法解释学,"那些习惯用语如同法律中使用的所有其他的用语一样,理所当然是解释的对象,没有什么能够阻止科学……用所有可以使用的方式进行有别于字义暗示的解释,就像我们事实上常看到且也是这么做的一样","我们的原则同样也适用于在民法典颁布以前的法律……我们的原则还适用于由科学和实践在不断创造性的工作中新提出的不成文法中的众多规则规范和例外规范"。③

通过法解释学,我们在《保险法》中找出以下权利障碍要件,即这些要件从一开始就阻止保险金请求权的成就,而这些要件不应当由被保险人一方承担证明责任,而应当由保险人一方承担证明责任:

一是投保人未履行如实告知义务,《保险法》第16条规定,投保人应当就保险标的或被保险人的有关情况向保险人如实告知,投保人故意或者因重大过失未履行如实告知义务,足以影响保险人决定是否同意承保或者提高保险费率的,保险人有权解除合同。

二是投保人一方未尽及时通知义务,《保险法》第22条规定,投保人一方应在知道保险事故后及时通知保险人,因故意或重大过失未及时通

---

① 〔德〕莱奥·罗森贝克:《证明责任论——以德国民法典和民事诉讼法典为基础撰写》(第4版),庄敬华译,中国法制出版社2002年版,第110页。
② 参见〔德〕莱奥·罗森贝克:《证明责任论——以德国民法典和民事诉讼法典为基础撰写》(第4版),庄敬华译,中国法制出版社2002年版,第138页。
③ 参见〔德〕莱奥·罗森贝克:《证明责任论——以德国民法典和民事诉讼法典为基础撰写》(第4版),庄敬华译,中国法制出版社2002年版,第140页。

知导致保险事故难以确定,保险人对无法确定部分不承担赔付责任。

三是投保人一方故意制造保险事故,《保险法》第27条规定,投保人、被保险人故意制造保险事故,保险人有权不承担赔付责任。

四是属于保险合同约定的保险人免责条件,《保险法》第17条规定,保险人应当在保险合同中免责条款作出明确说明:首先,需在合同中作出重点提示,如以不同字体等形式提示;其次,对免责条款需尽口头告知与说明。

前三种情况相对是比较明确的,较为复杂的是第四种情况,因何为免责条款是合同中约定的,而合同对赔付范围与免责范围的约定常常混淆不清。通常保险合同中都有专门的"责任免除""除外责任"等条款。如在寿险中,通常免责条款包括投保人一方的故意伤害行为、被保险人特定条件下的自杀、被保险人主动吸毒、被保险人故意犯罪或抗拒抓捕、被保险人酒驾、战争暴乱、核爆炸核辐射等;又如在车损险中,通常保险人的免责条款有:地震及其次生灾害、战争等、核反应核污染等、本车所载货物的撞击和腐蚀、自燃及不明原因火灾、超载、驾驶人故意行为等。凡单独列示在"责任免除"等条款中的除外责任或免责条款,均属于保险人应当负举证责任的权利障碍要件。原因非常简单,如若要求被保险人既证明发生了合同约定的保险责任,同时又证明不存在任一保险人拒赔或免赔事项,则无疑会加重被保险人的举证负担。

然而,容易产生争议的是那些写在赔付范围条款中的免责条款,如案例2-1提到的海绵状血管瘤案件中,"脑垂体瘤、脑囊肿、脑血管性疾病不在保险范围内"并未写在"免责条款"或"除外责任"等条款中,而是直接写在良性脑肿瘤的定义条款中。因此有一种观点认为此为赔付范围,应由原告承担证明责任。我们认为,根据《最高人民法院关于适用〈中华人民共和国保险法〉若干问题的解释(二)》(2020年修正)(以下简称《保险法司法解释(二)》)第9条第1款的规定,"保险人提供的格式合同文本中的责任免除条款、免赔额、免赔率、比例赔付或者给付等免除或者减轻保险人责任的条款,可以认定为《保险法》第17条第2款规定的'免除保险人责任的条款'"。从该条可以看出,有关免责条款范围的界定是从法律后果的角度考虑,即凡属于"免除或减轻保险人责任"的条款,均属于免责条款。免责条款应当是与保险人承担的风险保障责任相对应的条款,不局限于保险合同"除外责任""免除责任"的章节,在保险合同中涉及免除保险人责任、加重投保人负担或者被保险人负担的条款,均属于免责条款。不少法院裁判也采此观点。① 因此,在保险事故定义范围之外,凡实质上减轻或免除保险人赔付责任的条款均属于免责条款。

综上所述,保险事故证明属于被保险人一方保险金请求权证明中的一个重要要件,同时根据具体险种之不同,对于部分要件亦可能属于保险人应当负责证明的权利障碍要件。下文将分险种详细阐述保险事故的证明及证明困难的克服路径。

二、人身保险中保险事故的证明

(一)人身保险中保险事故的类型

1. 人身险中保险事故的类型

人身保险是指以人的寿命或身体为保险标的,当被保险人在保险期限内发生死亡、伤残、疾病、年老等事故或生存至规定时点时给付保险金的保险业务。② 按照保险责任划分,人身保险又可分为人寿保险、健康保险、意外伤害保险。

---

① 例如,李某与中国太平洋人寿保险股份有限公司运城中心支公司人身保险合同纠纷案,山西省新绛县人民法院一审民事判决书(2015)新商初字第 208 号。在该案中,法院认为"将特定疾病通过释义的方式列举在保险条款中,旨在免除或减轻其应承担的保险责任,应属免责条款范围"。又如,库某诉中国人寿保险股份有限公司乌鲁木齐市分公司人身保险合同纠纷案,新疆维吾尔自治区阿勒泰市人民法院民事判决书(2016)新 4301 民初 933 号;新华人寿保险股份有限公司天津分公司与王某保险合同纠纷上诉案,天津市第一中级人民法院民事判决书(2017)津 01 民终 5438 号;中国人民财产保险股份有限公司四川省分公司国际业务营业部等诉龙某某健康保险合同纠纷案,四川省南充市中级人民法院民事判决书(2016)川 13 民终 2063 号等均认为该种条款属于免责条款。再如,新华人寿保险股份有限公司锦州中心支公司与丛某某健康保险合同纠纷上诉案,辽宁省锦州市中级人民法院民事判决书(2016)辽 07 民终 1499 号。在该案中,法院认为:保险公司所主张的脑血管性疾病,脑血管性疾病不在保障范围内体现在保险条款第 5.4.9 部分,该节属保险条款的释义部分。由于该款内容直接影响上诉人是否承担赔偿责任,其虽未列入"责任免除"部分,但其内容实际上减轻了保险人的赔偿义务,依据《最高人民法院关于适用〈中华人民共和国保险法〉若干问题的解释(二)》第 9 条的规定,该款属于"免除保险人责任的条款"。

② 参见魏华林、林宝清主编:《保险学》(第 2 版),高等教育出版社 2006 年版,第 251 页。

人寿保险是以被保险人的寿命作为保险标的,当被保险人发生生存或死亡的保险事故时,保险人按约定给付保险金。人寿保险又可分为定期寿险、终身寿险、两全保险和年金保险。定期寿险是以被保险人在固定年限的保险期限内死亡为给付保险金条件的人寿保险。终身寿险是以被保险人终身任何时候死亡为给付保险金条件的人寿保险。两全保险是以被保险人在保险期间内以死亡或生存为给付保险金条件的人寿保险,是将定期死亡保险和生存保险结合起来的保险,具有较强的储蓄性质。年金保险是以被保险人在特定时间点生存为分期给付保险金条件,且分期给付间隔不超过一年的人寿保险。

健康保险以被保险人的身体作为保险标的,是以因健康原因导致损失为给付保险金条件的人身保险。健康保险又可分为疾病保险、医疗保险、护理保险和失能收入损失保险。疾病保险是以疾病作为给付保险金条件的保险,疾病是指由人内在因素引起的,区别于外在因素引起的伤害,疾病通常不包括先天性疾病,因为先天性疾病无法纳入疾病发生概率统计计算。医疗保险是以发生约定的医疗费用作为给付保险金条件的保险。失能收入损失保险是指以因保险合同约定的疾病或者意外伤害导致工作能力丧失为给付保险金条件,按约定对被保险人在一定时期内收入减少或者中断提供保障的健康保险。护理保险是指以因保险合同约定的日常生活能力障碍引发护理需求为给付保险金条件,按约定对被保险人的护理支出提供保障的健康保险。

意外伤害保险是指以被保险人因意外事故而导致身故、残疾或者发生保险合同约定的其他事故为给付保险金条件的人身保险。[①]

从表2-1可以看出,人身保险以人发生死亡、疾病、伤害、年老等意外事故作为承保对象。其中,疾病或意外事故的发生具有不确定性、偶发性,较容易理解其具有不可预见性。但以生或死作为给付保险金条件的人寿保险貌似不具有意外性,因为死亡对一个人来说是一件确定要发生的事,但是死亡在何时发生是不确定的,因此以生存或死亡为给付保险金

---

① 上述险种定义参考《人身保险公司保险条款和保险费率管理办法》(保监会令〔2015年〕第3号)第12条的规定。

条件的人寿保险,也具有不可预见性,属于意外风险。

表 2-1 人身保险保险事故分类表

类别	险种类别	保险标的	险种名称	保险事故
人身保险	人寿保险	人的寿命	定期寿险	被保险人于合同约定的时期内死亡
			终身寿险	被保险人终身任何时候死亡
			两全保险	被保险人在合同约定的时期内死亡或约定的时点时生存
			年金保险	被保险人在合同约定的时间点生存
	健康保险	人的身体	疾病保险	被保险人出现合同约定的疾病
			医疗保险	被保险人发生合同约定的医疗费用
			护理保险	被保险人发生日常生活能力障碍
			失能收入损失保险	被保险人因意外伤害或疾病发生合同约定的收入中断或减少事件
	意外伤害保险	人的寿命和身体	意外伤害保险	被保险人发生合同约定的意外伤害致被保险人身体残疾或死亡事件

此外,还有一种分类方法将人身保险分为普通保险、分红保险、投资连结保险和万能保险,后三者被称为新型人身保险。由于新型人身保险未突破传统保险的本质,仅在保险灵活性上有所突破,即允许客户享受保险投资的收益,或允许客户根据需要自主变动保险金额和保费①,对于本书保险事故之探讨并无影响,因此下文将忽略此种分类。

2. 人身险中保险事故证明概要

在定期和终身寿险中,保险事故为死亡;在两全险和年金险中,领取保险金的条件为生存;在疾病险、医疗险等健康险中,保险事故为疾病;在意外险中,保险事故为意外事件。生存与死亡之证明较为简单,通常医院的死亡证明、法院的宣告死亡判决等文书即可完成证明责任。较为复杂的是健康险和意外险,在健康险中通常医院的诊断证明、缴费凭证等文件可证明发生合同约定的人身或财产损失,但是经常发生争议的是被保险

---

① 参见〔美〕肯尼思·布莱克、〔美〕哈罗德·斯基博:《人寿与健康保险》(第 13 版),孙祁祥等译,经济科学出版社 2003 年版,第 258 页。

人一方主张的损害是不是由合同约定的疾病引起且在合同约定的限额赔偿范围内,本书将专门阐述。意外险之证明则更为复杂,本书将以专章详细阐述。

(二)人身保险中保险事故与保险金请求权证明的关系

尽管保险金请求权与保险人抗辩之证明并不等于保险事故之证明,但是其对保险事故之证明影响重大。保险事故是保险金请求权的重要构成要件,也常受到保险人抗辩的影响。

1. 保险事故在保险金请求权证明中的地位

一项保险金请求权之成立,原告需证明四个要件:一是保险合同成立并生效;二是发生了保险合同约定的保险事故并产生损害结果;三是保险事故发生于保险期间;四是保险事故与损害结果有因果关系。由于因果关系后文有专章详细阐述,本部分仅论述前三项要件。损害结果要件在人身险中较为简单,因为人身险大多数是定额保险,但费用补偿型的健康保险除外,本部分不作专门论述。在四个要件中,保险事故可谓最核心要件,在一些险种中往往是争议焦点,但其他要件之证明对保险事故证明之成立亦会产生影响。如果保险合同未成立或未生效,则保险事故之证明便成为不必要;如果保险事故未发生于保险期间,则保险金请求权亦不能成立。

(1)保险合同成立并生效

保险法规定,投保人提出保险要求,经保险人同意承保,保险合同成立。保险法学界通常认为一项要约与承诺即可以导致合同成立,无论该要约首先由保险人还是由投保人一方发出。在典型的保险销售过程中,代理人进行推介的过程被认为是要约邀请,投保人填写并提交投保单被认为构成一项要约,而保险公司决定承保是承诺,保险公司签发保险单或保险合同本身并非承诺行为,该行为只是证明保险公司的承诺,属于合同履行行为。在一些特殊的场合,如机场柜台销售"航意险",则投保人提交投保单被认为是承诺。无论如何,主张保险金请求权的一方必须证明合同已成立,即已具备一项要约与承诺,通常保险合同就是合同成立的重要凭证。

在我国预收保费的特殊经营模式中,保险人只有在收取保费后才签发保单,在保单签发之前合同即已成立,通说认为只要符合承保条件,保险人就没有理由对保险事故拒绝赔付,保单只是承诺的凭证之一,并非承诺。有的法院专门对保险合同的成立作出规定,如《山东省高级人民法院关于印发审理保险合同纠纷案件若干问题的意见(试行)》(2011年3月17日发布)第1条第1款规定:"保险人虽未出具保险单或者其他保险凭证,但已接受投保单并收取了投保人交纳的保险费的,一般应认定保险人同意承保,保险合同成立。依法成立的保险合同,自成立时生效。但投保人与保险人在投保单上或通过其他方式对合同成立、生效另有约定的除外。"①如若主张合同成立的一方当事人未对要约与承诺完成证明责任,则其面临败诉的后果,否定合同成立的一方无须就否认承担证明责任。由此,在保险金请求权诉讼中,保险人无须对合同不成立承担证明责任,因有关保险合同不成立的主张仅仅是一项否认,而不构成一项抗辩。②

保险合同生效要件包括保险合同的主体具有完全民事行为能力、投保人和保险人意思表示真实、内容合法。根据保险法规定和学理,保险合同成立之时便生效,除非法律或合同另有规定。因此,主张合同成立并生效的当事人无须对合同有效或不存在无效情形承担证明责任,合同存在无效情形应由对合同效力提出抗辩的当事人承担,在保险金请求权诉讼中,应当由保险人承担证明责任。根据《民法典》的规定,民事法律行为违反法律或行政法规的强制性规定或者违背公序良俗时无效。根据《保险法》的规定,人身保险合同在以下情况下全部或部分无效:一是投保人

---

① 2011年3月17日,山东省高级人民法院向山东省全省各级人民法院和济南铁路运输两级法院发布《山东省高级人民法院关于印发审理保险合同纠纷案件若干问题的意见(试行)》,该意见已于2011年3月2日经山东省法院审判委员会第12次会议讨论通过。

② 当事人的反驳分为否认、不知和抗辩。否认可以分为单纯否认和积极否认,单纯否认是指单纯否认对方当事人主张不真实,积极否认是指积极陈述与对方当事人主张不能同时成立的事实,当事人之单纯否认、积极否认及不知陈述均无需承担证明责任。而抗辩是指在争议对方当事人主张的法律效果的同时积极提出新的事实,抗辩以承认或证据上可以认定请求原因事实为前提,当事人需就其抗辩承担证明责任。参见段文波:《民事证明责任分配规范的法教义学新释》,载《政法论坛》2020年第3期。

无保险利益的合同;二是免责条款未经明确说明而无效;三是不公平的格式条款;四是未经被保险人许可的死亡保险;五是为无民事行为能力人投保的死亡保险;六是无危险的保险合同。

有一种观点认为,合同无效要件应由主张合同成立或生效的一方证明,原因在于《最高人民法院关于民事诉讼证据的若干规定》(2008年调整)第5条规定,在合同纠纷案件中,主张合同关系成立并生效的一方当事人对合同订立和生效的事实承担举证责任,因此凡主张合同有效的一方当事人,无论其为投保人、保险人抑或受益人,均应当承担证明被保险人"同意"的责任。[①] 这一观点的错误在于违反了证明责任只能固定地由一方当事人承担的基本原则。该要件的证明责任只能固定地由否认合同成立或生效的一方当事人承担,而非由投保人、被保险人、受益人一方承担。原因在于:享有保险金请求权的投保人一方负责证明合同已成立并生效,而保险人一方就阻碍合同成立或生效的要件,即权利障碍要件承担证明责任;换言之,如果投保人一方主张合同无效或不成立,同样也需要对无效或不成立的原因承担证明责任。这也验证了罗森贝克有关证明责任固定地由一方当事人承担而不随任何人提起诉讼而转移的论断。例如:

> 案例2-3:2006年10月,柳某作为投保人,以其丈夫石某为被保险人向保险公司投保人身险。2009年8月,石某因急性左心衰、高血压住院,出院后向保险公司申请理赔,保险公司以柳某未履行如实告知义务拒赔。柳某主张合同非被保险人本人签字属于无效,保险公司收取的保费应当全额退还并提起诉讼。法院认为石某亲自向保险公司提出理赔申请,并提出异议和投诉,因此即使签订合同时石某不知,但其后已通过行为表示对保险合同的追认,合同有效,原告无权要求退还保险费。

本案原告主张合同无效,其提供的保险合同上被保险人签字之处非被保险人本人签字,据此已完成证明责任,此时行为意义上的证明责任转

[①] 参见刘建勋:《保险法典型案例与审判思路》,法律出版社2012年版,第19页。

移至保险人一方,保险人必须证明被保险人已明示或默示、口头或书面表示同意,如果保险人此时不提供证据证明,则法官可以以原告已完成证明责任为由作出保险人败诉的判决,但是结果意义上的证明责任始终由主张合同无效的一方承担,并未发生过任何转移。案例2-3中,保险人提供了被保险人亲自申请理赔和投诉的证据,以此推断其已对无权代理行为表示追认,因此合同有效。

有关保费已缴的要件是属于合同成立要件,抑或合同生效要件?究竟应当由哪一方当事人承担证明责任?此前有观点认为,投保人支付保费为保险合同生效条件,然而支付保费是投保人的履约行为,将履行合同义务的行为定义为合同生效条件存在逻辑上的悖论,因此当前保险法学界通常认为支付保费为保险责任开始的时间。也就是说,该要件既不属于合同成立要件,也不属于合同生效要件,而是保险责任开始的要件,应当由主张合同成立并生效的保险金请求一方,即投保人一方承担证明责任。

此外需探讨的是对于期缴产品,合同约定分期缴纳保费,某一期保费之未缴纳是否影响被保险人一方保险金请求权之成立?对于保费之未及时缴纳,《保险法》第36条第1款规定:"合同约定分期支付保险费,投保人支付首期保险费后,除合同另有约定外,投保人自保险人催告之日起超过三十日未支付当期保险费,或者超过约定的期限六十日未支付当期保险费的,合同效力中止,或者由保险人按照合同约定的条件减少保险金额。"此外在保费未缴纳但合同效力尚未中止的情形下,保险人可以运用履行抗辩权要求投保人缴纳保费,或者在赔偿金中扣除保费。通常作为原告的被保险人一方不仅需要提供一份有效的保险合同,而且应提交保费缴纳凭证,以证明合同持续有效。看起来,保费之缴纳既是权利成立要件,又可成为保险人的抗辩要件,在法律性质上属于履行抗辩权,那么此类要件究竟应由何方负证明责任呢?在罗森贝克理论下,同一要件不能由双方当事人承担证明责任,因此笔者认为保费之缴纳要件应由保险金请求权一方承担证明责任,保险人主张保费未缴纳的属于"否认",无须承担本证明义务。当然,根据武器平等原则,投保人一方可能未保存保费缴纳凭证,而保险人在销售系统中通常保留缴费记录,因此当投保人一方无法提供保费缴纳凭证时,保险人有协力义务,未履行协力义务的,可以课以相应不利后果,如推定对方主张成立。

如果投保单或保险合同未由投保人本人签字,而是由代理人代为签署,保险合同是否成立生效?根据《保险法司法解释(二)》的规定,在此情况下,保险合同对投保人不生效,但是投保人已缴纳保费的视为对代签字的追认。根据合同法原理,代签字的合同属于效力待定合同,只要取得被无权代理人的事后追认合同便为有效。因此,除缴纳保费的默示认可外,投保人在回访中认可是明示追认、提出索赔或诉讼亦可视为追认的方式。[1] 然而,从程序法上看,追认之事实要件应当由何方承担证明责任呢?笔者认为应当由主张合同成立并生效的一方当事人承担,如果被保险人一方提起确认合同无效之诉,其只需证明签字为他人代签,而保险人作为主张合同成立和生效的一方则需就追认事实承担证明责任。如果被保险人一方提起保险金请求权诉讼,保险人否认合同效力,则其只需证明签字非本人签署,而被保险人一方则需证明已追认,当然在此情况下,被保险人一方之证明是极易完成的,因为追认并无时间限制,任何时候的追认都是可以成立的。但是当被保险人死亡时,无法追认,则面临合同无效的问题。

(2)在合同约定的保险期间发生约定的保险事故

对于人寿保险而言,定期寿险或终身寿险,被保险人一方需要证明被保险人死亡的事件或者生存至约定年龄,宣告死亡亦属于死亡之范畴。对于健康保险而言,被保险人一方则需要证明发生了合同约定的重大疾病,而不是泛泛而谈的"重大"疾病。对于意外伤害险而言,被保险人一方则需要证明发生了合同约定的意外事故。对于费用补偿型的健康保险而言,被保险人一方不仅需要证明发生了合同约定的保险事故,还需证明被保险人因该疾病或意外伤害接受治疗并造成费用支出或收入减少。下文将详述各险种保险事故之证明。

除证明发生合同约定的保险事故外,还需证明该保险事故发生于合同约定的保险期间,如保险责任尚未开始或已结束,保险金请求权人的请求权亦不得被支持。

---

[1] 参见奚晓明主编:《保险案件审判指导》,法律出版社2015年版,第37页。

2. 保险事故与保险人抗辩权证明的关系

根据《保险法》的规定,能够成为保险人抗辩事由的有:一是投保人未履行如实告知义务(含年龄不符);二是投保人无保险利益;三是以死亡为给付保险金条件的未经被保险人同意;四是为无民事行为能力人投保的死亡保险;五是符合合同约定的免责情形;六是格式条款剥夺了对方主要权利或免除了保险人主要义务导致不公平;七是合同中止后未复效;八是保险金已支付完毕。其中,《保险法》规定保险合同在以下情况下全部或部分无效:一是投保人无保险利益的合同;二是免责条款未经明确说明而无效;三是不公平的格式条款;四是未经被保险人同意的死亡保险;五是为无民事行为能力人投保的死亡保险;六是合同中止后未复效。保险人对抗被保险人一方的保险金请求权,既可以主张合同无效,也可以主张合同可撤销或者可解除,或存在减轻或免除保险责任的情形。

抗辩与否认的最大区别在于,否认仅仅是对对方承担证明责任事项的否认,否认方无须对此承担证明责任,否则就会发生同一要件事实同时要求双方当事人承担证明责任的现象。而抗辩则是提出一个新的要件事实,抗辩方需对此承担证明责任。因此当被保险人一方完成证明后,如果保险公司仅仅提出一个否认,如否认保险事故之发生,则其无须对此承担证明责任,当保险事故的存在真伪不明时,保险金请求权人仍需承担证明责任;如果保险公司提出了以上事由作为抗辩,则若以上事由的存在真伪不明时,保险公司应当承担败诉后果。实践中,经常容易产生错误的是,有时法院会要求被保险人一方对抗辩事由承担证明责任,如要求被保险人一方证明不存在免责事由。因此,本部分详细梳理了在人身保险中保险人可能提出的抗辩,并论证每一种抗辩事由的证明问题。当然,对于保险人的抗辩,被保险人一方同样可以提出一个新的抗辩,如当保险公司主张投保人未履行如实告知义务时,被保险人一方以保险合同签订已超过两年、保险公司明知投保人未履行如实告知义务等事由进行抗辩。下文将对可能存在的每一种抗辩情进行分析。

前述《保险法》所规定的保险人抗辩情形中,第八项保险金支付完毕属于权利消灭要件,即请求权已消灭。第一项至第七项均属于权利障碍要件,即阻却权利成立的要件。罗森贝克学说之所以被诟病的一个原因是权利成立要件与权利障碍要件无法区分,本书研究后认为通过法解释学完全可以区分出权利障碍要件。

(1)未履行如实告知义务

如实告知义务是指投保人在订立保险合同时,将其知晓的有关保险标的的危险情况及与危险情况有关的事项,如实告知保险人的义务。告知义务源于保险合同的最大诚信合同属性,发挥着协助保险人测定风险和确定费率的作用。根据《保险法》第16条的规定,投保人违反告知义务,保险人有权解除合同或不承担赔付责任。投保人未履行如实告知义务属于保险人的抗辩,属于阻却保险金请求权的权利障碍要件,应由保险人承担证明责任。

从实体法上看,保险人以投保人未履行如实告知义务为由主张解除合同或不承担赔付责任的,应当符合以下条件:一是保险人已尽询问义务;二是投保人未告知或未真实告知保险标的的风险状况①;三是投保人明知或应当知道前述风险状况;四是未告知之事实属于重要事实,足以影响保险人决定是否承保或提高保险费率;五是保险人解除合同是在不可抗辩期内;六是不存在违反禁反言之情形;七是不存在弃权之情形。② 在证明责任上,有一种观点认为,保险人应当就投保人未如实告知证明以下三点:一是已履行询问义务;二是保险标的或被保险人的真实状况;三是投保人的告知与事实不符,并且足以影响保险人决定是否承保或提高保费。③

笔者认为,从程序法上看,如果认定投保人未履行如实告知义务属于权利障碍要件,保险人就该要件应当证明以下五项事实:

一是保险人已尽询问义务。由于我国保险法采询问告知主义,投保人履行告知义务应当在保险人询问范围内,保险人应当举证证明询问的范围和内容,一般来说投保人在风险询问表中签字可以证明保险人已履行询问义务。询问的内容应当清楚明确,根据《保险法司法解释(二)》第

---

① 保险法学说上存在争议,有学者认为如实告知义务的主体应当扩展至被保险人,否则可能导致道德风险。参见邹海林:《保险法学的新发展》,中国社会科学出版社2015年版,第206页。
② 参见奚晓明主编:《保险案件审判指导》,法律出版社2015年版,第90页。
③ 参见刘建勋:《保险法典型案例与审判思路》,法律出版社2012年版,第256页。

6条第2款的规定,保险人以投保人违反了投保单询问表中的概括性条款的如实告知义务为由主张解除合同的,人民法院不予支持。因有利于固定证据,询问义务以书面形式履行为佳,但如果保险人能够证明以口头方式询问的,亦不排除其效力。《浙江省高级人民法院关于审理财产保险合同纠纷案件若干问题的指导意见》①第5条规定,投保人询问内容不限于保险人在投保单中设置的询问内容,但保险人须对存在投保单中设置的询问内容以外的询问事项负举证责任。

在一个案例中,询问表中投保人手写了职业,虽然询问表中并未列明职业,法官认为可以推断保险人已履行询问义务。北京市高级人民法院曾指出,投保人向保险人主动告知并记载于投保书上的,视为保险人就有关情况已提出询问,投保人负有如实告知义务。

二是投保人未告知经询问的保险标的的风险状况。通常保险人对被保险人一方的索赔会进行核赔,在核赔的过程中会采取走访医院等调查手段,经调查获取的信息若与投保人在询问表中告知的不一致,可以作为投保人未履行如实告知义务的证据。保险人抗辩的前提是已询问,但投保人未对询问作如实陈述。如果保险人未询问,或者不实之陈述非投保人所为,而是代理人所为,则保险人无权要求适用告知义务未履行之免责。例如:

> 案例2-4:2009年周某所在单位北京金鼎彩钢有限公司(以下简称"彩钢公司")作为投保人以周某在内的63名员工为被保险人向某保险公司投保意外伤害险。2010年3月,周某在施工过程中受伤,支出医疗费2.98万元。保险公司以"周某投保时告知职业为泥水工,但实际职业为危险系数更高的钢结构安装工"为由拒赔。经法院调查,投保询问表中并未对职业作出询问,但是投保书所附工人名单上有手写"泥水工"字样,周某主张该字并非彩钢公司所书写,保险代理人表示该字为代理人应保险公司核保人员要求所写,非投保人所写。法院认为一方

---

① 参见《浙江省高级人民法院关于审理财产保险合同纠纷案件若干问题的指导意见》(浙高法〔2009〕296号),2009年9月8日发布。

面保险人未对职业作出询问,另一方面不符实之陈述亦非投保人作出,遂判令保险公司全额给付理赔款。①

在案例2-4中,保险人未提出证据证明已履行询问义务,虽然根据审判经验,投保人主动告知的视为保险人已询问,且应当履行如实告知义务,然而,案例2-4中职业信息并非投保人告知,而是代理人所为,因此投保人不承担不利后果。值得关注的是,阻碍如实告知要件应由何方当事人承担证明责任。通常阻碍如实告知均由被保险人一方援引,根据罗森贝克规范说,应由被保险人一方承担证明责任。在案例2-4中,被保险人一方提供保险代理人的证言证明代理人阻碍如实告知,根据禁反言和弃权规则,代理人的代理结果应由保险人承担,因此保险人无权拒赔。

三是投保人明知或应当知道,但基于故意或重大过失而不履行告知义务。对于何为故意,何为重大过失,通常适用表见证明,即法院会依据经验法则进行推理。

在一个案件中,被保险人在投保前被诊断出患有"自觉妄想症",多次用针扎头部并在头部留有针头,被保险人之家属仍为其投保,并隐瞒该事实,法院认定该情形为投保人故意不履行告知义务。②

四是未如实告知的事实属于重要事实,根据《保险法》的规定,所谓重要事实是指足以影响保险人决定是否承保或提高保险费率的事实。

五是因重大过失未如实告知的,未告知内容与保险事故之发生存在因果关系。③

在一个案件中,投保人虽然没有向保险人告知被保险人曾在某医院血液检查结果异常,但向保险人告知被保险人曾在该医院进行体检,保险

---

① 周某诉某人寿保险公司北京分公司案,参见刘建勋:《保险法典型案例与审判思路》,法律出版社2012年版,第251页。
② 韦某、石某诉某保险公司案,参见刘建勋:《保险法典型案例与审判思路》,法律出版社2012年版,第259页。
③ 有的地方法院甚至规定在因重大过失未如实告知的情况下,未告知之内容是保险事故发生的主要原因,对保险人承担保险责任有决定性因果关系,如浙江省高级人民法院。投保人未如实告知主观心理状态之不同将产生不同后果,根据《保险法》的规定,若因故意不告知,则无论未告知之事由与保险事故之发生是否有关系,保险人均可主张解除合同;若因重大过失不告知,则要求有一定的因果关系。

人据此调查获悉被保险人体检异常,法官认为投保人主观上不存在积极追求保险人对事实的错误认识和错误判断,未告知属于重大过失。而在这个案件中被保险人死于煤气中毒,与血液体检异常无因果关系,最终法院判令保险人承担赔付责任。①

从程序法上看,笔者认为以下事实投保人一方应当承担证明责任:

一是存在保险人弃权的情形。弃权是一项源于英美法系的概念,指有意识地放弃一项已知的权利,保险法上的弃权指当保险人已意识到其有理由解除保单,或者有抗辩被保险人的权利,其通过代理人的行为,明示或默示地传达自愿放弃权利的意思。《保险法司法解释(二)》规定保险人在订立保险合同后,知道或应当知道投保人未履行如实告义务的,仍收取保费,则不得解除合同,亦不得拒赔。此属于投保人的抗辩,应由投保人承担证明责任。②

司法实践中,代理人代投保人填写询问表并代签名,可以免除投保人的如实告知义务③,此为保险人弃权之行为,因代理人的代理法律效果由委托人即保险公司承担。实践中也存在代理人阻碍投保人如实告知的情况,同样也适用弃权规则。根据某地方高级人民法院的规则:"代理人代填写后经投保人自己签名,则代填写内容视为投保人真实意思表示,但有证据证明代理人存在欺诈、胁迫的除外。"④也就是说,从程序法上看,保险人必须证明投保人存在不如实告知之情形,即需证明投保单等由投保人签署,如若非投保人签署,而是代理人代而为之,则保险人未完成第一步之证明责任。但是一旦保险人证明投保人亲自签字,则投保人一方应

---

① 张某诉某保险公司案,参见刘建勋:《保险法典型案例与审判思路》,法律出版社2012年版,第269页。
② 参见奚晓明主编:《保险案件审判指导》,法律出版社2015年版,第85页。
③ 参见《山东省高级人民法院关于印发审理保险合同纠纷案件若干问题意见(试行)的通知》(2011年3月17日发布)第4条规定:"投保人的如实告知义务限于保险人询问的事项,对于保险人未询问的事项,投保人不负如实告知义务。保险人在询问表、告知书等上面采用'其他''除此以外'等询问方式的,视为没有询问。"
④ 参见《山东省高级人民法院关于印发审理保险合同纠纷案件若干问题意见(试行)的通知》(2011年3月17日发布)第8条规定:"保险代理人代投保人填写需投保人如实告知的事项并代投保人签名的,可以免除投保人的如实告知义务。保险代理人代为填写后经投保人签名确认的,代为填写的内容视为投保人的真实意思表示,但有证据证明保险代理人存在欺诈、胁迫等情形的除外。"

证明保险人或其代理人存在欺诈、胁迫等阻碍投保人不履行如实告知义务之情形,此举证责任在投保人一方。

二是存在禁反言之情形。《保险法》第16条规定了禁反言制度,即保险人在合同订立时已经知道投保人未如实告知的情况的,保险人不得解除合同;发生保险事故的,保险人应当承担赔偿或者给付保险金的责任。

在一个案件中,投保人对保险公司的问询既未作肯定答复,亦未作否定答复,而是未作答复,而保险人亦继续与投保人签订了保险合同,法院认为此视为保险人在合同订立时已经知道投保人未如实告知,不得拒赔。[1]

三是存在不可抗辩之情形。《保险法》第16条第3款规定了保险人的不可抗辩情形:合同解除权,自保险人知道有解除事由之日起,超过30日不行使而消灭。自合同成立之日起超过2年的,保险人不得解除合同;发生保险事故的,保险人应当承担赔偿或者给付保险金的责任。

(2)投保人不具有保险利益

保险利益,又称可保利益,是指投保人或被保险人对保险标的具有的法律上承认的利益,即在保险事故发生时,可能遭受的损失或失去的利益。[2] 我国保险法将保险利益定义为"投保人或者被保险人对保险标的具有法律上承认的利益"。保险利益原则的意义在于防止利用保险赌博,防止发生道德风险,阻止投保人或被保险人获取不当利益。在人身保险中,投保人在合同订立的时候对被保险人必须具有保险利益,至于合同成立以后,投保人是否丧失保险利益则在所不问。保险法采取列举法规定了五种人员对被保险人具有保险利益。[3] 本人、配偶、父母、子女、劳动关系、被保险人同意均较好证明,比较容易出现纠纷的是"与投保人有抚养、赡养或扶养关系的家庭成员"的界定。如果严格依据《民法典》等法律而

---

[1] 何某诉中国人寿保险公司案,参见奚晓明主编:《保险案件审判指导》,法律出版社2015年版,第91页。

[2] 参见李玉泉:《保险法》(第2版),法律出版社2003年版,第75页。

[3] 一是投保人本人为被保险人;二是投保人的配偶、子女、父母为被保险人;三是与投保人有抚养、赡养或扶养关系的家庭成员、近亲属为被保险人;四是与投保人有劳动关系的劳动者为被保险人;五是其他同意投保人为其订立保险合同的被保险人。

言,未必符合规定。

在一个案件中,投保人是被保险人的"养母",该养母并未依据收养法办理收养法律关系,但长期与被保险人生活在一起,后法官认为该养母与被保险人之间不存在虐待行为,其为被保险人投保的是重大疾病险,而不是意外伤害或人寿保险等容易产生道德风险的险种,最终认定投保人具有保险利益。①

根据《保险法》的规定,在人身保险中,投保人不具有保险利益的,合同无效。根据《保险法司法解释(二)》第2条的规定,合同无效后,保险人应当在扣除手续费后向投保人返还保险费。

在人身保险中,投保人是否具有保险利益的判断标准较为清晰。作为合同有效的要件,保险利益之有无亦应当由主张合同无效的一方当事人承担证明责任。被保险人提起保险金请求权之诉,只需证明合同成立并有效,无须一一证明不存在可能导致合同无效的事由。通常保险公司在核保的时候会要求投保人提交其与被保险人身份关系的证明文件,如结婚证、户口簿等,经过核保程序应该认为保险公司已认可投保人具有保险利益。因此,在诉讼中,通常只要投保人提供了一份已签字盖章的合同,就应当认可投保人具有保险利益,否则亦有违禁反言的原则。而保险人欲否定合同效力,则应当证明投保人在投保的时候不符合法定身份,如当"被保险人同意"事实无法证明时,应由保险人承担不利后果。

(3)以死亡为给付保险金条件的未经被保险人同意

我国《保险法》第34条第1款规定,以死亡为给付保险金条件的合同,未经被保险人书面同意并认可合同金额,合同无效。但父母为未成年子女投保的不在此限。实务中,代理人为加快签单,经常代签或放任、教唆投保人代被保险人签名。当被保险人死亡时,无法行使追认权,保单便会归于无效,如以下案例:

> 案例2-5:原告于1998年以徐某为被保险人投保简易人身险,投保一年后,徐某病逝,申请理赔未果便提起诉讼。经法院查明,在代理人销售保险时,原告告知徐某平时有点喘,保单被

---

① 参见刘建勋:《保险法典型案例与审判思路》,法律出版社2012年版,第80页。

保险人一栏由其他人代填。被告主张保险合同因未经被保险人同意而无效且退还保费。终审法院认定保险合同因违反《保险法》第 34 条规定而无效,但保险合同无效的责任 80% 在保险公司,20% 在投保人,因保险公司代理人在销售保单的过程中并未向投保人说明应由被保险人签名,最终判决保险公司给付保险金的 80%。①

案例 2-5 是一起典型的因被保险人未同意而导致保险合同无效的案例,值得探讨的是,如果原被告双方对于被保险人签名栏的签名是否为被保险人本人所为产生争议时如何处理? 此时,被保险人已离世,难以进行笔迹鉴定,该事实很可能真伪不明。如果认为该要件应由投保人一方承担证明责任,则投保人一方可能承担败诉后果;如认为应由否认合同效力的保险公司承担证明责任,则保险公司可能承担败诉后果。笔者认为,根据罗森贝克法律要件分类说以及我国民事证据规定,否认合同效力的证明责任在否认合同效力的一方,即否认合同效力的保险公司应对此要件承担证明责任,当真伪不明时应当承担败诉后果。也就是说,当投保人一方作为原告提起诉讼时,经表面证据显示被保险人已签字后,原告无须举证证明被保险人签字栏是被保险人的真实签名,保险公司欲否定合同效力,应对此要件承担证明责任,其可以提出笔迹鉴定,亦可提出其他证据证明非被保险人本人签名。如果投保人一方提起的是确认合同无效的诉讼,应由投保人对"非被保险人真实签名"的事实承担证明责任,这也符合罗森贝克有关证明责任恒定由一方承担的精神。在北京市第一中级人民法院审理的一起人身保险合同纠纷案中,法院亦支持此观点,认为否认合同效力的投保人未提出证明合同无效的证据,应承担败诉后果。②

(4) 为无民事行为能力人投保的死亡保险

我国《保险法》第 33 条规定,为无民事行为能力的人订立以死亡为给付保险金条件的保险合同无效,但父母为未成年子女投保且在监管机

---

① 参见徐某等诉中国人寿保险公司荥经县营业部简易人身保险合同纠纷案,四川省雅安市中级人民法院民事判决书(2000)雅经终字第 51 号。
② 参见张某诉中国平安人寿保险股份有限公司北京分公司人身保险合同纠纷案,北京市第一中级人民法院民事判决书(2004)一中民终字第 10372 号。

构规定的限额内的除外。

在重庆市第一中级人民法院审理的一起保险纠纷申诉、申请案中,武某为未成年人聂某投保一款带有死亡为给付保险金条件的分红保险,法院认为虽聂某父母知悉此事并未反对,但根据法律规定,只有父母才能为无民事行为能力的未成年人订立以死亡为给付保险金条件的保险合同,其他为无民事行为能力人订立的保险合同均为无效,遂判令合同无效。①

值得探讨的是无民事行为能力人的认定,未成年人较好证明,身份证明即可。困难的是如果被保险人为精神失常者,若无法院宣告为无民事行为能力的判决,则若非其他间接证据之证明可达到法官的心证,否则主张适用该条款的一方应当承担败诉的后果。在保险金请求权诉讼中,以被保险人无民事行为能力作为抗辩的保险公司应承担败诉的后果。

(5)符合合同约定的免责情形

通常人身险合同会约定免责条款,常见的免责条款有:投保人、受益人对被保险人的故意行为;被保险人故意犯罪、拒捕、自伤身体;被保险人服用、吸食或注射毒品;被保险人在本合同生效(或复效)之日起两年内自杀;被保险人酒后驾驶、无有效驾驶执照驾驶,或驾驶无有效行驶证的机动交通工具;战争、军事行动、暴乱或武装叛乱;核爆炸、核辐射或核污染及由此引起的疾病等。对于免责条款之证明无疑应属于主张适用该条款的一方,即保险公司。

在重庆市高级人民法院审理的一起人身保险合同纠纷再审案中,法院认为保险公司已举证证明被保险人参与一起集体斗殴事件,同案犯被追究刑事责任,而被保险人因死亡未被追究刑事责任,虽不存在生效判决对被保险人的犯罪行为进行认定,但综合其他证据能够认定被保险人系因刑事犯罪死亡,遂判令保险公司无须给付保险金。②

值得关注的是有的免责情形并未规定于专门的免责条款,但是也属于减轻或免除保险人赔偿责任的情形。根据《保险法司法解释

---

① 参见武某与中国人寿保险股份有限公司重庆市分公司、中国人寿保险股份有限公司重庆市渝北区支公司保险纠纷申诉、申请案,重庆市第一中级人民法院民事判决书(2017)渝01民申36号。

② 参见孙某诉中国人寿保险股份有限公司重庆分公司人身保险合同纠纷再审案,重庆市高级人民法院民事判决书(2010)渝高法民提字第69号。

(二)》第9条第1款对于免责条款的界定规定,"保险人提供的格式合同文本中的责任免除条款、免赔额、免赔率、比例赔付或者给付等免除或者减轻保险人责任的条款,可以认定为保险法第十七条第二款规定的'免除保险人责任的条款'"。

如黑龙江省高级人民法院审理的一起保险合同纠纷再审案中,法院判定保险合同有关"90天观察期"的规定虽未放入免责条款,但具有属于免责条款的性质,保险人应当履行说明义务。被保险人在合同签订后90天内因体检被查出甲状腺小结节,90天观察期后确诊为甲状腺癌,法院认为保险合同约定的是"被保险人90天内因合同约定的重大疾病就诊的,保险人免除给付保险金责任",而本案被保险人未因合同约定的重大疾病就诊,而是因体检就诊,因此保险人不能免责。[①]

(三)重大疾病险中保险事故之证明

重大疾病保险是健康保险中的一种。在银保监会公布的重大疾病保险合同范本中,只有合同约定的几十种疾病才属于重大疾病,且重大疾病必须符合"被保险人在保险期间内经专科医生明确诊断初次患下列疾病或初次达到下列疾病状态或在医院初次接受手术"的条件。也就是说,被保险人所患之重大疾病并不等同于重大疾病保险的重大疾病,只有符合合同约定的构成要件才构成保险人赔付的前提,充分体现了保险事故的"合意性"。从保险学上看,之所以将重大疾病限定于一个较小的范围内,是因为如若保险事故之发生概率过高,如一项统计表明若事故达到40%,则保险机制就会失灵。然而,过分苛刻之规定又可能使被保险人丧失基本之保险保障权利。因此,在尊重保险条款规定的情况下,公平、公正地解释保险条款是至关重要的。

1. 赔付范围应由被保险人一方承担证明责任

每一种重大疾病都有合同约定的详细的构成要件,此即赔付范围。如"主动脉手术"这一疾病,合同条款将"主动脉手术"界定为"指为治疗

---

① 参见付某诉中国平安人寿保险股份有限公司黑龙江分公司保险合同纠纷再审案,黑龙江省高级人民法院民事判决书(2017)黑民再410号。

主动脉疾病,实际实施了开胸或开腹进行的切除、置换、修补病损主动脉血管的手术。主动脉指胸主动脉和腹主动脉,不包括胸主动脉和腹主动脉的分支血管。动脉内血管成形术不在保障范围内"。

在宁夏回族自治区高级人民法院审理的一起健康保险合同纠纷案中,被保险人实施了"主动脉瓣置换术",保险人辩称"主动脉手术"内容为对"瘤"的"分割"或者"切除",而被申请人实施的手术内容则是对"瓣膜"的"置换"。法院认为保险人对于"主动脉瓣置换术"是否属于"主动脉手术"医学范畴应作出专业解释或者充分详尽的解释说明,并能够让一般普通人理解,保险人未提供证据证明其已完成说明义务,遂判令保险人败诉。①

笔者认为前述法院判决值得商榷。保险险种应当区分赔付范围和免责条款,即使是财产一切险也不意味着对一切风险进行承保,一切险相对于个别风险类型保险而言仅仅是保障范围更广。同样,重大疾病险赔付范围之界定是基于大数法则,是在风险识别、费率厘定等多重因素考虑下的综合结果,不能随意被否认或推翻。就该案而言,"主动脉手术"已被明确界定为对"病损主动脉血管"的切除、置换以及修补,法院应该考量的是主动脉瓣置换是否属于主动脉血管置换,置言之,主动脉瓣是否属于主动脉血管的下位概念。难以判断的,可引入专家证人,专家亦无法判断的,则应作出被保险人一方败诉的证明责任判决。然而,该案法官未在赔付范围内作斟酌,相反求诸明确说明义务。众所周知,保险人的明确说明义务是对免责条款而言的,而非对赔付范围。虽然《保险法》第 17 条②同样要求保险人对格式条款作说明,但该说明义务较明确说明义务更为轻微。如若要求保险人对保险条款中的每一个专业术语均作出明确说明,作出一般人或者投保人、被保险人能够理解的说明,无疑会极大增加保险人的负担,因为保险合同之专业、精深、复杂并非一般人能够轻易理解。

在山东省济南市中级人民法院审理的一起人身保险合同纠纷上诉案中,被保险人李某患主动脉夹层动脉瘤(Debakey Ⅲ型),进行了"胸主动

---

① 参见中国人寿保险股份有限公司宁夏回族自治区分公司诉马某健康保险合同纠纷案,宁夏回族自治区高级人民法院民事判决书(2017)宁民申 803 号。
② 《保险法》第 17 条第 1 款规定:"订立保险合同,采用保险人提供的格式条款的,保险人向投保人提供的投保单应当附格式条款,保险人应当向投保人说明合同的内容。"

脉夹层动脉瘤覆膜支架置放腔内隔绝术+左侧"手术,保险公司以被保险人未进行"开胸或开腹"手术为由拒赔。一审法院支持了保险公司的意见。终审法院认为,保险人以限定治疗方式的格式条款来限制被保险人获得理赔的权利,免除自己的保险责任,从而加重了投保人、被保险人的义务,根据《保险法》第19条①的规定,该条款应认定无效,最终判令保险人败诉。②

在上述案例中,法院认定保险合同对重大疾病赔付范围中"开胸或开腹"手术的要求属于无效格式条款。笔者支持该认定。首先法院并未混淆赔付范围与免责条款,其次法院综合各种因素否定了赔付范围中的部分定义是值得赞赏的。我国重大疾病险多遵循原中国保险监督管理委员会制定的合同范本,重大疾病之定义大体相同,然而时过境迁,因医学技术进步部分要求已不合时宜,如一些开胸或开腹手术已被微创手术所取代,机械遵循原疾病赔付范围之定义违反公平原则。

在最高人民法院一则公报案例——"王某诉中国人寿保险公司淮安市楚州支公司保险合同纠纷案"中,法官在判决中写道:"按通常理解,重大疾病并不会与某种具体的治疗方式相联系。对于被保险人来说,其在患有重大疾病时,往往会结合自身身体状况,选择具有创伤小、死亡率低、并发症发生率低的治疗方式而使自己所患疾病得到有效治疗……保险人以限定治疗方式来限制原告获得理赔的权利,免除自己的保险责任……该条款应认定无效……保险人以被保险人投保时的治疗方式来限定被保险人患重大疾病时的治疗方式不符合医学发展规律。保险公司不能因为被保险人没有选择合同指定的治疗方式而拒绝理赔。"③

2. 免责范围应由保险人承担证明责任

如前所述,免责条款应由主张免责的保险人一方承担证明责任。然

---

① 《保险法》第19条规定:"采用保险人提供的格式条款订立的保险合同中的下列条款无效:(一)免除保险人依法应承担的义务或者加重投保人、被保险人责任的;(二)排除投保人、被保险人或者受益人依法享有的权利的。"
② 参见昌某与中国人寿保险股份有限公司山东省分公司人身保险合同纠纷上诉案,山东省济南市中级人民法院民事判决书(2018)鲁01民终130号。
③ 参见王某诉中国人寿保险公司淮安市楚州支公司保险合同纠纷案,载《最高人民法院公报》2015年第12期。

而,何为免责条款却不无争议。

在甘肃省庆阳市中级人民法院(原甘肃省庆阳地区中级人民法院)审理的一起人身保险合同纠纷上诉案中,法院认为保险合同将"主动脉手术"这一疾病限定为旁路手术,将主动脉限定为"胸、腹"部位,而且这两部分还将其"分支"排除在外,是对常人所理解的该两种手术范围的缩小,即对保险人免责范围的扩大。故该保险条款中对重大疾病的注释,其实质是限责条款。该案被保险人张某被诊断为风湿性心脏病、二尖瓣狭窄、主动脉瓣狭窄伴关闭不全、心功能Ⅲ级、心房纤维性颤动、冠状动脉粥样硬化性心脏病等疾病,并行二尖瓣、主动脉瓣置换术及三尖瓣成形术等手术。法院要求保险人证明张某所患疾病不属于合同约定的"主动脉手术"这一疾病范畴,因保险人未完成证明责任,遂判令保险人败诉。①

笔者认为法院的前述判决极具智慧,其并未突破保险法的基本原理将赔付范围直接当作免责条款,而是创造性地解释了免责条款的含义。根据《保险法司法解释(二)》的规定,只要是减轻或免除保险人责任的,按照实质大于形式原则,无论该条款在合同体例中被置于何位置,均属于免责条款。

此外,重大疾病保险在正向描述疾病特征后,多增加"……(疾病)不在保障之列"之表述。但书条款所列疾病属于赔付范围还是免责条款?根据前述原则,该但书所示疾病也应当属于免责条款,应由保险人承担证明责任。

与普通定期或终身寿险相比,通常重大疾病险的免责条款会额外增加一条"遗传性疾病,先天性畸形、变形或染色体异常"。根据诉讼证明原理,该条款也应当由保险人承担证明责任。当然,证明责任并不排除法院依职权或依申请调查取证。在北京市第四中级人民法院审理的一起人身保险合同纠纷上诉案中,法院积极主动地发挥职权调查职能,向主治医

---

① 参见中国人寿保险股份有限公司正宁县支公司与张某人身保险合同纠纷上诉案,甘肃省庆阳市中级人民法院(原甘肃省庆阳地区中级人民法院)民事判决书(2014)庆中民终字第445号。

生询问,认定被保险人所患疾病为先天性畸形,保险公司免责。①

三、意外险中意外伤害的证明

意外伤害险不仅具有普通保险事故的一般特征,而且更多地体现了保险的意外性特点,兼具共性与个性,值得研究。目前学术界对意外伤害之构成要件仍存争议,而意外伤害诸项构成要件之证明中是否存在证明责任倒置等特殊规则,也不无疑问。因此,本部分将集中探讨意外险中意外伤害之特殊证明规则。

从经济学视角看,在众多保险险种中,意外险是保险理赔纠纷的高发领域。一项针对我国意外险市场的实证研究发现,意外伤害保险惜赔现象客观存在,主要表现为拒赔,惜赔比均值为 0.7001,拒赔比均值为 0.7503。②意外险理赔纠纷中,双方争议的焦点往往在于什么是"意外伤害"?被保险人所受之损害是否符合"意外伤害"的构成要件?原告提供的证据是否足以证明"意外伤害"的成立?被告抗辩的证明程度是什么?因此,意外伤害险中意外伤害证明问题的厘清是解决意外伤害惜赔问题的关键。

从行业发展看,意外伤害保险是中国保险市场的重要组成部分,占据一定的市场份额,在一些中小型城市,短期意外险甚至是寿险公司的主要保费收入来源和利润贡献来源。我国意外险市场理赔纠纷所反映的意外险市场的不规范性,突出表现在意外险条款含糊不清、拒赔率较高,在一定程度上影响了市场的健康发展,对意外险理赔纠纷证明疑难复杂问题的澄清有助于促进意外险市场的健康发展。

本部分将首先讨论意外伤害保险的定义与定价基础,揭示意外伤害定义在保险经济学中的重要意义,并将此作为意外伤害证明问题讨论的

---

① 参见余某与中国平安人寿保险股份有限公司北京分公司人身保险合同纠纷上诉案,北京市第四中级人民法院民事判决书(2016)04民终9号。该案判决书记载:"本院从余某的主治医生处了解到,正常的主动脉瓣共有三个瓣膜,若主动脉瓣先天性只有两个瓣膜,称为主动脉瓣二叶化畸形。由于瓣叶结构异常,最终导致瓣膜狭窄和闭合不全。因此,余某所患疾病系先天性畸形所致。关于致病原因,余某的主治医生进行了明确的说明,余某不能提供相反证据证明医生的说明存在错误,故一审法院引用余某主治医生的说明并无不当。"

② 参见周建涛等:《意外伤害保险理赔中的惜赔比值识别》,载《中南财经政法大学学报》2014年第3期。

基础;然后通过比较研究,从证据学角度重新界定我国意外伤害保险中意外伤害的构成要件,再从证据法角度阐释意外伤害的证明问题,最后探讨几种特殊意外伤害事故的证明。

(一)意外险中意外伤害的含义与构成要件

1. 意外伤害保险的定义与定价基础

意外伤害保险是指被保险人因意外事故死亡、残疾或出现合同约定的损害结果时,保险人给付保险金的保险。意外伤害保险与普通人寿保险的定价基础不同,普通人寿保险保费是根据被保险人的年龄、预定死亡或生存概率、预定利率计算。也就是说,保费主要取决于被保险人的年龄大小。而意外伤害保险保费不取决于被保险人的年龄,而是由特定群体中意外事故发生频率及其对被保险人的伤害程度决定的,被保险人的职业是决定其危险程度的最重要因素,我国保险公司销售的个人意外伤害保险通常将从事特定危险职业者列为拒保人群。[1] 意外伤害险保费低廉[2],通常以一年期短期险的形式呈现,以便保险人及时调整费率,根据出险率及时调整承保条件。意外伤害事故发生频率是意外伤害保险的精算基础和定价基础,因此,意外伤害概念的界定是意外伤害保险实务的重要命题,也是双方当事人争议的焦点。正如有学者指出:"人寿保险在意的是死亡的结果,而伤害保险在意的是死亡或伤残的原因。"[3]法律对意外伤害的定义既不能过宽亦不能过窄,意外伤害定义过宽将直接动摇保险公司定价基础,导致意外伤害保险费率上调,最终损害消费者利益;而意外伤害定义过窄则将直接损害消费者利益。

2. 意外险中意外伤害构成要件的重构

意外险中意外伤害的构成要件是保险法上一个极具争议的问题,我国保险实务采用五要件说,即外来性、突发性、非本意性、非疾病性和因果

---

[1] 例如,中国人寿保险公司意外伤害附加险将"被保险人从事潜水、跳伞、攀岩运动、探险活动、武术比赛、摔跤比赛、特技表演、赛马或赛车等高风险运动"作为免责条件。

[2] 以国寿吉祥卡保险产品为例,年付100元人民币即可享受保额为10万元的死亡和伤残保险,1万元的医疗保险。而保额10万元的重疾险则年付几千元,缴费期限为10~20年。

[3] 樊启荣:《保险法》,北京大学出版社2011年版,第215页。

关系性;而有的国家或地区采用四要件说,删除非疾病性要件。下文将从证据学的角度探讨意外险中意外伤害的构成要件。

(1) 我国意外险中意外伤害的构成要件

我国大陆意外伤害保险合同条款中通常将意外伤害定义为"遭受外来的、突发的、非本意的、非疾病的客观事件直接致使身体受到的伤害"①。可见我国大陆意外伤害保险中意外伤害具有以下五个特征:一是外来性;二是突发性;三是非本意性;四是非疾病性;五是意外事件与身体伤害具有因果关系。司法实践中,法官亦以此标准判断意外伤害的构成,通常认为"意外伤害"是指遭受外来的、突发的、非本意的、非疾病的身体受到伤害的客观事件。

我国台湾地区"保险法"第131条规定,"前项意外伤害,指非由疾病引起之外来突发事故所致者"。意外伤害保险条款将意外伤害定义为"外来急剧偶然之事故""外来突发剧烈之意外事故"。

(2) 境外意外险中意外伤害的构成要件

英国伤害保险条款规定:"剧烈的、偶然的、外部可见事故单独和直接引发被保险人身体伤害,导致其死亡或残疾。"②美国伤害保险条款规定:"该保险是抵抗直接和单独起因于偶然身体伤害导致的损失。"③也就是说,其他国家和地区的伤害保险也将外来性、突发性、偶然性作为判断意外伤害的标准,同时强调意外事件需是身体损害的单独的、直接的原因,即事故原因的独立性、事故结果的身体伤害性。④

(3) 证据学视角下我国意外伤害构成要件的重塑

A. 外来性与非疾病性

伤害保险事故之外来性(external)是指事故原因出自外来原因,而非出自内在的身体缺陷,即非因疾病引起。由于伤害保险费率较低,而疾病保险价格较高,保险人在计算伤害保险保费时未考虑疾病发生率,因此意

---

① 此定义为中国人寿保险股份有限公司意外险基本条款,其他公司大同小异,例如,中国平安人寿保险股份有限公司、中国人民人寿保险股份有限公司等公司均将意外伤害定义为"外来的、突发的、非本意的和非疾病的客观事件为直接且单独的原因致使身体受到的伤害"。
② See R. C. Blanchard, Personal Accident Insurance 1957, p.18.
③ See W. R. Vance, Handbook on The Law of Insurance 3^{ed}, p.1096.
④ 参见林辉荣:《论伤害保险之保险事故》,载《台大法学论丛》1974年第1期。

外伤害应排除疾病,否则将导致保险机制的失效。外来性包括被保险人之身体与其他人或物之碰撞所引起的事故,也包括化学、电能、热能等方式作用,同时外来性的主要目的是排除身体疾病引起的损害,不可解释为"外伤性",如外来原因使身体健康受损,即使身体表面毫无痕迹,仍然符合外来性要件。

通过上文比较研究发现,较境外意外伤害的定义,我国意外伤害保险合同条款中意外伤害的特性多了一个"非疾病性"。"非疾病性"是否应作为意外伤害的构成要件在学说上亦存在很大争议。不少法官认为"非疾病性"属于原告证明范畴,将"非疾病性"作为外来性的判断标准之一,如一名法官写道:"首先必须有来自外部或外界的致害源,与身体有物理或化学的接触,并且该致害源能通过内在因素对身体起到物理或化学的伤害作用;其次,致害源还必须是非疾病的,即损害的造成不是由被保险人身体本身的因素或疾病引起的,如肝炎病毒引起的暴发性肝炎均为疾病所致的伤害。"① 学者叶启洲认为,"非疾病引起仅系外来性之强调,并非独立之要素,应融入于外来性要素之内,由请求给付保险金之原告举证"②。

笔者认为"非疾病性"与"外来性"就像一个硬币的两面,如果是外来因素造成的意外伤害,则无疑排除了被保险人自身内在疾病原因,而如果是被保险人疾病引起的伤害则不属于意外伤害的范畴。因此"非疾病性"并不是意外伤害的独立构成要件,也不是判断是否构成"外来性"的标准。原因在于:

第一,根据占通说地位的法律要件分类说中的多数说,主张法律上效果的当事人应就要件事实中属原因性、通常性、特有性者承担证明责任,无须证明非原因性、例外性或一般要件之欠缺。多数说又可细分为因果关系说、通常发生事实说、最少限度事实说和特别要件说③,其中特别要

---

① 林晓君:《猝死案件的保险责任认定》,载《人民司法》2012年第24期。
② 叶启洲:《意外原因之举证、证明度减低及表见证明》,载《保险专刊》2013年第1期。
③ 多数说中各学说说明方法不同,但结果大同小异。因果关系说认为主张法律效果存在的当事人应就发生原因之事实负证明责任,但权利障碍事实由对方证明;通常发生事实说认为妨碍法律效果发生的特别事实或例外事实由对方举证;最少限度事实说认为主张权利存在之人就权利发生条文中最少限度事实负举证责任,对方就反对规定事实不存在负举证责任。参见骆永家:《民事举证责任论》,台北商务印书馆2009年版,第92页。

件说认为法律上效果之发生所必要的法律要件事实分为特别要件事实和一般要件事实,主张法律效果存在或消灭之当事人应就法律效果发生或消灭所必要的特别要件事实负举证责任,一般要件事实之欠缺由对方证明。"外来性"是意外伤害保险中意外伤害认定的必备要件,是意外伤害保险金请求权的必备构成要件之一,否则意外伤害无从定义;而"非疾病性"是从相反的角度对"外来性"的重申。特别要件说强调主张法律效果存在之人无须证明法律效果之不存在或者消灭,据此,意外伤害保险金请求权人亦无须同时证明意外伤害是外来原因引起且不是疾病原因引起,"非疾病"原因引起应由否定权利存在的对方证明。如果既要求原告证明外来性,又要求其证明非疾病性,无疑是要求原告对特别要件和一般要件都承担证明责任,这并不符合法律要件分类说中多数说的精神。

第二,鉴于目前待证事实分类说对证明责任分配亦有一定的指导意义,"非疾病性"属于消极事实,原告一方往往难以完成证明责任,如果既要求原告证明伤害是外来原因引起的,又要求原告证明伤害不是内在原因引起的,无疑将不当加重原告负担。正如罗森贝克指出的:"负有证明责任的当事人被要求对对方引入诉讼的事实的不存在承担证明责任……好像对方很容易通过他答辩的方式使证明责任的范围扩大。但这恐怕是一个误解。"① 因此,原告仅需证明外来性,而无须证明非疾病性,非疾病性应由被告保险人证明。

第三,从比较法上看,在我国台湾地区,"非疾病性"是保险人抗辩的事由,一些判例值得我们参考借鉴。一名法官在判决书中写道:外来、突发要件之事实,属于积极事实;至于"非因疾病引起"与"因疾病引起"要件,两者恰为正相反之事实,前者属于消极事实,后者则为积极事实。参以证明"非疾病引起"事实之存在,即系证明"因疾病引起"事实为不存在之意;苟要求保险受益人对于"意外伤害事故"系"非因疾病引起"之要件事实,亦应负举证责任者,无异强令保险受益人应就"因疾病引起"事实为不存在之消极事实,亦应一并负举证责任,核与举证责任分配原则有

---

① 参见〔德〕莱奥·罗森贝克:《证明责任论——以德国民法典和民事诉讼法典为基础撰写》(第4版),庄敬华译,中国法制出版社2002年版,第169页。

违,显非的论……若保险人抗辩"意外事故系因被保险人内在疾病所引起"时,则举证责任即应转换由保险人负担,始符民事诉讼之举证责任分配原则。① 另一名法官写道:"若保险人欲求免责,则应由其举证证明被保险人确系因内在原因死亡,或有保险契约约定之免责事由存在。"②

综上所述,笔者认为非疾病性不属于意外伤害的构成要件,从证明责任的角度来看,应由被告证明。

B. 突发性

突发性(violent)是指事故快速突然发生,且非被保险人所预期及预见。突发性强调的是意外事故的不可预见性。在德国、法国,突发性多强调事故的发生是急迫的、不可预见、不可回避的;在英美,突发性一词用于区分经一段时间累积所发生的事故,尤其是衰弱疾病等纯自然原因引发的损害。③ 但突发性并不意味着事故必须在瞬间发生,即使在事故发生后相当期间始产生损害,也符合突发性;也不意味着绝对不可预料,即使被保险人可预见但是无法避免,也属于意外。④ 突发性不仅要考量时间因素,还要考量事故对被保险人的可期待性,如果事故具有一定的可预见性,但是非被保险人所期望的,仍然属于意外伤害,如医疗风险。可见,意外伤害保险中意外伤害的不可预见性较普通意外事故弱。

C. 偶然性/非本意性

偶然性被认为是意外伤害的最基本属性,即事故的原因或结果对被保险人而言是不可预测的,事态发展超出被保险人的意料,非被保险人本意使然,又称非本意性、非故意性。如果事态发展是被保险人的本意,则属于故意制造保险事故,不符合偶然性和非本意性,不构成意外伤害。

a. 偶然性的判断标准——原因说与结果说

关于意外伤害的非本意性历来存在原因意外和结果意外两种学说。早期英美判例法认为造成意外伤害的原因和损害结果均必须是意外的,

---

① 参见我国台湾地区高等法院台南分院2010年度再易字第31号判决。
② 参见我国台湾地区高等法院花莲分院2010年度保险上更(一)字第1号民事判决。
③ 参见林辉荣:《论伤害保险之保险事故》,载《台大法学论丛》1974年第1期。
④ 参见许慧如:《细菌感染是否属伤害保险之意外伤害事故?》,载《万国法律》2013年第6期。

才能构成意外伤害,后来逐渐放宽对意外原因的解释①,认为只要结果不符合被保险人的预期,即使造成损害结果的意外事故属于被保险人有意为之,也属于意外事故,意外原因与意外结果的划分逐渐被废除,"无论其为原因或结果,意外就是意外"②。也就是说,即便被保险人故意从事某项行为,但未能预料行为可能导致伤害,或者行为导致的伤害非其本意,亦属于意外伤害。如被保险人有意从事高尔夫运动,但期间受伤,或者被保险人有意食用某食物,未料及遭遇食物中毒③,均构成意外伤害。

有争议的是,被保险人重大过失行为是否妨碍偶然性的成立?如在野地采食野蘑菇中毒,国外有判例认为不具有偶然性,不构成意外伤害。我国理论界似采更为宽松的解释,樊启荣教授认为伤害的发生为被保险人本可以预见,但由于疏忽大意而未能预见,或者被保险人虽然能预见到伤害,伤害仍有悖其意愿而最终发生的,也属于意外事故。④ 但实务中,法官却存在不一致见解,如以下案例:

  案例2-6:2003年1月,被保险人刘某因从三楼坠落医治无效而死亡,其妻魏某在收拾遗物时发现其生前投保某保险公司意外险产品,遂提起索赔。保险公司经调查核实,刘某系在情人家约会时,因情人之丈夫突然回家,刘某因怕被情人丈夫发现,当即选择从三楼窗口跳下离开,保险公司遂决定拒赔。魏某

---

 ① 这一思想萌芽于1889年美国的巴里(Barry)案,被保险人从四英尺高的平台上跳下来,身体扭伤,造成十二指肠阻塞,不治身亡。陪审人员认为存在两种可能,一种可能是被保险人的身体以他未曾意料到的方式着地致受伤,另一种可能是被保险人以他预期的方式着地而受伤,在两种解释含糊不清的情况下,应作有利于被保险人的推论,遂判令被保险人胜诉。这一判例首开意外原因与意外结果的区分,即若故意行为通常会导致某种结果,损害非不可预见或非同寻常原因造成的,则不属于意外原因,不构成意外伤害。自莱蒂斯(Landress)案后,意外原因与意外结果的划分被废除,该案被保险人在打高尔夫球时中暑不治身亡,法官认为中暑非不可预料,判决被保险人败诉,但该判决受到卡多佐法官的批评,卡多佐认为通常我们谈论某人意外死亡,也包括意外原因死亡,如果强行区分,会使部分法规陷入困境。自此,对于被保险人有意行为引起的意外结果,无论行为过程是否存在不可预见的事由,只要损害结果不是被保险人期望的,即非故意制造损害,法院均令保险人给付。
 ② 参见郭晓航、冶思松:《意外伤害的定义及判定(二)》,载《保险研究》1996年第1期。
 ③ 但日本保险公司通常将"细菌性食物中毒"列为伤害保险的除外责任。英国也不认为饮用感染细菌的水而死亡的事例构成意外伤害。美国判例发展出"不知重要情况"原则,即以行为人不知重要情况(material conditions unknown to the actor)为原因,认定事故具有偶然性。参见林辉荣:《论伤害保险之保险事故》,载《台大法学论丛》1974年第1期。
 ④ 参见樊启荣:《保险法》,北京大学出版社2011年版,第220页。

的朋友程某赴现场勘查发现,刘某未直接从三楼跳下,而是先跳到二楼平台,但因未站稳,后脑勺朝下坠地身亡。后魏某诉至法院,终审法院认为根据双方签订的保险条款,意外伤害是指遭受外来的、突发的、非本意的、非疾病的使身体受到伤害的客观事件,刘某是成年人,应当预见从三楼窗户跳离可能遭遇的伤害,故该伤害不是外来的、突发的,不属于保险事故,遂驳回原告请求。①

案例2-6中,法官认为被保险人应当预见伤害后果,伤害不具有不可预见性,因此不属于意外事故。从民法意外事件的概念上看,不可预见性是意外事件的必要构成要件,但是在保险法上不可预见性的标准已趋于宽松,只要伤害结果不是被保险人期待的,即被保险人不是积极追求伤害结果,即使伤害结果是应当预见而没有预见,或者已经预见但轻信能够避免的,也属于保险法上的意外事件。因此,笔者认为,只要非被保险人故意为之,即使其存在过失或重大过失,亦属于意外险赔偿范围,因为从结果说的实质来看,只要伤害结果非被保险人所期待的,就可以构成意外伤害。这对意外伤害之证明非常重要,这意味着被保险人一方无须证明伤害具有不可预见性,即非本意性的证明中不应包括无重大过失的证明,只需证明不存在故意。

b. 偶然性/非本意性是否应作为意外伤害的构成要件

至于非本意性是否为意外伤害的构成要件则存在较多争议。传统观点认为非本意性是意外伤害的必要构成要件,但是近年来学说上出现一些新动向。学者叶启洲考察各主要国家和地区伤害保险意外事故之构成要件后,认为伤害保险意外事故之要件应采用"结果说",仅问伤亡结果的发生是否出于意外,至于原因是否亦为意外,则非意外事故的判断因素,非本意性非意外伤害的构成要件,保险人应证明被保险人"故意行为"引发保险事故,而原告无须证明非本意性。

与"结果说"对应的是"原因说",原因说同时以伤亡结果之原因是否为意外作为认定是否为意外事故之判断标准。在原因说之下,被保险人

---

① 参见许崇苗:《保险法原理及疑难案例解析》,法律出版社2011年版,第256页。

一方所负之举证责任范围,将扩大至意外事故发生的原因,而非仅证明意外事故之结果出于意外,对其甚为不利。由于原因说之立论基础多取决于保险人于保险合同中所使用的文字,其结果往往对被保险人不利,因此多数欧美国家实务判决中无视保险条款用语而改采结果说。①

笔者认为,将非本意性从意外伤害构成要件中取消,有削弱意外伤害本质之嫌,上文分析了意外伤害的本质特征之一就是偶然性,即非本意性。当然若坚持由原告承担非本意性的证明,确实过于苛刻,因为,一方面,非本意性属消极事实,证明极为困难,尤其是在被保险人死亡的情况下,受益人完全置身于事件发生过程之外,举证困难更甚;另一方面,从盖然性看,故意制造保险事故毕竟属于极为罕见的现象,盖然性理论要求由主张盖然性较低的一方对事实承担证明责任,因此原告对非本意性的证明负担有必要加以减轻。但若为减轻被保险人一方之举证负担,未必非采取取消非本意性构成要件的方法不可。从诸多证明责任减轻工具上看,也可采取其他证明责任减轻的方法,下文将详述。

从效果上看,取消非本意性与采取证明责任减轻的方法并无本质差别,两者均是使原告无须就非本意性负证明责任,但是以证明责任减轻的方法解决证明困难具有维护"意外伤害"概念本质属性的优点,是对实体法冲击最小的办法。

D. 小结

综上所述,笔者认为我国意外伤害保险中意外伤害的构成要件可缩减为三项,即外来性、突发性、偶然性/非本意性。此外意外伤害需与损害结果之间具有因果关系,但因果关系性不应成为意外伤害的构成要件,而是原告保险金请求权的成立要件,下文将详解。

(二)意外险中意外伤害的证明

依据罗森贝克规范说,当事人必须对有利于自己的法规范的要件承担证明责任,"对要件完整性的要求是不言而喻的,不需要加以论证;因为不具备全部的要件特征,一个法规范就不可能被适用……对要件的完整

---

① 参见叶启洲:《意外原因之举证、证明度减低及表见证明》,载《保险专刊》2013年第1期。

性的要求当然只是针对作为原告请求权或被告异议的基础的法规范的要件,原告的请求权或被告的抗辩都是以规范的要件为基础的。永远不能得出这样的结论:即原告也必须对权利妨碍的事实的欠缺承担证明责任"[1]。然而,运用于意外险中意外事故的证明,规范说则面临一个困难,即我国《保险法》及相关司法解释中缺乏关于意外险规定,更遑论意外伤害的定义和证明。《保险法》第22条第1款仅概括性规定了保险金请求权及其证明问题:"保险事故发生后,按照保险合同请求保险人赔偿或者给付保险金时,投保人、被保险人或者受益人应当向保险人提供其所能提供的与确认保险事故的性质、原因、损失程度等有关的证明和资料。"笔者认为,需借助规范说对法条分类的方法,对合同条款进行分类,从而通过对法条的解释总结保险金请求权的权利根据要件、障碍要件与消灭要件。

从学理上看,保险金请求权的构成要件有:一是存在一个有效的保险合同关系;二是在保险期间发生保险事故;三是发生合同约定的损害结果;四是损害结果与保险事故之间存在因果关系。在意外伤害保险中,保险事故是指意外伤害,由于保险法未对意外伤害进行具体界定,意外伤害的阐释需借助对保险合同条款的解释。上文已将我国保险实务中惯用的意外伤害五要件缩减为三要件,即外来性、突发性和偶然性/非本意性,只要原告完成了对该三要件的证明即可认为其完成对意外伤害的证明,意外伤害即告成立。突发性之证明并不困难,意外伤害往往具有突然发生的特点,比较困难的是对非疾病性或外来性、偶然性和非本意性的证明,下面将对该二要件的证明问题进行阐述。

1. 非疾病性要件的证明

上文指出"非疾病性"不应作为意外伤害的构成要件,或者作为外来性的捆绑判断标准,而应由被告负责证明。然而,被告对非疾病性的证明究竟属于对权利障碍要件的证明,还是其他性质的证明?此外,当外来伤害与被保险人身体内在疾病共同作用造成损害结果时如何处理?

---

[1] 〔德〕莱奥·罗森贝克:《证明责任论——以德国民法典和民事诉讼法典为基础撰写》(第4版),庄敬华译,中国法制出版社2002年版,第160页。

(1)"疾病性"证明的性质

毫无疑问,"疾病性"要件应由被告证明,然而该等证明之性质决定了被告证明负担的轻重,被告仅需动摇法官就"外来性"确立的初步心证,还是需就"疾病性"使法官建立确信? 从性质上看,被告对"疾病性"的证明可能符合对权利障碍要件的证明、直接反证或间接反证,下面将分别阐述。

A. 权利障碍要件

有一种观点认为"疾病性"属于权利障碍要件,因为"疾病性"从一开始就阻止权利形成。根据罗森贝克的观点,权利障碍要件是指"从一开始就阻止权利形成的规范(毁坏萌芽的规范)的效力产生,以至于权利形成规范根本不能发挥其效力,因而其法律后果不发生"[1]。权利障碍要件是罗森贝克学说中最具争议的部分之一,人们认为权利障碍要件不易辨别。罗森贝克在《证明责任论》一书中清楚地指出:"权利形成规范与权利妨碍规范的关系,可以用规则与例外的关系来说明。权利形成规范规定,在何等前提条件下一个权利或法律关系应当产生;权利妨碍的规范告诉我们,如果添加上一个或数个特定的要素,这个权利或法律关系例外地不产生……主张符合规则的效果例外地未发生者,必须证明权利妨碍规范的前提条件。"罗森贝克用买卖合同中的一个例子加以说明,若买受人证明标的物有瑕疵,则其可主张解约或减价;但出卖人可证明买受人因重大过失未发现该瑕疵;此后,买受人也可以证明出卖人保证无瑕疵或故意隐瞒瑕疵。如果一个法规范使用以下用语,应当被认为是例外规范:"……不在此限""除外""被排除""这个不适用于""不适用该规范""限于"及一法律后果"不发生"等。[2]

虽然罗森贝克强调权利障碍规范只可以经由法律规定表明,然而由于我国《保险法》的粗疏,意外伤害险并无任何法律规范规制,要件分配多委于合同解释,笔者认为罗森贝克上述解释也可适用于对合同的解释,

---

[1] 〔德〕莱奥·罗森贝克:《证明责任论——以德国民法典和民事诉讼法典为基础撰写》(第4版),庄敬华译,中国法制出版社2002年版,第106页。
[2] 参见〔德〕莱奥·罗森贝克:《证明责任论——以德国民法典和民事诉讼法典为基础撰写》(第4版),庄敬华译,中国法制出版社2002年版,第132页。

合同在当事人之间具有与法律等同的效力。罗森贝克上述解释表明权利障碍要件是作为权利根据要件的反对要件存在的,其必须是一个独立的要件,而非权利根据要件的同语重复。反观"疾病性"其实是"外来性"的反义表述,与"外来性"是同一要件,因此不具备成立一个单独权利障碍要件的基础,因此"疾病性"不是权利障碍要件。

对于间接反证的概念以及其与权利障碍要件的区别,姜世明教授曾举例指出:"当原告提出 a1/a2/a3 用以证明主要事实 x,被告提出 a4(非 a1/a2/a3 之相反事实)事实颠覆或削弱原告对主要事实之证明,则属于典型的间接反证;但当 a4 之存在足以阻却违法或责任时,则此时已属于权利障碍要件,而非间接反证。"① 就"疾病性"之证明而言,其意在削弱原告对"外来性"之证明,而非阻却违法或责任,因此不构成权利障碍要件。

既然"疾病性"并非权利障碍要件,更不可能是权利消灭要件、权利受制要件。权利消灭规范是指"在后来对抗权利形成规范,以至于相关权利(作为权利形成规范的后果)已经产生,但是由于这一相对规范,即所谓的权利消灭规范的干预,相关权利又被消灭"。权利受制规范是指"它们赋予被要求者以形成权,通过形成权的行使,被要求者排队针对他形成的权利的行使"。② 权利消灭要件与权利受制要件均是对已发生的权利的抗辩,前者是使已发生的权利消灭,后者是使已发生的权利撤销或解除。而"疾病性"则是在意外伤害请求权形成之前就开始对抗权利,使之根本不发生,因此更不符合权利消灭要件和权利受制要件的定义。

B. 直接反证抑或间接反证

既然"疾病性"不符合权利障碍要件、权利消灭要件、权利受制要件的定义,也不是权利根据要件,那么被告对"疾病性"的证明就不是对任何要件的证明,不属于本证。也就是说被告对"疾病性"不承担证明责任。从性质上看,被告对"疾病性"的证明只能是一个反证。就反证而言,存在直接反证与间接反证的区分。

---

① 姜世明:《证据评价论》,新学林出版股份有限公司 2014 年版,第 230 页。
② 参见〔德〕莱奥·罗森贝克:《证明责任论——以德国民法典和民事诉讼法典为基础撰写》(第 4 版),庄敬华译,中国法制出版社 2002 年版,第 106 页。

直接反证是指为对于对造以本证证明之要件事实(主要事实、直接事实)或间接事实加以直接反驳者,以使该等事实再度陷于真伪不明状态,即告成功,不必进而使法官对该事实之不真实形成心证。① 骆永家教授认为,间接反证是指为反驳对造以本证证明之直接事实或间接事实,非直接而系借助于间接事实,此亦系使对造证明之事实再度陷于真伪不明之状态即达目的,不必使法官对其不真实形成心证。② 举例而言,为证明要件事实 x,原告可以直接证明 x,或以间接事实 a/b/c 间接证明 x 存在,而被告可以直接否认 x 或 a/b/c 之存在,此即为直接反证,直接反证仅需动摇法官对 x 存在形成的心证;而间接反证是指被告提出另一个事实 e/f/g 存在,此时被告应对 e/f/g 之证明承担本证责任。

直接反证与间接反证两者的区别在于构成要件和效果不同。在构成要件上,直接反证是不承担证明责任的一方对负证明责任一方提出的直接或间接证明的直接反驳;而间接反证则是不承担证明责任的一方借助间接事实对负证明责任一方的证明的反驳。在效果上,直接反证仅需达到动摇法官心证的程度,而间接反证需使法官就间接事实形成内心确信。那么,被告对"疾病性"的证明究竟属于直接反证还是间接反证? 笔者认为应当属于间接反证,理由如下:

罗森贝克指出:"间接反证不是想直接反驳被视为已经得到证实的主张,而是借助于其他的事实,得出那个已经证明的主张是不真实(或至少是有疑问)的结论或者得出不具备法定的要件特征的结论……这些事实必须是积极、肯定的,仅就该点而言,提出证据之人必须对此承担纯正的确认责任。"罗森贝克举了一个间接反证的例证:"通常情况下对他人权益的侵犯可直接推定具有违法性……在此等情况下由被告对排除违法性的情况承担证明责任是正确的,如权利错误,病人同意手术或有干涉原告权益的其他权利,如拘留他和用军刀伤害他……"③

然而,学界对间接反证的概念之界定略有细微差别,与罗森贝克对间

---

① 参见骆永家:《民事举证责任论》,台北商务印书馆 2009 年版,第 117 页。
② 参见骆永家:《民事举证责任论》,台北商务印书馆 2009 年版,第 117 页。
③ 〔德〕莱奥·罗森贝克:《证明责任论——以德国民法典和民事诉讼法典为基础撰写》(第 4 版),庄敬华译,中国法制出版社 2002 年版,第 201 页。

接反证的定义相比,高桥宏志的间接反证概念中不包括原告以直接证据证明主要事实、被告以间接证据反证的情形,只有原告以间接证据证明主要事实、被告以间接证据反证的形式才构成间接反证。高桥宏志指出间接反证是反证人对于其负有证明责任的某间接事实所实施的反证,具体而言,是在对某主要事实负有证明责任的当事人从经验法则出发,对作为推定该主要事实存在的间接事实作出的充分证明的情形下,对方当事人为了阻止这种推定成立,通过对其他与之相对立的间接事实的证明而使该主要事实陷于真伪不明状态的证明活动。①

在辩论主义之下,所谓主要事实又被称为直接事实,是指在判断出现权利发生、变更或消灭之法律效果中直接且必要的事实,换言之,是与作为法条构成要件被列举的事实(要件事实)相对应的事实。所谓间接事实是指在借助于经验法则及逻辑法则的作用在推定主要事实过程中发挥作用的事实,如以"突然资金周转不灵"的事实推定"金钱接受"这一主要事实。然而"过失""正当事由"这种抽象化的事实是否为主要事实?若其为主要事实,则"被告酒醉驾驶"这一证明"过失"的事实则将会被作为间接事实对待,法官无须受辩论主义的约束,可不待当事人主张即直接根据证据调查结果加以认定,这无疑将对当事人造成突然袭击。因此,通说认为作为法律条文构成要件的抽象化要件事实,不是事实,而是一种评价性概念,而只有证明该抽象要件的事实才是主要事实,如"超速驾驶"是主要事实,而过失只是法评价概念。②

在间接反证的认定上,高桥宏志举了一个例子,即 A 公司法定代表人 Y 用公司的车将谈判对手 B 送回家,路上遭遇车祸车辆坠落悬崖造成 B 死亡,根据"若非驾驶失当,车辆不至坠落悬崖"的经验法则,应当推定 Y 具有过失,但 Y 提出车辆是因被旁边超车之卡车触碰而坠落的间接事实,该间接事实使"Y 存在过失"这一主要事实处于真伪不明状态。考察该案,"Y 是否存在过失"是一项法律评价,不是证明对象,而原告提出"Y

---

① 参见[日]高桥宏志:《民事诉讼法:制度与理论的深层分析》,林剑锋译,法律出版社 2003 年版,第 448 页。
② 参见[日]高桥宏志:《民事诉讼法:制度与理论的深层分析》,林剑锋译,法律出版社 2003 年版,第 340—345 页。

存在过失"的具体事实——车辆因过失坠落悬崖是主要事实,被告 Y 提出被其他车辆"触碰"这一事实是间接事实,用以反驳主要事实。①

根据上述理论,就意外伤害而言,外来性是法评价,不是主要事实,而只有证明外来性的事实才构成主要事实,如原告提出的"碰撞"或"摔倒"等事实构成主要事实,原告若缺乏直接证据(如人证)证明主要事实,可提出"存在碰撞痕迹"这一间接事实证明主要事实。当原告完成证明后,被告直接反驳原告的证明,如提出证人不可靠、证言不可信,或提出"碰撞痕迹"不符合本次碰撞特征,此即直接反证。当然,若原告之证明无法反击,被告也可以另辟蹊径,提出被保险人患有某疾病、意外伤害是因疾病而非意外引起的抗辩。当被告提出被保险人患有疾病时,实际上被告借助了"其他事实""间接事实",而非仅仅是对原告提出的主要事实的攻击,因此构成一个间接反证,而非直接反证。从这个意义上看,构成一个间接反证非限于原告以间接证据证明的情形,原告之直接证明同样可以引发被告之间接反证,关键在于被告是直接反驳原告已提出之主要事实,还是另外提出一个新的间接事实。因此,笔者认为被告对"疾病性"的证明属于间接反证,而不是直接反证。(如图 2-1 所示)

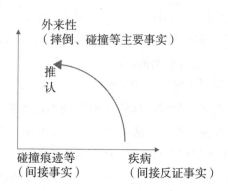

图 2-1　疾病要件属于间接反证

当然,对间接反证的概念也存在否定性意见,有学者指出间接反证的

---

① 参见〔日〕高桥宏志:《民事诉讼法:制度与理论的深层分析》,林剑锋译,法律出版社 2003 年版,第 340—345 页。

概念是不必要的：为了能与罗森贝克规范说形成协调使本来应作为抗辩的事实不得不穿上"间接反证"这件隐形外衣，使"是否为抗辩"这一本来属于证明责任分配层面的问题（应当作为法解释问题）变为"间接反证"这一事实认定层面的问题，如此一来，就会产生一种"模糊问题之所在"的风险；将法的评价或法的解释行为隐蔽于事实认定的外衣之下，将本应属于法解释领域的问题作为心证形成的举证过程之问题来处理，进而使其埋没于自由心证领域。尽管间接反证的概念受到各种批评，但目前比较公认的是"间接反证本身是作为事实认定的一种方式而存在的，在从间接事实到主要事实的推认过程中，间接反证理论的效用是不容否定的"①。谷口安平指出，"与其说间接反证是一个过渡性的概念，毋宁是一个永远需要的概念"②。

(2)"疾病性"的证明要求

A. 间接反证的证明要求

间接反证改变了证明责任分配规则，罗森贝克指出间接反证是唯一一个具体诉讼状态改变证明责任的例证。然而，间接反证也是罗森贝克学说中最有争议的问题，批评者认为间接反证是对规范不适用说的违背，因为间接反证成功后是"不适用"而不是"适用"该法律规范。③

根据罗森贝克间接反证学说，被告对疾病性的证明程度需使法官就被保险人死于疾病形成内心确信，而不仅是使法官相信被保险人有可能死于疾病。然而，对于间接反证的证明是否如罗森贝克所言需达到本证程度，日本有学者批评认为间接反证无须达到本证程度，"这种间接反证事实，究竟进行何种强度的证明活动才能对主要事实形成动摇（是否接近本证），这一问题本来就应当取决于'从间接事实到主要事实进行推认过程中'经验法则所具有的盖然性之强弱，在经验法则的盖然性较高、从间接事实到主要事实的推认之盖然性较高的情形下，与此相对应的，间接反

---

① 〔日〕高桥宏志：《民事诉讼法：制度与理论的深层分析》，林剑锋译，法律出版社2003年版，第448—455页。

② 〔日〕谷口安平：《口述民事诉讼法》，成文堂1996年版，第　页。转引自〔日〕高桥宏志：《民事诉讼法：制度与理论的深层分析》，林剑锋译，法律出版社2003年版，第455页。

③ 参见段文波：《间接反证——事实认定中的效用论》，载《宁夏大学学报（人文社会科学版）》2008年第3期。

证事实获得证明的可能性（以及其中被适用的经验法则之盖然性）也应当是较高的，可以说会接近于本证。但是，在从间接事实到主要事实的推认之盖然性较低的情形下，关于间接反证事实的证明只要达到'未至确信'之较弱的程度即可"①。

德国学者普维庭认为，罗森贝克认为间接反证之提证人应就间接事实负确定责任，客观举证责任属于误解，亦即此属于证据提出责任（主观举证责任）问题，而非客观举证责任问题，盖对于该间接反证对象之间接事实，即使不被确认，法院亦仅回归原本证就主要事实所形成暂时心证而为裁判，但并未对间接反证之间接事实之提证人为举证责任裁判。② 因为罗森贝克之确定责任是指因特定法规构成要件之主要事实存否不明，不适用该法规之结果所生之当事人之不利益，但在间接反证情形下，间接事实存否不明将导致有利于间接反证相对人之主要事实获得推定，使有利于相对人之法规获得适用，反证当事人所负担之不利益，并非有利于己之法规不适用所生之不利益，反证提供者并未承担确定责任，即客观证明责任，对反证提供者而言并无举证责任裁判问题。

德国目前实务和多数学说认为对于间接反证之间接事实，举证人应举证确定之，亦即应达完全证明之程度，而该反证提出者应负举证责任，其举证程度应达到使法院原对本证所形成确信发生动摇。③ 我国台湾地区有实务见解指出："倘不负举证责任之当事人，就同一待证事实已证明间接事实，而该间接事实依经验法则为判断，与待证事实之不存在可认有因果关系，足以动摇法院原已形成之心证者，将因该他造当事人所提之反证，使待证事实回复至真伪不明状态。"姜世明教授指出："即使关于间接反证中之相关间接事实之举证，须要求其达到使法官确信，但因其非系争待证事实之相反事实，因而其应非举证责任转换问题，至多仅是举证责任必要之移转之一种形态而已。"④

---

① 〔日〕高桥宏志：《民事诉讼法：制度与理论的深层分析》，林剑锋译，法律出版社 2003 年版，第 456 页。
② 参见 Prutting, Gregenwartsprobleme der beweislast, 1983, S.16. 转引自姜世明：《证据评价论》，新学林出版股份有限公司 2014 年版，238 页。
③ 参见姜世明：《证据评价论》，新学林出版股份有限公司 2014 年版，第 240 页。
④ 姜世明：《证据评价论》，新学林出版股份有限公司 2014 年版，第 242 页。

笔者认为就意外伤亡结果是由意外还是由疾病引发的问题,若原告完成对外来性的证明,则被告对疾病性的证明必须达到一个较高的程度,而不只仅使法官相信被保险人可能死于疾病,必须使法官相信疾病是被保险人死亡的全部或部分原因。否则如果被告任意提出一种事实可能性,就可以推翻原告的证明,则将置原告于非常不利的诉讼地位。因此,被告对疾病这一间接事实的证明需达到完全证明的程度。至于被告是否对疾病性承担客观证明责任,笔者亦赞同对罗森贝克间接证明理论持批评继承的观点,即反证人对间接事实之证明无须负客观证明责任,反证程度仅需达到动摇法官就本证已形成的暂时心证程度即可,因为间接反证的目的在于推翻原告已确立的证明,而非对单独要件的证明,间接反证失败的结果是使主要事实得到确认,并非使间接反证人主张适用的法规不适用,对间接反证人作出证明责任判决。间接反证的本质是反证,而非本证。

B. 混合结果的证明

"外来性"与"非疾病性"往往存在交叉、模糊地带。在大多数情况下,伤害是由疾病还是意外原因引起是比较容易区分的。但在一些特殊情况下,意外与疾病交织在一起、共同作用引发伤害结果,或者意外与疾病何者是伤害结果的原因难以辨别,此时如何处理则是一个难题。前一种情况如细菌感染,外部细菌感染往往结合被保险人自身身体状况才会引发伤害,表现形式往往是疾病;后一种情况如猝死,猝死的原因有病理性和非病理性之分,病理性猝死不属于意外伤害险赔偿范围,但二者往往难以区分。这也是司法实践中判断"外来性"最容易引发争议的问题,"(三)特殊意外事故的证明"部分将详细阐述。

2. 非本意性要件的证明

"非本意性"与"故意性"可谓意外险中意外事故证明的难点,对于原告而言,非本意性作为消极事实难以证明,对于被告而言,其未亲身经历保险事故,因证据距离的缘故证明"非本意性"的反对要件——"故意性"也较为困难。

上文研究认为非自愿性(非本意性)仍应作为意外伤害的构成要件,

但为了缓解原告之证明困难,必须采用证明责任减轻的办法。鉴于本书对证明问题的研究是建立在法律要件分类说基础上,下面将以德国法为基础进行分析。德国《2008年保险契约法》第178条规定:"(1)于意外保险中保险人于被保险人发生意外或依契约约定视同意外之事故时,给付约定之金额。(2)若被保险人经由突然、外来对其身体造成影响的事故,非自愿地受到健康损害时,即为意外。在有反证前,推定为非自愿。"根据该规定,若原告能够证明被保险人受到突然的、外来的事故影响而受伤害,则推定其为非自愿受伤。也就是说原告无须单独就非自愿性进行证明,只需证明外来性与突发性,非自愿性当然获得推定确认。那么,如何理解该条所确立的证明责任减轻方法?

A. 法律上的事实推定

有学者认为该规定的本质是"法律上的事实推定"(以下简称"法律推定")。① 若果真为法律推定,其也没有取消"非本意性"这一构成要件,没有直接改变证明责任分配的原则,只是改变了证明对象,以易于证明事实替代难以证明的事实。法律推定虽然不是举证责任转换,但其效果是令不负证明责任一方承担了本证证明责任,事实上已经转换了证明责任,最大限度地减轻了负证明责任一方的证明困难。

但是法律推定有一个固定结构,即根据法律规定直接从前提事实中推导出要件事实,一方仅需证明容易证明的前提事实,而无须证明难以证明的要件事实,但前提事实必须是非要件事实。正如罗森贝克指出的:"对事实的法律推定是这样的一些法律规范,它们从非要件的情况中,推断出存在作为法效果的要件特征所必须的事实。"②反观本条规定,原告只要证明了外来性与突发性,就推定非自愿性也得到了证明,此处的"前提事实"为要件事实——外来性、突发性,"推定事实"为另一要件事实,因此本规定不符合法律推定的结构,不是一项真正意义上的法律推定。

非本意性属于主观心理状态,较难证明,心理状态作为内在事实表现出来的行为千差万别,对于该要件事实很难规定一明确的前提事实,以前

---

① 参见岳卫:《人身保险中故意免责的举证责任》,载《法学》2010年第5期。
② 〔德〕莱奥·罗森贝克:《证明责任论——以德国民法典和民事诉讼法典为基础撰写》(第4版),庄敬华译,中国法制出版社2002年版,第210页。

提事实之证明取代该要件事实之证明。笔者认为这也是法律推定无法解决非本意性证明困难的根本原因。

B. 假定

对于欠缺推定前提事实的无条件推定,高桥宏志将其称为"暂定真实"或"暂定性真实"。① "暂定的推定",或"假定",即欠缺前提事实之无条件推定,其实质是将某规定之要件事实不存在之举证责任,令对该规定之法律效果有争执之当事人负担,纯为举证责任转换之一种方法而已。如"占有人,推定其为以所有之意思、善意、和平及公然占有者"②。假定的本质就是证明责任倒置。假定的缘由未必基于盖然性,有时假定事实往往不具有较高的盖然性,而是立法者出于政策和利益衡量的考虑有意转换证明责任。现代保险法偏重于保护保险消费者的利益,假定被保险人"非本意地"遭受意外伤害符合保险法立法宗旨,而且也符合盖然性原则,毕竟故意制造保险事故属于极端的例子。

我国保险法在将来修改时可借鉴德国法,通过"假定"规则,将"非本意性"要件倒置给保险人证明。保险人可以通过推翻假定事实,使法官就被保险人故意制造保险事故确立心证。然而,目前我国保险法还没有将"非本意性"之证明上升为假定,实务操作中应当如何处理?笔者认为只能委于法官的自由裁量,法官裁量减轻原告举证困难的手段有两个:一是表见证明;二是裁量的证明责任倒置。我们应该采取哪一种方式呢?

C. 表见证明

表见证明经常运用于主观心理状态和因果关系的证明之中。表见证明适用的前提是必须存在一未争执或已被证实的、典型事象经过。也就是说,某事实具有高度盖然性将发生一定的结果,而无须进一步证明。表见证明需借助经验原则,即具有高度盖然性的经验法则,以数据表示为85%以上。就非本意性之证明而言,由于大多数人不会故意制造保险事故,因此当原告证明被保险人遭受外来、突发伤害时,我们大致可以基于经验法则认定其"非本意"地遭受了伤害。但是盖然性之计算需视统计

---

① 参见〔日〕高桥宏志:《民事诉讼法:制度与理论的深层分析》,林剑锋译,法律出版社2003年版,第456—477页。
② 骆永家:《民事举证责任论》,台北商务印书馆2009年版,第126页。

基础,如果从整体社会来看,故意制造保险事故确实是罕见的,但是将统计基础限缩于被保险人一方,则防范被保险人一方的道德风险仍然是一个非常重要的问题。因此,从适用前提来看,此种情形下表见证明之适用不符合其适用条件。

表见证明与证明责任倒置在法律效果上的区别在于:推翻一个表见证明只需要反证。也就是说,保险人只需动摇法官因经验法则就"非本意性"确立的心证,而无须使法官就被保险人故意制造保险事故建立心证,但证明责任倒置后保险人承担的是本证责任,必须使法官相信被保险人故意制造了保险事故。举例而言,假定证据法确定证明标准为90%,适用表见证明规则时,保险人仅需提出证据使法官已建立的心证低于90%,如使法官相信被保险人有10%的可能制造了保险事故;适用举证责任倒置时,保险人则必须提出证据使法官相信被保险人有90%的可能性制造了保险事故。若适用表见证明规则,则保险人很容易便能够推翻法官的心证,其随意举出被保险人具有制造保险事故的嫌疑即可令被保险人一方败诉,然而,这是不符合常理的。因此,从法律效果上看,表见证明之适用不足以充分保护被保险人,不应当采取此方法。

D. 裁量分配证明责任

证明责任倒置较表见证明更能保护被保险人之利益。此外,从假定的实质上看,假定即证明责任的转换。因此,在法律没有作出假定规定的情况下,适用证明责任倒置规则是较为合理的。然而,当前适用之困难在于:在法律没有明确规定的情况下,法官能否裁量证明责任倒置?《最高人民法院关于民事诉讼证据的若干规定》(2008年调整)第7条规定:"在法律没有具体规定,依本规定及其他司法解释无法确定举证责任承担时,人民法院可以根据公平原则和诚实信用原则,综合当事人举证能力等因素确定举证责任的承担。"[1]为了防止法官恣意,学界对该条的解释十分谨慎,认为对该条应作限缩性解释,各级人民法院无权裁量证明责任倒置,只能逐级上报最高人民法院决定或纳入司法解释的方式加以解决。[2]

---

[1] 因《最高人民法院关于民事诉讼证据的若干规定》(2019年修正)已删除此条规定,为论述需要,在此引注说明。

[2] 参见霍海红:《证明责任配置裁量权之反思》,载《法学研究》2010年第1期。

笔者亦赞成限缩性解释。

截至目前,最高人民法院出台了关于保险法的三项司法解释,均未涉及意外险意外伤害构成要件及其证明问题。在最高人民法院出台正式司法解释之前,笔者认为学说应先行,引导司法实务界在此类案例中大胆适用证明责任倒置,创设类型化的证明责任倒置规则,最终推动司法解释将其明文化,未来进一步推动保险法的立法。

综上所述,鉴于原告难以证明非本意性,借鉴德国法采假定原告非本意地遭受了意外事故的法律规定,我国可暂根据《最高人民法院关于民事诉讼证据的若干规定》(2008年调整)第7条①,采裁量的证明责任倒置的方法,将"非本意性"要件的反对要件"故意性"交由被告证明,由保险人证明被保险人"故意"制造保险事故。

3. 被告对"故意性"的证明

由于原告对"非本意性"的消极性事实、内界事实具有证明困难,且从整体上看,故意制造保险事故的盖然性较低,在保护被保险人利益的立法目的之下,本书将"非本意性"要件之反对要件"故意性"的证明交由保险人一方负担。然而,所谓消极性事实很多情况下只是语言表述的不同,作为"非本意性"的反面表达,保险人对"故意性"之证明同样面临困难,且保险人往往在意外事件发生之外,与证据距离较远,证明困难程度并不比被保险人轻。尽管从整体看,故意制造保险事故是小概率事件,但就被保险人、投保人这一小群体而言,逆选择风险和道德风险仍然不容小觑。逆选择风险和道德风险防范是保险机制有效发挥的基础,风险的失控将导致保险价格的上升,最终损害消费者利益,进而影响整个保险业的健康发展。因此,保险人的证明困难同样需要被重视,应采取证明责任减轻的措施加以缓解。

由于保险人在意外事故发生之外,与证据距离较远,因此可要求被保险人及受益人承担事案解明义务,对于保险人于个案中所提出的合理怀疑为具体说明,甚至可要求被保险人或受益人对于事故发生者之"无自

---

① 因《最高人民法院关于民事诉讼证据的若干规定》(2019年修正)已删除此条规定,为论述需要,在此引注说明。

杀、无自残意向"之资讯(如正常上班、无欠债、生活作息正常、事发前后被保险人生活细节、家庭无特别事故、有旅游计划、家庭关系、医疗资讯等)负提出及说明之义务,以使保险人有比对查证及反驳之对象。① 若被保险人一方拒不提供,法院可依据文书提出规则对其作出不利评价。

  案例2-7:2010年8月,原告的丈夫王某在被告处投保了受益人为原告的意外险,保险金额15万元。2012年3月17日,王某因急性药物中毒身亡,同日王某女儿王甲在公安机关对其询问时,陈述其父为服农药自杀。3月21日,公安机关注销王某户籍,注销原因为疾病死亡,同日公安机关向原告出具证明一份,证实根据死亡证明注销原因为意外药物中毒死亡。保险公司以王某自杀为由拒赔。原告起诉,称王某系误服农药身亡,并辩称王甲不是王某唯一亲属,且当时不在家,其在询问笔录中的说法不足采信。终审法院认为保险公司没有提出有效证据证明被保险人王某系自杀,公安机关证明没有明确王某死亡原因系自杀。②

案例2-7中三份重要证据出现矛盾结果,询问笔录中王甲称王某系自杀,而户籍注销原因为疾病死亡,公安机关死亡证明显示系意外药物中毒死亡。可见,缺乏直接证据证明被保险人的死亡原因,当然,这也是绝大多数案件的真实情况。此时只能借助间接证明,探究被保险人死亡的真相。案例2-7中,保险公司在外调过程中,查实该瓶农药在被饮尽3天后打开瓶盖仍然具有强刺激气味,也就是说被保险人误食农药的可能性非常低。但仅此证据证明被保险人自杀的事实略显单薄,笔者认为保险公司可从被保险人自杀动机角度着手,调查被保险人生前财务情况、家庭关系、精神状态,同时可要求被保险人家属给予必要的配合,提供相关证据,或作出相关说明,以此减轻保险人的证明负担。若被保险人一方拒不提供,法院可作出对其不利的推定。

---

  ① 参见姜世明:《新民事证据法论》,新学林出版股份有限公司2009年版,第173页。
  ② 参见中国保险行业协会组织编写:《保险诉讼典型案例年度报告》(第5辑),法律出版社2013年版,第115页。

当然,即使被保险人一方履行事案解明义务,保险人对故意性证明之困难仍然无法消除,此时则面临立法价值的选择问题,立法者必须选择是在个案中放纵道德风险、逆选择风险制造者,还是在个案中冤枉被保险人。如果放纵道德风险、逆选择风险制造者,保险人的利益仍然可以通过市场机制得到保护,保险人可以视理赔情况决定是否提高保费,将成本转移至售价中;但是如果冤枉被保险人,则其权益将无法得到补偿。笔者认为与其冤枉被保险人,不如放纵道德风险、逆选择风险制造者。因此在保险人对"被保险人一方故意制造保险事故"之证明未达到证明标准的时候,法官应令保险人承担未能证明的不利后果,作出令保险人败诉的判决。

(三)特殊意外事故的证明

1. 猝死与"外来性"的证明

(1)猝死的定义

猝死是一类非常特殊的意外事故,它的表现不像其他意外事故一样明显来自外部伤害。在我国保险实务中,猝死在很长一段时间内被认为等同于疾病。我国保险监管机构和保险行业未对猝死作出定义,有关猝死的定义多为医学含义,而目前医学上尚不存在一个有关"猝死"的统一定义。我国《实用法医手册》中的表述是:"外表貌似健康的人,由于潜在的疾病而发生突然、意外的死亡,称为急死,也称猝死。"我国全国急救医学会议(1982年)提出的定义是:"一名平素看来健康或病情已基本恢复或稳定者,突然发生意想不到的非人为死亡,大多数发生在急性发病后即刻至1小时内,最长不超过6小时者。"我国医学界对"猝死"的定义多与疾病相联系,如果遵照此定义,则猝死无疑不属于意外伤害。然而,世界卫生组织将猝死与"非暴力死亡"相联系,其对"猝死"的定义更为宽泛:"一个外表健康或病情已稳定者,发生急性症状后6小时内出现未能预料的非暴力死亡。"

从医学上看,猝死既可能因心脏、呼吸系统等身体内在疾病引起,也可能有外因的作用和参与。常见的外因有:精神因素和体力活动。当然,外因也必须借助内因起作用,外因诱发或促使机体内潜在性疾病突然向恶性转化,导致猝死的发生。

我国保险实务中,保险公司多以猝死系疾病引起为由拒绝赔偿意外险(寿险除外),有些公司直接在意外险条款中将猝死列为除外责任。司法实务对猝死是否属于意外伤害的争议十分大,审判尺度和认定标准不一,主要有两种观点:

观点一:认为猝死的医学定义是平时貌似健康的人因潜在的自然疾病突然发作或恶化而发生的急骤死亡,不属于意外伤害,该观点有利于保险人,也是多数保险人的观点,如以下案例:

> 案例2-8:2011年6月,刘某所在担保公司为其员工投保某团体意外险,意外身故保额20万元。2012年2月,刘某在工作期间被发现倒在卫生间,送至医疗治疗无效死亡。医院出具死亡通知书载明:入院前心跳已停止,猝死。保险公司以猝死属于疾病而非意外为由拒赔。刘某家属诉至法院,法院支持保险公司的抗辩,判令原告败诉。[1]

观点二:认为猝死只是死亡的表象,不是死亡的原因,引发猝死的原因既可能是病理性的,如心血管疾病、中枢神经系统疾病、呼吸系统疾病、消化系统疾病等内部原因;也可能是非病理性的,如精神过度紧张、暴饮暴食、轻微外伤、冷热刺激、过度疲劳。病理性原因导致的猝死不属于意外伤害保险承保范畴,非病理性原因导致的猝死属于意外险赔付范围。[2]这种观点在司法实务中影响力较大,逐渐成为主流,笔者亦赞成此观点。

(2)猝死证明责任分配的实务做法及其评析

在采纳上述观点二的前提下,对于猝死究竟是因病理性还是非病理性原因引起,只能通过证明过程才能最终加以判断,是一个典型的证明问题。

对于猝死原因的证明责任应由何方当事人承担,实务中法院存在三

---

[1] 中国保险行业协会组织编写:《保险诉讼典型案例年度报告》(第5辑),法律出版社2013年版,第108页。
[2] 参见林晓君:《猝死案件的保险责任认定》,载《人民司法》2012年第24期。

种观点：

观点一：认为保险金请求权人应证明猝死起因于非病理性原因。

案例2-9：2013年6月，唐某在家摔倒被送医院后医治无效死亡，唐某家属（被上诉人）持唐某生前投保的某公司意外险保单索赔，该公司以唐某的死因是猝死，合同约定"猝死不属于意外伤害"为由拒赔。一审法院支持原告主张，判令保险公司败诉。二审法院改判，理由是："保险公司提供的门诊病历、病程记录、死亡注销证明、死亡证明等证据上，均载明被保险人唐某的死亡原因为'猝死'或'心血管疾病'，可以认定唐某的死亡原因为猝死及心血管疾病，唐某的门诊病历虽然载明了唐某摔倒的事实，但该门诊病例并未载明唐某的死亡是由于摔倒引发并造成，且被上诉人也并未提供充足证据证明唐某的死因是由于摔倒所致"，该举证不能的后果应由被上诉人承担。①

观点二：基于《保险法》第22条第1款认为原告仅承担初步证明责任，只要其提供初步证据证明不属于病理性原因，则反证义务转移至被告，被告应证明猝死是病理性原因引起，如以下案例：

案例2-10：2009年8月，被保险人吴某在参加旅行社组织的旅游过程中，因泡温泉猝死于温泉池内，吴某家属起诉要求保险公司赔偿旅行意外险，保险公司以猝死为除外责任为由拒赔，法院认为原告家属已提供原告生前病史，表明其未犯有可能引发猝死的疾病，已完成初步证明责任，被告未能提供原告死亡系因疾病引起的证据，应承担不利后果，遂判令被告败诉。②

该观点在当前实务中具有一定的代表性。在另一起被保险人在斗殴过程中猝死的案例中，法院也持类似见解："从本案的案情、双方提交的证据均可看出涉案死者的死因虽为冠心病导致的心源性猝死，但奔跑、情绪激动以及摔倒等情况极有可能是冠心病的诱因。结合上诉人提交的证明

---

① 泰康人寿保险股份有限公司扎兰屯支公司与李某意外伤害保险合同纠纷上诉案，内蒙古自治区呼伦贝尔市中级人民法院民事判决书（2014）呼商终字第35号。
② 参见林晓君：《猝死案件的保险责任认定》，载《人民司法》2012年第24期。

看,死者此前并无冠心病史,没有证据显示上诉人在此前已经罹患冠心病,可以推定如果不是因为途中的冲突事件,发生奔跑、情绪激动及摔倒等情形,死者不可能突然引发冠心病死亡。因此,本案死者突发的冠心病是由此种外来的、突发的、非本意的客观事件所引发的结果,是在奔跑、情绪激动以及摔倒等特定条件下产生的结果,而非死者固有疾病。在被上诉人无法提供相反证据证明死者的冠心病并非由上述客观条件所致的情况下,本院对上述推定事实予以确认。"①

观点三:认为被告应承担提供原告猝死系病理性原因证据的义务,如以下案例:

> 案例2-11:2006年2月,施某投保某两全保险,合同约定若被保险人因疾病死亡则按账户正常价值给付保险金,若因意外事故死亡则双倍给付保险金。2010年2月,施某跌倒于厕所不省人世,后抢救无效而亡。保险公司以疾病为由给付保险金,施某家属起诉要求双倍给付。法院认为"被保险人死亡原因无法查明,其死亡既可能是疾病,也可能是意外伤害,因被告未能提供证据证明被保险人死亡系因疾病所致,故应双倍给付保险金"②。

在猝死案件中,突发性与偶然性是较为清晰的,猝死一般是突然瞬间发生且在被保险人意料之外的,困难的是外来性与疾病性的证明。上述司法界三种观点中,第一种观点,即应由原告方承担猝死非由疾病引发的证明责任显不足取,正如上文已分析的,这相当于令原告既证明伤害是外来的,又证明伤害不是非外来的,既对特别要件又对一般要件进行证明,不但加重了原告的负担,而且受益人对猝死过程完全不了解,令其证明猝死原因这一复杂疑难专业问题,过于严苛。但第一种观点也是目前实务界比较流行的做法,即将非疾病性作为外来性的判断标准之一,要求原告一并证明,本书研究认为此种做法应当抛弃。

---

① 汤某等与美亚财产保险有限公司广东分公司人身保险合同上诉案,广东省广州市中级人民法院民事判决书(2014)穗中法金民终字第416号。
② 参见中国保险行业协会组织编写:《保险诉讼典型案例年度报告》(第4辑),法律出版社2012年版,第88页。

第二种观点在实务界日益受到重视,一名法官在《人民司法》发表文章,主张原告根据《保险法》第22条的规定无须承担完全证明责任,只需初步提供证据,被告具有提出反证反驳原告的义务。在案例2-10中,原告一方已提供被保险人病史证明其并未患有可能导致猝死的疾病,被告未能提供证据证明被保险人死于疾病,因此被告应败诉。① 笔者认为该观点是"和稀泥"的见解,违背了证明基本原理。这种观点混淆了客观证明责任与主观证明责任的区别,客观证明责任要么由原告承担,要么由被告承担,不可能同时由原被告双方当事人承担,否则当真伪不明结果发生时,法官应当判何方当事人胜诉?所谓原告承担初步举证责任、最终由被告反证的观点是错误的。如果客观证明责任在原告一方,则被告根据具体诉讼进行情况所承担的"反证"责任完全无法解除原告的证明负担,"反证证明责任始终落在不负担客观证明责任的一方"②;如果客观证明责任在被告一方,则被告承担的不是反证责任,而是本证责任,其证明程度必须使法官建立内心确信,而不仅是攻击原告的举证,此时原告的举证仅仅是在诉讼过程中根据法官心证变化所承担的主观提出证据责任,或者法官令其承担协助被告完成举证责任的事案解明义务,而不是所谓的初步证明。因此,绝对不存在一种情况,即将某要件事实的证明责任一分为二,小部分由原告承担,大部分由被告承担。笔者赞同案例2-10的判决结果,但认为其判决理由错误。

第三种观点应该是实务界的少数派,但笔者赞同由被告保险公司证明被保险人猝死原因是疾病的做法,但案例2-11中法官的说理十分不充分,其并没有说明原告需对外来性承担证明责任,及其证明是否被法院认可。

(3)猝死之证明规则

猝死案件中最具争议的是外来性与疾病性的证明,伤害险中意外事故构成三要件中外来性应由原告证明,然而由于猝死案的外来性特征并不明显,因此原告对外来性的证明总是纠缠着对"非疾病性"的澄清,这

---

① 参见林晓君:《猝死案件的保险责任认定》,载《人民司法》2012年第24期。
② 〔德〕汉斯·普维庭:《现代证明责任问题》,吴越译,法律出版社2000年版,第21页。

也是上述三种相冲突的司法判解产生的原因。如何解决这个问题，笔者认为只能减轻原告对外来性的证明负担，再由被告通过间接反证证明"疾病性"，若被告无法完成间接证明则应令其败诉。

A. 外来性要件证明度之降低

从理论上看，减轻原告对外来性证明的方式有：证明责任倒置、法律推定、表见证明、证明度降低。首先，法律推定之方式不具有可行性，原因在于目前我国法律不存在关于意外险中意外伤害证明问题的规定，从立法论上看，即使将来《保险法》及相关司法解释修改，未必能顾及猝死案件之证明这一细分领域。其次，证明责任倒置方式不可行，若采取证明责任倒置的方式，则保险人既要对外来性承担本证责任，又要对疾病性承担间接反证责任，而疾病性与外来性是同一个要件的不同方面，这将出现一个悖论，即同一当事人对一构成要件既承担客观证明责任又不承担客观证明责任。再次，表见证明之方式不具有可行性，原因在于表见证明必须运用经验原则，即只有具有高度盖然性的"典型事象经过"才可运用表见证明规则，从统计学上看猝死之原因多半是疾病引起，非病理原因相对较少，因此不符合表见证明之构成要件。最后，证明度降低方式具有可行性，原告提供证据证明被保险人"突然"死亡，从理论上看这种死亡既可能因被保险人自身宿疾，也可能因为外来刺激，原告方可提供被保险人生前身体健康的证据，如体检证明、证人证言等，但要求原告方穷尽被保险人生前身体状况的所有资料是不现实的，因为消极事实是无法得到完全证明的，因此应降低原告方证明标准，即原告方提出一定的证据既可认为其完成证明责任，转由被告对被保险人因疾病死亡承担间接反证责任。

从证明原理上看，缓解原告证明困难仅是猝死案件中降低外来性要件证明标准的原因之一，还需考量保险人是否具有提供被保险人健康状况的便利条件。在境外，保险行业大都建立了强大的被保险人疾病数据库，保险公司建立了科学的承保筛选机制和理赔调查机制，一旦发生索赔，保险公司能够以最低成本调取被保险人相关数据。而目前我国保险业尚未建立疾病信息数据库，各保险公司多依靠理赔外调人员事后调取被保险人疾病信息，取证面窄而且效率低下。由保险人承担证明责任有利于倒逼保险人完善理赔制度、外调机制,推动保险业建立疾病信息数据库,降低保险经营成本、提升保险经营效率,推动我国保险业的健康发展。从这个意义上看,笔者认为猝死案件中,降低原告对外来性的证明标准具备充分理由。

B. 被告对疾病性之证明

若被告无法取得被保险人生前疾病信息,则法官可认定被保险人猝死的原因是非病理性原因。若被告调取被保险人生前疾病信息,证明其患有可能引发猝死的疾病,如高血压、心脏病等,被告是否已完成证明责任?抑或被告仍需进一步证明该疾病是猝死的主要、直接原因?笔者认为被告仅需提供被保险人生前患有可能导致猝死的疾病的证据即可,无须进一步证明是疾病而不是外来"跌倒"导致被保险人死亡。原因在于:因疾病引起的猝死在所有猝死原因中占据非常高的盖然性,被告既然证明了被保险人生前患有相关疾病,则从盖然性上看被保险人极有可能死于疾病,无须纠结于被保险人死亡的真实原因是什么。具体到案例2-9中仅需证明被保险人摔倒后猝死,案例2-11中仅需提供被保险人"跌倒于厕所"的证据,案例2-10中仅需证明被保险人突然死于泡温泉过程中,并提供一定证据证明被保险人身体健康,即可认为其完成对外来性的证明,被告应提供被保险人患有可能引发猝死的疾病的证据,否则应承担败诉的后果。

然而,考虑到我国医院就诊信息不完整、不真实的情况比较严重,在我国保险行业建立全行业共享的理赔信息数据库之前,仍然需要考虑保险人权益的保障问题,在缺乏医疗信息的情况下,保险人可以通过尸检等手段探究被保险人生前是否患有相关疾病,此外还可以要求原告一方履行具体化义务和协力义务,应保险人要求提供被保险人生前相关资料。

(4)小结

综上所述,笔者认为在猝死案件中,原告只需证明猝死的事实即完成了对突发性、偶然性的证明,原告对外来性要件的证明应降低证明标准,其应提供证明被保险人生前健康的相关证据,而作为被告的保险人应对疾病性承担间接反证,但其仅需提供被保险人生前患有可能导致猝死的疾病的证据即可,无须进一步证明猝死确因该疾病引起,在目前保险业医疗信息共享机制尚未健全之前,可考虑通过要求原告履行具体化义务等方式缓解原告的证明困难。在以下案例中,法院亦采纳此观点,首先将摔倒视为原告死于意外的证明,再要求保险公司提供证据证明其疾病性,如保险公司无法提供证据,则应承担不利后果:

王某投保人身意外保险,在保险期间王某在家中突然摔倒,被送到医院抢救,抢救30分钟后,心脏骤停死亡。医院出具证明为"死亡原因不明"。保险公司以王某因疾病死亡拒赔。终审法院认为:"此案中从王某死亡到尸体火化有数天时间,保险公司有足够时间委托有关机构进行尸检,确定死亡原因。而保险公司却没有提供有关证据,应当承担保险责任。"①

2. 细菌感染与"外来性"的证明

(1)我国大陆司法实践

所谓细菌感染是指因蚊虫、传染病等外来因素介入身体内部导致的身体疾病。在我国保险实务中,细菌感染通常被视为被保险人的疾病被保险公司作为意外险免赔事由,司法实践中法官也普遍支持保险人的观点,认为细菌感染属于疾病而非意外伤害,如案例2-12,法院认为细菌感染属于疾病而非意外伤害;但是也存在相反观点,如案例2-13,法院认为细菌感染属于意外伤害。同样类型的案例却存在完全相反的审判观点,因此,细菌感染是否属于意外事件的问题亟待澄清。

案例2-12:2006年7月,王某之父为王某增加投保意外伤害医疗附加险,保额1万元。2012年5月,王某因"肾综合征出血热"住院治疗,保险公司以疾病为由拒赔。王某诉至法院,称"肾综合征出血热"为传染性疾病,鼠类为主要传染源,王某为高三学生,生活环境不接触鼠类,受此传染应属意外,但法院认为"肾综合征出血热"属于疾病,不属于意外伤害,判令王某败诉。②

---

① 吴定富主编:《〈中华人民共和国保险法〉释义》,中国财政经济出版社2009年版,第368页。
② 参见中国保险行业协会组织编写:《保险诉讼典型案例年度报告》(第5辑),法律出版社2013年版,第105页。

案例2-13：2002年3月，(原告)金某投保某公司意外险，保费14元，保险金额4000元，附加意外伤害医疗费用保险金额4000元，保费24元。6月4日至13日，金某因感染霍乱在某医院住院治疗9天后，花去医疗费8962元。原告申请理赔时，保险公司认为霍乱属于疾病而非意外伤害。法院认为原告在保险期间感染霍乱，系非先天性疾病，而是遭受来自外界的、突发性的自然事件，客观上造成了原告身体健康受到侵害而住院治疗并支付医疗费的后果，符合意外伤害的特征，被告应赔付医疗费。①

(2) 我国台湾地区的最新司法动态

我国台湾地区早期司法实践亦认为细菌感染属于疾病而非意外伤害，属于保险人免赔事由，但近年出现一些新动向。目前法院不再一味以疾病为由，认定保险人无须承担理赔责任，而是采用有利于被保险人的解释原则，在具体个案中详加探究细菌感染是否符合外来性而构成保险事故。②

在一则身体健康的被保险人突发感染疾病的案例中，法院作出了有利于被保险人的判决。该案中，被保险人在野外演习中感染"林性斑疹伤寒"，造成急性败血性休克并心脏衰竭而死亡。经查林性斑疹伤寒多为恙虫叮咬所致，而被保险人演习地位于恙虫常见地区，且被保险人生前身体健康。法院认为对保险契约中"非由疾病引起之外来突发事故"应以有利于被保险人的原则解释，重点在于是否为外来突发事故而非自身疾病所引起，否则所有外来事故终将导致心脑衰竭，岂非均属因疾病死亡而不在承保范围内，宁是公平？遂判被保险人败诉。③

案例2-14：对于被保险人自身疾病与外来伤害竞合问题，法院作出了有利于被保险人的判决。该案中，被保险人因鱼钩钩破手指，伤口感染金黄色葡萄球菌，造成中枢神经系统感染、细菌脑膜炎、脑动脉瘤破裂及心内膜炎并发心衰竭而去世，法院

---

① 参见许崇苗：《保险法原理及疑难案例解析》，法律出版社2011年版，第260页。
② 参见许慧如：《细菌感染是否属伤害保险之意外伤害事故？》，载《万国法律》2013年第6期。
③ 参见台湾地区高等法院2002年度保险上字第28号民事判决。

认为该鱼钩意外事件为被保险人死亡的直接有效原因,纵使被保险人生前施行瓣膜置换手术是死亡结果的多数竞合原因之一,但若非受鱼钩钩伤,则不可能发生此竞合,因此其死亡的主要原因是意外事故而非被保险人生前置换手术。①

案例 2-15:对于被保险人自身疾病与外来伤害竞合问题,法院作出了有利于保险人的判决。该案中,被保险人不慎跌倒造成骨折,住院期间出现钩端螺旋体感染引发心内膜炎等致多重器官衰竭而亡。一审法院认为若非不慎跌倒之意外碰撞,被保险人不致引发原先所感染的钩端螺旋体病,进而导致多重器官衰竭而致死亡,意外伤害与死亡之间具有相当因果关系。②该案被发回重审后,法院改判后认为被保险人死亡是因疾病而非意外引起,改判保险人胜诉,理由如下:"被保险人死亡的直接原因是因感染钩端螺旋体病,该病原本就潜藏于被保险人体内,纵使骨折之重击可能重新引发该病甚至致其恶化,但被保险人之死亡终究因此细菌感染,而非意外伤害,骨折之意外伤害早在八个月前已治愈,且被保险人原本之肝硬化、肾衰竭亦可能与钩端螺旋体病感染有关,故骨折撞击与被保险人之死亡缺乏相当因果关系。"③

(3) 比较研究对我们的启示

上述比较研究带给我们的启示是:细菌感染是否属于意外事故不可一概而论,需要在个案中具体问题具体分析,深入剖析伤害结果究竟是外来原因还是身体内在疾病导致。正如上文所述,外来性的证明由原告负证明责任,但是否由内在疾病引起则需要由被告以间接反证证明。此类案例大体可分为以下两种情况:

A. 身体健康的被保险人因细菌感染致伤亡

案例 2-12 中,肾综合征出血热从医学上看是危害人类健康的重要传

---

① 参见台湾地区高等法院台南分院 2008 年度保险上字第 8 号民事判决。
② 参见台湾地区高等法院花莲分院 2009 年度保险上字第 3 号民事判决。
③ 台湾地区高等法院花莲分院 2010 年度保险上更(一)字第 1 号民事判决。

染病,是由流行性出血热病毒(汉坦病毒)引起的,以鼠类为主要传染源的自然疫源性疾病。① 原告已提供病历证明被保险人生前身体健康、未患有相关疾病,且表示医学上肾综合征出血热多由鼠类传播引起,是否能够认定其完成对"外来性"要件的证明?

此类案件证明的关键问题在于缺乏直接证据证明被保险人伤亡原因是疾病还是外来因素。尽管医学理论上肾综合征出血热多是由鼠类传播引起,但个案中被保险人伤亡原因到底是内在身体原因还是外在原因是不确定的。笔者认为解决的办法是使用"表见证明"的证明责任减轻工具。

若依经验原则,伤害之发生通常是外来的、偶然的、不可预见的,则可以认为原告的证明构成了"表见证明",法官应推定原告主张成立,具体证明责任转移,被告应提出反证动摇法官就此建立的内心确信,使法官相信伤亡结果的出现也可能是因被保险人身体内在原因引起的。此时被告承担的是反证责任,而非本证责任,即被告无须使法官建立伤亡是因被保险人自身疾病原因引起的确信,因为表见证明转移的仅仅是具体证明责任,即提出证据的责任,而非客观证明责任。

表见证明的构成要件有二:一是存在一未争执或已被证实的、典型事象经过,二是经验法则。能够构成表见证明的经验法则只有"经验原则",所谓"经验原则"是指具有高度盖然性的经验法则,若以数据表示,通常盖然性在85%以上的经验法则可以构成经验原则。盖然性较低的简单经验法则不足以构成表见证明,只能与其他证据共同作用形成间接证明以证明待证事实。当然,德国判例表明一些盖然性高的情形并未被认定为表见证明,而一些盖然性不高的情形却被认定为表见证明。高桥宏志指出:"在具体的案件中,至少一部分情形的表见证明是融入了实体法上价值判断的事实证明(或降低证明度)。"②但是为了防止事实推定被滥用,我们还是要坚持在具有高度盖然性的可能下使用表见证明规则,除非基于实体法之考量可对盖然性作宽松处理。

---

① 参见百度百科网站"出血热"词条,载百度百科网站(https://baike.baidu.com/item/出血热/10370582?fr=aladdin),访问日期:2018年5月3日。

② 〔日〕高桥宏志:《民事诉讼法:制度与理论的深层分析》,林剑锋译,法律出版社2003年版,第463页。

案例2-12中,医学上关于肾综合征出血热发病原因的解释是否可以构成"经验原则"?在德国,在因果关系之认定上,若医学之经验法则承认自某一特定原因会发生某特定作用,或相反地可由某一特定结果现象推导向某一原因者,即有表见证明之适用。① 因此,医学专业人士的意见至关重要,若专家意见显示该病是由外来原因引起的、盖然性很高,则可认定存在一经验原则,反之无法适用表见证明,可考虑辅助其他证据成立间接证明。

即使医学之解释可以构成经验原则,但表见证明之构成还需有"典型事象经过"。所谓"典型事象经过"是指典型原因促使发生一定的结果,而无须进一步证明,即可符合纯粹经验,依第一表象而为推认。也就是说,基于日常生活经验之观察,于一定要件事实被确认时,可被认为经验上将会导致何种特定结果之发生,或通过某一事实可得推论其原因者,即为存在典型事象经过。表见证明之要件着重在存在一经验,该经验指向一具经常性及习惯性之发展过程,而可为忽略细节的总体性推估。② 如在一起顾客在商场摔倒的案件中,德国法院认为"基于经验法则,若沙拉残余系在意外事故直接领域,而依谨慎观察者可得认为该跌倒系归因于该蔬菜残余时,即可推论该人系踩在沙拉或蔬菜残余上跌倒",至于被害人是否被人推倒或因高跟鞋摔倒所致已不是论断之重点。③ 表见证明的特色是,当事人只要对事态发展外形的经过作出证明即可,法院无须对更细微、更具体的事实进行认定。④

就案例2-12而言,仅有肾综合征出血热病多由外来原因引起的"经验原则"尚不足,必须建立本案的典型事象经过,即本案被保险人是因外来原因而非自身原因致死的基础事实,包括被保险人生前健康、生活场所可能有鼠类活动。令人遗憾的是原告律师在本案中强调原告"并非接触

---

① 参见姜世明:《举证责任与证明度》,新学林出版股份有限公司2008年版,第360页。当然,也有学者主张"定型化的事态经过",即"具有高度盖然性的经验法则"。参见〔日〕高桥宏志:《民事诉讼法:制度与理论的深层分析》,林剑锋译,法律出版社2003年版,第460页。
② 参见姜世明:《举证责任与证明度》,新学林出版股份有限公司2008年版,第327页。
③ 参见姜世明:《举证责任与证明度》,新学林出版股份有限公司2008年版,第327页。
④ 参见〔日〕高桥宏志:《民事诉讼法:制度与理论的深层分析》,林剑锋译,法律出版社2003年版,第461页。

鼠类"的职业,辩护理由前后矛盾。

综上所述,通常情况下,一个身体健康的人因蚊虫叮咬等外来原因感染传染性疾病致身体伤害的,当原告完成以下证明时,可认定为意外伤害:一是医学专家证言显示该疾病多由外来因素引起,且该事实具有高度盖然性;二是被保险人身体健康,且生前生活环境具有沾染该外来因素的可能性。当然,被告可以反证,如提出被保险人生前患有易于感染该疾病的疾病,被保险人生前生活环境不易感染该疾病,疾病是来自内部而非外部环境等。

B. 被保险人内在疾病与外来伤害共同作用导致伤亡

被保险人内在疾病与外在细菌感染共同作用导致死亡的情况较为复杂,涉及近因的判断。目前判断近因的通说为主力近因说,即导致保险事故的最直接、有效、主要的原因为近因。如在案例2-14中,被保险人原本做过瓣膜置换手术,属于带病体,但法院认为该疾病鱼钩钩破手指导致金黄色葡萄球菌侵入身体而引发各种并发症,因此鱼钩钩破手指的意外事件是主要原因;但在案例2-15中,被保险人身体中原本潜伏着钩端螺旋体,因骨折外伤致其复发并加重,最终导致并发症,法院认为被保险人身体潜伏的内在疾病是其死亡的主要原因。后文对近因有专章论述,在此不展开讨论。

3. 高原反应与"突发性"的证明

近年来,随着旅游业的发展,高原反应等游客在旅游过程中遭受的身体损害也日益增多,而对于高原反应是否构成意外伤害则存在较大争议。高原反应是指人到达一定海拔高度后,身体为适应因海拔高而造成的气压差、含氧量少、空气干燥等变化而产生的自然生理反应。一种观点认为,高原反应有其特定的发生规律和发生条件,人到了高原之后身体必然产生一定的反应,只是轻重程度不一,高原反应是完全可预见的;高原反应是随着海拔高度和个人体质等因素逐渐加重,不具备突发性,而且可以通过一定的救治手段控制,不具备不可抗拒性,因此不属于意外伤害。另一种观点认为,高山环境是存在于人体之外的致害物,符合外来性;旅游者因高原反应引发疾病,具有突发性;普通高原反应虽可预料,但强烈高原反应所导致的后果是游客无法预料的,因此属于意外事件。上述两种观点在司法实践中均被法院采纳过,但第一种观点比较盛行,案例2-16中法院采纳了第一种观点。

  案例2-16:2010年7月3日王某参加厦门某旅行社组织的西藏游,该社为旅客投保某短期出行意外险,每人总保费60万元。7月4日,王某到西藏后发生强烈的高原反应被送进医院治疗,被诊断为急性高原反应并引发心肌缺血。7月8日返回厦门继续治疗。两次治疗共花费医疗费1万余元。原告诉至法院,保险公司抗辩称高原反应属于身体疾病,非合同约定的意外伤害,法院认为高原反应非合同约定的急性病,判令原告败诉。①

  笔者认为,前述两种观点的实质分歧在于对意外伤害之"突发性"存在不同认识。所谓"突然"并非一定在瞬间发生,经过一定时间积累而生损害也可能具有突发性。所谓"突发"应当具有"不可预见性",如果可预见,则不具备仓促发生、猝不及防的性质。但是意外伤害险中的"不可预见性"较民法意外事件而言更为宽松。以下三种情况也符合"不可预见性":一是预见了伤害结果可能发生但相信能够避免,如渔船因出海捕鱼遭遇恶劣天气受损,船长对于躲避恶劣天气之损害后果心存侥幸;又如案例2-16中原告知悉可能会发生高原反应,但相信高原反应之不利结果不至于降临于己。二是因疏忽大意没有预见伤害结果的发生,如停电时未切断电源即动手修理线路,本应预料到一旦恢复供电将会受伤。② 三是预见了损害但是无法避免,如案例2-16中原告抵达西藏以后身体开始不适,已预见自己有了高原反应,但已经无力避免。

  笔者认为意外伤害保险中意外伤害的"突发性"主要是为了与身体的自然衰弱现象相区别。就高原反应而言,其既具有外来突发性,又具有内在疾病性。从诱因上看,高原反应是外来原因引起的;从作用过程和结

---

  ① 参见中国保险行业协会组织编写:《保险诉讼典型案例年度报告》(第4辑),法律出版社2012年版,第99页。
  ② 参见樊启荣:《保险法》,北京大学出版社2011年版,第218页。

果看,外来原因通过身体内部因素作用引起了伤害结果,两个条件缺一不可。然而原告证明损害纯粹或主要由外部因素引起,或被告证明损害纯粹或主要由内部因素引起,都极为困难。从比较法上看,有的国家或地区以损害结果发生时间作为划分责任的依据,若损害结果即时发生,则属于意外伤害;若损害结果发生于离开高原环境之后的较长时间里,则不属于意外伤害。在德国,法院认为被保险人在高山停留数日而出现高山症症状,返回平地后引发中风,欠缺突发性,因为客观上缺氧现象系缓慢发生于被保险人之身体,且主观上并非不能避免。但如果高山症已立即造成被保险人之健康受损,则该事故仍可被认为系外来之突发事故。① 该见解以"是否立即造成健康受损"为判断标准,较好地平衡了被保险人与保险人的利益,笔者认为我国司法实务中也可以借鉴,以减轻原、被告的证明难度。在案例2—16中,被保险人抵达西藏后即产生高原反应住院,四日后返回厦门继续治疗,两次治疗之间不存在中断,应该说符合突发性特征,法院不应以高原反应不属于意外伤害为由一刀切地认定保险人不承担保险责任。

4. 损害结果延时发生与证据契约的效力

我国意外伤害保险条款通常将损害结果发生于遭受意外伤害之日起180天之内作为给付保险金的条件。如某保险公司综合意外险条款规定:"被保险人自该意外伤害发生之日起一百八十日内因该意外伤害导致身故的,本公司按本合同约定的意外伤害保险金额扣除已给付伤残保险金后的余额给付身故保险金,本合同终止。"这一条款的目的在于控制风险,若被保险人于意外发生后180天后死亡的,很可能掺杂其他原因,意外事故很可能不是"单独、直接"致死原因。然而,有的法院以该条款"免除保险人依法应承担的义务、加重被保险人、投保人责任"为由否认该条款的效力,如以下案例:

案例2—17:2010年12月25日,梁某投保某短期意外险,保额3.3万元。2011年3月5日,梁某骑三轮车摔伤经治疗转

---

① 参见 OLG Koblenz VersR 1997, 1136. OLG Karlsruhe VersR 1983, 127. 转引自叶启洲:《意外原因之举证、证明度减低及表见证明》,载《保险专刊》2013年第1期。

好出院,11月19日,梁某在家中死亡,其继承人田某诉至法院。保险公司辩称梁某死亡距事故发生时已259日,超出合同约定180日的期间。法院认为该条款无效,判令保险公司给付保险金。①

(1)条款性质分析

笔者认为,有关180日的条款约定在性质上属于证据契约。证据契约较难定义,通常是从分类上把握证据契约的含义。姜世明教授认为最狭义的证据契约是指以证据提出之限制为契约内容者,即证据方法契约;狭义的证明契约仅指诉讼法性质的契约,包括自认契约、推定契约与证据方法契约,但不包括举证责任契约;广义的证据契约则认为证据契约不包括确认与承认等实体法契约,但包括举证责任契约;最广义的证据契约是指所有关于确定事实或以何方法确定事实的约定,包括实体法与诉讼法性质之契约,即除狭义证据契约外,还包括举证责任契约与实体性确认契约与承认契约等。② 汤维建教授认为证据契约是指当事人在证明的各个环节改变现有法律的规定并能产生实际效果的合意约定。③《民事诉讼证据规定》第32条④、第51条第1款⑤、第56条⑥明确了当事人可合意约定鉴定机构、鉴定人员、举证期限、证据交换期日、自认等,因此虽然法律并没有关于证据契约概念的规定,但从解释论上可以认可证据契约的概念。

就180日的条款约定而言,从文义解释上看,本条相当于实体性契约,即在特殊期限排除了意外伤害保险金请求权,若伤害结果发生于意外

---

① 参见中国保险行业协会组织编写:《保险诉讼典型案例年度报告》(第5辑),法律出版社2013年版,第118页。
② 参见姜世明:《新民事证据法论》,新学林出版股份有限公司2009年版,第134页。
③ 参见汤维建:《论民事证据契约》,载《政法论坛》2006年第4期。
④ 《民事诉讼证据规定》第32条规定:"人民法院准许鉴定申请的,应当组织双方当事人协商确定具备相应资格的鉴定人。当事人协商不成的,由人民法院指定。人民法院依职权委托鉴定的,可以在询问当事人的意见后,指定具备相应资格的鉴定人。人民法院在确定鉴定人后应当出具委托书,委托书中应当载明鉴定事项、鉴定范围、鉴定目的和鉴定期限。"
⑤ 《民事诉讼证据规定》第51条第1款规定:"举证期限可以由当事人协商,并经人民法院准许。"
⑥ 《民事诉讼证据规定》第56条规定:"人民法院依照民事诉讼法第一百三十三条第四项的规定,通过组织证据交换进行审理前准备的,证据交换之日举证期限届满。证据交换的时间可以由当事人协商一致并经人民法院认可,也可以由人民法院指定。当事人申请延期举证经人民法院准许的,证据交换日相应顺延。"

事故发生之日起 180 日以后，则保险人不承担赔偿责任。但从合同目的解释上看，本条规定主要是为了排除那些非因意外事故导致的伤害，避免双方对意外事故是否为伤害原因产生纠纷，才一刀切地断定伤亡结果发生于意外事故发生 180 日以后的均不属于意外伤害。因此，从公平原则看，本条款的性质实质上并非实体法契约，而应为"推定契约"。所谓推定契约是指如另一事实已被证明者，以附相对事实证明保留，或不保留相对事实之证明，而将某事实认为系真实。① 也就是说，本条并不是要一般性地排除被保险人一方的权利，而是要克服证明的困难，避免因证明困难产生纠纷，因此推定一定期限经过后权利丧失。

(2)条款效力分析

对于证据契约的效力，罗森贝克认为举证责任契约只要不违反强制性法律规定就是有效的，但证据方法契约因干预法官自由心证属于无效。② 然而该早期德国法观点已被修正，目前德国通说认为如当事人就系争法律关系可自由处分，即得认为举证责任契约有效；证据方法契约于辩论主义范围若当事人得处分其实体权利应属有效。③ 姜世明教授认为，"愈强调个人有处分与形塑其权利义务自由者及强调诉讼上辩论主义与处分权主义之典型理念者，即愈易接受证据契约。但若愈强调诉讼中法院于真实探求之权限及举证责任所意涵之公平概念者，则于证据契约（及其所可能隐含造成所谓协定程序）之接受性，即易趋于低度"④。我国民事诉讼模式偏向职权主义，对证据契约的接受度不如偏向辩论主义诉讼模式的国家和地区高。但是在民事诉讼逐渐向当事人主义道路前进的背景下，证据契约逐渐受到认可。

最关键的问题是如何审查证据契约的合法性。姜世明教授认为，原则上应尽量承认当事人证据契约约定之有效性，但在审查证据契约之合法性时应注意探求当事人真意，依诚信原则及交易习惯进行解释，除非不属于辩论主义与处分权主义适用范围之诉讼标的，或其显然为拘束法院

---

① 参见姜世明：《新民事证据法论》，新学林出版股份有限公司 2009 年版，第 128 页。
② 参见〔德〕莱奥·罗森贝克：《证明责任论——以德国民法典和民事诉讼法典为基础撰写》（第 4 版），庄敬华译，中国法制出版社 2002 年版，第 408 页。
③ 参见姜世明：《新民事证据法论》，新学林出版股份有限公司 2009 年版，第 142 页。
④ 姜世明：《新民事证据法论》，新学林出版股份有限公司 2009 年版，第 143 页。

证据调查后证据评价之自由,否则应尽量认可其合法性。① 汤维建教授指出,证据契约不得违反法律强制性规定、不得对法官自由心证发号施令、不得显失公平。② 至于证据方法契约,通说认为应由法官自由裁量,法官如果认为证据契约直接和自己的心证抵触,或者证据契约带来的利益小于维护自由心证的利益,可以宣布不予采信。

据此,笔者认为有关"意外事故发生之日起 180 日后产生的伤害不属于意外事故"的约定,属于显失公平条款。现代医疗技术较为发达,被保险人遭遇事故后的治疗时间较长,其损害结果往往要在一年后才能显现,而上述规定为克服举证困难,直接剥夺了被保险人的主要权利,对被保险人而言是极为不公平的。此外,保险合同均为格式化合同,投保人、被保险人一方没有参与合同条款的制定,且不具有改变合同条款的谈判能力,因此案例 2-17 中法院否定该条款的效力的做法是可取的。在我国台湾地区也存在同样的判决。③

然而,该条款效力被否定后,法院是否可以无视事故发生时间间隔直接令保险人承担赔偿责任? 正如案例 2-17 中,被保险人于事故发生 200 多日后死亡,是否可直接认定由意外事故引起,进而判令保险人败诉? 笔者认为,在案例 2-17 中,法院未查明被保险人死亡原因,直接判令保险人败诉的做法是不足取的。因为时间间隔过久,外来因素渐多,被保险人也可能因其他原因死亡。从经验看,事故距损害结果时间越短,损害由事故引发的盖然性越高;反之盖然性越低。比较可行的做法是,损害结果发生于事故发生之日起 180 日内的,可推定事故是损害发生的直接原因;损害结果发生于事故发生之日起 180 日之后的,可推定事故不是损害发生的直接原因,但被保险人可提出反证推翻此推定。

因此,建议意外险示范合同条款修改为:"意外伤害事故发生之日起一百八十日内死亡者,推定事故为死亡之原因,本公司按保险金额给付保险金,本合同终止。"原表述方式修订之后才能做到名实相符,彰显其"推定契约"的本质。该推定契约能够较好地平衡保险人和被保险人的利益,

---

① 参见姜世明:《新民事证据法论》,新学林出版股份有限公司 2009 年版,第 147 页。
② 参见汤维建:《论民事证据契约》,载《政法论坛》2006 年 4 期。
③ 参见我国台湾地区高等法院 2003 年度保险上易字第 5 号判决。

应当得到法院的认可。①

在条款修订之前,法院在司法实务中,可采用合同目的解释的方式否定文义解释结果。只有损害结果发生于意外事故发生之日起 180 日内的,才视为由意外事故引起,属于意外伤害;凡损害结果发生于意外事故发生之日起 180 日之后的,均视为非因意外事故引起,但被保险人一方能够提供证据证明相反事实存在的除外。

四、财产险中保险事故的证明

(一)财产保险的类型

财产保险是指以财产物资为保险标的的各种保险业务,财产险品种十分丰富,最常见的险种有火灾保险、运输保险、工程保险、农业保险。以承保标的划分,财产保险可分为单一责任保险、混合责任保险和一切险,单一责任保险是指以特定风险,如单一火灾、水灾、爆炸为承保对象的险种;混合责任保险是指以多项风险为承保对象的保险;一切险是指除明示不保责任以外,其他风险全部在承保范围内的保险。我国财产保险混合责任保险较为常见,通常合同条款会指定承保的财产标的,也会列明承保的风险。如根据某保险公司《家庭财产火灾、爆炸保险条款》(家财火险),该险种仅承保非被保险人及其家庭成员、寄居人、雇员故意或重大过失引起的火灾和爆炸,承保标的仅限于房屋和附属设备、室内装潢以及部分指定室内财产,并排除贵重物品等特殊财产。

火灾保险是指以存放在固定场所并处于相对静止状态的财产物资为保险标的,当保险财产遭受保险事故损失时,保险人承担经济赔偿责任的财产险。早期火灾保险仅承保"火灾"引起不动产毁损的意外事故,现代火灾保险承保范围扩展至由各种自然灾害、意外事故引起的动产或不动产毁损风险。如 Y 公司《家庭财产保险条款》(综合家财险)承保因火灾、爆炸、空中运行物体坠落、外界物体倒塌、台风、暴风、暴雨、龙卷风、雷击、

---

① 参见江朝国:《保险法逐条释义》(第 2 卷),元照出版有限公司 2013 年版,第 333 页。

洪水、冰雹、雪灾、崖崩、冰凌、突发性滑坡、泥石流以及自然灾害引起地陷或下沉，引起的房屋、房屋装修以及部分指定室内财产损失，并将投保人、被保险人一方因故意或重大过失、产品自然损耗、施工质量问题、战争或暴乱、核污染、地震或海啸、行政或司法行为、各种污染引起的损失列为免责事由。

运输保险是以处于流动状态下的财产为保险标的的保险，包括运输货物保险和运输工具保险，其中运输工具保险又包括机动车保险、船舶保险、航空保险、摩托车保险等，机动车保险占据财产保险份额约70%以上。运输货物保险是以运输中的货物为保险标的的险种，除特别约定，危险品、鲜活物品、贵重物品、电子产品、易碎物品等通常被排除在运输货物保险标的之外。运输货物保险的基本险承保的风险通常包括：自然灾害导致货物损失，运输工具发生意外事故导致货物损失，货物装卸过程的意外损失，必要施救费用等，其综合险承保的风险还包括盗窃、雨淋等原因造成的损失。运输工具保险是以运输工具为保险标的的险种，承保风险包括运输工具本身因各种自然灾害、碰撞及其他意外事故造成的损失和施救费用。

工程保险是以各类建设工程为主要承保对象的财产险，当建设工程出现合同约定的自然灾害或意外事件或技术人员过失、盗抢等人为风险遭受毁损时，保险人承担赔偿责任，保险人承担的赔偿责任范围因承保险种为一切险或混合险而各不相同。但因设计缺陷、材料缺陷、工艺不善等原因引起的毁损，保险人通常不承担赔偿责任，混合险除外责任范围更宽。

农业保险是指以种植业、养殖业为承保对象的保险，农业险种类繁多，包括农作物保险、林木保险、其他作物保险、牲畜保险、畜禽保险、水产养殖保险等，当承保标的因自然灾害或意外事件发生毁损时，保险人承担赔偿责任。农业保险通常是政府财政支持的商业保险，只有符合特定条件的种植物和养殖物才能成为保险标的，如种植、养殖技术符合要求，种植、养殖密度达到一定标准，且由当地政府部门审定合格，种植区域非蓄洪、行洪等危险区域。农业保险的保险责任以混合责任为主，根据各地区的自然气候特点，选择承保若干种自然灾害。通常战争、暴乱、政府和司

法行为、种植人及其家庭成员或附属人员的过错行为导致的损失、第三人恶意毁坏行为不在赔偿之列。(如表2-2所示)

表2-2 财产保险保险事故分类表

险种类别	保险标的	保险事故
火灾保险	放在固定场所并处于相对静止状态的财产物资	自然灾害或意外事件引起的动产或不动产的毁损
运输保险	运输中的货物或运输工具	运输中的货物或运输工具因自然灾害或意外事故毁损
工程保险	各类建设工程	被保险人发生合同约定的意外伤害致被保险人身体残疾或死亡
农业保险	种植业和养殖业	被保险种植物、养殖物因合同约定的自然灾害或意外事故受毁损

(二)财产保险证明责任分配的特殊问题

1. 财产保险中保险金请求权之证明

与人身保险一样,财产保险中一项保险金请求权之成立,原告需证明以下要件:一是保险合同成立并生效;二是发生了保险合同约定的保险事故并产生损害结果;三是保险事故发生于保险期间;四是保险事故与损害结果有因果关系。

财产保险与人身保险保险金请求权之证明原理上并无本质区别,实务中差异较大的是对损害赔偿数额的证明,人身保险由于多为定额保险,大多无须证明实际损失,但财产保险遵循的是损害填补原则,被保险人所获保险赔偿不得超出其实际损失,如果投保人为不足额投保,则还存在比例赔付的问题。如果被保险人一方无法证明实际损失,或者所提供的证据不足以支持其要求的索赔额,则被保险人应当承担相应的不利后果。

在上海市高级人民法院审理的一起海上货物运输保险合同赔偿纠纷案中,法院指出:"被保险人因涉案船舶被司法扣押而遭受货物损失后,若被保险人在保险事故发生后不向保险人提交委付通知,亦不采取必要措施去减少损失,保险人对由此产生的损失不负赔偿责任";证明货物全损的责任在被保险人一方,原告未举证证明被保险人在出事地点采取了转运措施,或证明在当时的情况下不能找到替代船舶将货物运至目的地,或证明为避免发生实际全损所需支付的费用与继续将货物运抵目的地的费用之和超过保险价值。因此,涉案货物并未因航程丧失或受阻而构成推定全损,原告无权向保险人主张全损赔偿。①

2. 财产保险中保险人抗辩之证明

与人身保险相比,财产保险中,保险人的抗辩除投保人未履行如实告知义务、投保人无保险利益、保险金已支付完毕、投保人未履行保费缴纳义务、符合合同约定的免责情形外,还存在一些特殊事由,包括:投保人、被保险人未尽安全保护义务;未履行危险程度增加的通知义务;被保险人在保险人赔偿保险金之前放弃对第三者的赔偿请求权,或因过错导致保险人不能行使代位求偿权;被保险人已从第三者处取得损害赔偿;重复保险项下的保险人的减责;不足额保险下保险人的减责。此外,财产保险的保险利益与人身保险亦有不同,下文将分别详细阐述。

(1) 投保人、被保险人未尽安全保护义务

保险法遵循最大诚信原则,要求投保人、被保险人以最大诚信,维护保险标的物的安全。根据我国《保险法》第51条的规定,被保险人应当遵守国家有关消防、安全等规定,维护保险标的的安全,投保人、被保险人未按照约定履行安全保护义务的,保险人有权增加保险费或解除合同。根据罗森贝克规范说,主张适用某法规的应该对该法规要件承担证明责任,防灾减损责任通常由保险公司援引用于减轻或免除赔偿责任,因此应当由保险公司承担证明责任。当然,投保人、被保险人未尽防灾减损义务有时较难证明,在这种情况下,保险人应当承担真伪不明的不利后果。如案例2-18:

---

① 康地华美饲料(武汉)有限公司与中国人民财产保险股份有限公司江西省分公司海上货物运输保险合同赔偿纠纷案,上海市高级人民法院民事判决书(2004)沪高民四(海)终字第151号。

案例 2-18：某水电开发公司就机器设备向某保险公司投保，后该公司遭受洪水袭击，造成部分发电引水系统被毁，机器设备被淹的重大事故，遂申请索赔。保险公司拒赔，其中理由之一是被保险人未履行防灾减损责任。一审法院认定："保险公司提出对此次保险事故未按《中华人民共和国保险法》要求，履行防灾减灾的义务，对损害的结果发生有重大过错的辩解理由，因其提供的恩施土家族苗族自治州防汛抗旱指挥部办公室的《情况通报》不足以证明，不予采信。""关于水电公司是否未尽防灾减损义务，因保险公司所提交《情况通报》不足以证明其主张，且无其他证据和事实予以佐证，对其该项主张不予支持。"①

(2) 投保人、被保险人未尽危险程度增加通知义务

根据我国《保险法》第 49 条的规定，当保险标的在合同有效期内危险程度增加时，被保险人应当及时通知，保险人有权增加保费或解除合同。根据罗森贝克规范说，被保险人未尽安全通知义务的举证责任应在保险人一方，因保险人是主张该法规适用的主体。如在案例 2-19 中，若保险人无法举证证明商业银行未尽诚信义务防范贷款风险，则其应承担败诉风险，但该案 2-19 保险人提供了充足的证据，最终避免了败诉后果。

案例 2-19：2003 年 5 月 26 日，被保险人某商业银行、投保人润华公司、保险人平安保险公司三方签订《贷款履约保证保险合同》，约定对某商业银行与润华公司签订的锡商银（鑫联）高借合字第 200305×× 号借款合同提供保证保险服务，保险金额为贷款本息，保险期间自借款合同约定贷款发放之日至借款合同约定最终还款日后 3 个月零 10 天 (2006 年 9 月 9 日) 终止，同时保险合同约定由化工公司为润华公司向平安保险公司提供反担保。2003 年 10 月 14 日、2004 年 2 月 16 日、2004 年 3 月 25 日，平安保险公司三次向某商业银行发函表示，润华公司的还贷

---

① 某保险公司湖北分公司恩施中心支公司与咸丰县某水电开发有限责任公司财产保险合同纠纷上诉案，湖北省高级人民法院民事判决书 (2008) 鄂民二终字第 00104 号。

能力风险加大,要求某商业银行不要继续发放贷款。后润华公司违约,某商业银行诉请保险公司承担保证责任。保险公司辩称某商业银行未按照要求停止放款,已违反了合同约定的危险程度通知和防损责任。某商业银行辩称如其停止放款,将面临贷款合同项下的违约责任。一审法院支持了某商业银行的主张,判令保险公司败诉,理由是某商业银行向润华公司发放贷款系合同约定的最主要的义务,不能因平安保险公司单方要求而停止履行该放贷义务。二审法院撤销一审判决,判令保险公司胜诉,理由是:从平安保险公司三次给某商业银行的函件及平安保险公司在二审中提供的新证据证明某商业银行在收到函件后要求润华公司提供担保设定抵押的情况看,某商业银行对润华公司资产状况恶化和还贷风险加大应当属于明知,某商业银行在明知保险标的危险程度增加时仍然向润华公司发放借款,有违保险法上的最大诚信原则。[①]

有关保证保险中银行是否仍然承担资信审查义务存在三种观点:第一种观点认为,银行发放贷款是基于保险人承保,因此其资信审查义务已转移给保险人,银行只需审查保单,因此,保险人无权以银行未履行资信审查义务拒赔;第二种观点认为,银行的资信审查义务是法定义务,源自商业银行法、贷款通则等规定,不能通过协议转移,此外银行的审查是实质性审查,决定是否符合放贷条件,而保险公司对投保人的询问是以保险法为基础,仅审查是否符合投保条件,因此二者不能替代,当银行未尽资信审查义务时,保险人可以拒赔;第三种观点认为,银行与保险公司应分担损失。[②] 重庆市高级人民法院明确在银行与保险公司的合作协议中明确约定银行的资信审查义务,并约定未尽审查义务保险人免责的情况下,保险人才可以以银行未尽审查义务为由免责;约定不明或未作约定,银行明示以投保作为放款条件的,保险人不得主张免责。[③] 显然,案例2-19

---

① 参见中国平安财产保险股份有限公司常州中心支公司与无锡市商业银行股份有限公司保证保险合同纠纷上诉案,江苏省高级人民法院民事判决书(2006)苏民二终字第0311号。
② 参见奚晓明主编:《保险案件审判指导》,法律出版社2015年版,第267页。
③ 参见奚晓明主编:《保险案件审判指导》,法律出版社2015年版,第267页。

中法院支持了第二种观点。笔者认为贷款机构的资信审查义务与财产保险中被保险人的防灾减损义务具有防范道德风险的功能,如果放弃对贷款机构第一审查义务的要求,不利于保证保险的健康发展。当然,此问题纯粹是一个法律问题,在采取第二种观点的情况下,保险人需要证明的是银行存在未尽资信审查义务的事实。

(3)投保人、被保险人损害保险人代位求偿权

代位求偿权是指保险人向被保险人赔偿保险金后,在赔偿范围内代被保险人行使对第三者请求赔偿的权利。代位求偿权旨在避免被保险人获得双重赔偿、降低财产保险费率、惩罚侵权人。根据我国《保险法》的规定,若被保险人在保险人赔偿保险金之前放弃对第三者的请求赔偿权,或因过错导致保险人不能行使代位求偿权,保险人有权减轻或免除赔偿责任。对此要件,保险人应当承担证明责任。

同时,为了保障被保险人获得保险保障的权利,《保险法》规定被保险人家庭成员或其组成人员造成保险事故的,保险公司无代位求偿权,除非该家庭成员或组成人员故意制造保险事故。而保险人以该家庭成员或组成人员故意制造保险事故抗辩而主张行使代位求偿权的,应当对该家庭成员或组成人员故意制造保险事故的事实承担证明责任。

被保险人明确放弃对第三者的求偿权,如果该行为在保险人赔偿保险金之前,构成保险人抗辩拒付的理由,如果在保险人赔偿保险金之后,则放弃行为无效。被保险人明确放弃对第三者的求偿权的事实之证明较为容易,困难的是被保险人因过错妨碍保险人行使求偿权之认定,被保险人何种过错行为构成保险人责任之减轻或免除?在案例2-20中,法院认定被保险人之行为不构成对保险人代位求偿权之妨碍。

案例2-20:2007年2月,厦门信达股份有限公司(以下简称"信达公司")、锦兴贸易(香港)有限公司(以下简称"锦兴公司")就进出口货运项目与保险公司签订预保协议。承保标的为信达公司作为买方、锦兴公司作为卖方的海运木材。2007年4月2日,双方又签署补充协议。装有被保险标的物的HAI TONG 7轮在运输途中遭遇超强台风"万宜",于2007年7月11

日在西太平洋关岛西北附近海域沉没。被保险人索赔无果后提起诉讼。诉讼中,保险人的抗辩理由之一是被保险人未对承运船舶的保险赔款或第三方的财产采取保全措施。终审法院认定:"在法律未规定被保险人应对承运船舶的保险赔款或第三方的财产采取保全措施,双方保险合同也未规定被保险人有此项义务的情况下,保险公司应依照合同约定及时理赔,而无权以被保险人未保全承运人的财产为由拒赔或扣减赔偿款。"①

(4)投保人重复保险

财产保险遵循损害填补原则,为了防止被保险人获得双重或多重赔偿不当得利,引发道德风险,我国《保险法》规定了重复保险制度。重复保险是指投保人对同一保险标的、同一保险利益、同一保险事故与不同保险人分别订立保险合同,且保险金额超过保险价值的保险。在发生重复保险的情况下,各保险人赔偿金额总和不超过保险价值,除非合同另有约定,各保险人按照其保险金额与保险金额总和的比例承担赔偿责任。重复保险规则使保险人得以抗辩被保险人的保险金请求权,减轻自己的赔偿责任,因此应当由保险人承担证明责任。

重复保险由保险人承担证明责任不易产生争议,较容易产生争议的是,保险法同时规定投保人对重复保险情况有通知保险人的义务。如果投保人未履行通知义务,保险人可否解除合同或拒绝赔偿?对此,法律并未规定,学界亦存在争议。有学者认为,可以参照如实告知义务未履行之后果,赋予保险人合同解除权;但也有学者持相反观点,既然法律未明确规定,无论如何不能得出合同无效或保险人享有解除权或拒付权的结论;另有学者认为,保险人可以在保险合同中对未履行通知义务的后果加以明确。② 在一定程度上,可以认为未履行通知义务是对保险人履行证明责任的妨碍,笔者认为如果确未产生妨碍效果的,不宜对被保险人苛以不利后果。

保险法学界对重复保险的争议主要集中于重复保险的构成要件以及

---

① 中华联合财产保险股份有限公司福建省分公司与厦门信达股份有限公司海上、通海水域保险合同纠纷上诉案,福建省高级人民法院民事判决书(2008)闽民终字第134号。
② 参见邹海林:《保险法学的新发展》,中国社会科学出版社2015年版,第410页。

法律后果。对此更多的是法律判断问题,而不是事实层面的证明问题。在事实层面,只要保险人能够提供两份(含)以上已签署的保险合同,则剩下的是对是否构成重复保险作法律上的判断。

> 案例 2-21:原告某运输公司在被告永诚保险公司处购买了一份雇主责任险,每人限额赔偿 20 万元。后原告之雇员徐某驾驶 X 车发生交通事故,导致徐某与同属原告雇员的车上人员马某死亡,后查明原告另在中国人民财产保险公司为该车投保机动车车上人员责任险,且原告已从该公司获得 40 万元保险赔款。原告向徐某和马某家属共计赔偿 58 万元,遂向永诚保险公司提起诉讼,要求赔付 40 万元。法院认定本案构成重复保险,最后判令永诚保险公司赔偿人保公司赔偿的 40 万元以外的 18 万元。①

案例 2-21 典型地反映出重复保险实体法规定的问题。一是在重复保险的定义上,《保险法》坚持"三同一"原则,即同一保险标的、同一保险利益、同一保险期间,然而对于是否必须是同一保险利益学界存在不同看法,如案例 2-21 中,车上人员责任险与雇主责任险应属不同保险利益。二是关于法律后果,尽管保险法规定了比例赔偿的原则,但仍有学者坚持保险人对被保险人承担连带责任但保险人内部按份分担的见解,本案中事实上法院也突破了比例赔偿的原则,主张按照先后顺序赔偿。

(5)投保人不足额投保

我国《保险法》规定,保险金额不得超过保险价值,超过保险价值的,超过部分无效;低于保险价值的,除非合同另有约定,保险人按照保险金额与保险价值的比例承担赔偿责任。本要件由于减轻保险人的责任,属于保险人主张适用的法规范,应由保险人承担证明责任。在此要件的证明中,保险价值的判断至关重要,因保险金额通常直接载于保险合同,较好识别。因此,保险公司必须提供足以让法官采信的证据证明保险价值的金额。

---

① 茌平县第四汽车运输有限公司诉永诚财产保险股份有限公司聊城中心支公司财产保险合同纠纷案,山东省聊城市茌平县人民法院民事判决书(2015)茌商初字第 195 号。

案例 2-22：原告向被告投保车损险，后原告在驾驶过程中出现事故导致整车报废，该事故经交警确认。后双方对赔偿金额发生争议。原告要求按照保险合同记载的保险金额 95000 元赔偿，而被告认为保险金额高于保险价值，只能按照法院委托的评估机构测算的该车实际价值 66000 元赔偿。一审法院判决保险公司赔偿 77180 元，原因是："涉案保险合同确定的投保机动车车辆损失险保险金额 95000 元，系原告投保时被告以该机动车新车购置价 270000 元为基础按折旧率计算并确定的……结合保险合同确定的 9 座以下客车月折旧率 0.6% 的标准，涉案被保险机动车保险事故发生时的实际价值应当为 77180 元（95000元-270000 元×11 个月×0.6%/月）。"保险公司提起上诉。终审法院维持了一审法院判决，终审法院认为，"评估报告中认定 KB09×× 车辆的原值为 200000 元，与保险合同中新车购置价值 270000 元不相符"，因此不采纳评估报告的结果。①

该案一、二审法院否定了法院委托的评估机构出具的鉴定结论。由于鉴定结论仅仅是证据的一种，不具有直接强制适用的效果，法院的判决维护了保险合同约定的标的物原值，保护了被保险人一方的利益，值得肯定。

(6) 被保险人无保险利益

财产保险与人身保险不同，保险利益之判断并非在合同成立之时，保险法规定保险事故发生时，被保险人应当对保险标的具有保险利益。保险利益不具备的法律后果亦不同于人身险，不会直接导致合同无效，而是导致被保险人丧失保险金请求权。

财产保险之保险利益判断较为复杂，何为法律上承认的利益？一些地方高级人民法院作出了列举，如广东省高级人民法院规定以下情形应认为被保险人具有保险利益：对保险标的享有物权或债权，保险标的系其依法应当承担的民事赔偿责任，对保险标的享有其他合法权益。如果保

---

① 安邦财产保险股份有限公司浙江分公司等与叶某保险合同纠纷上诉案，浙江省丽水市中级人民法院民事判决书（2010）浙丽商终字第 314 号。

险标的系被保险人违法取得或保险标的违法,被保险人没有保险利益;如为善意取得的财产,被保险人有保险利益。再如,浙江省高级人民法院规定,财产保险的保险利益应具备合法、确定和可用货币衡量三个条件。既有利益是指现存利益,不以所有权为限,包括用益物权、担保物权、占有权、经营管理权。期待利益是指投保人或被保险人对保险标的利益尚未存在,但其基于既有权利预期未来可实现的利益,期待利益必须有法律或合同根据。责任利益是指被保险人因依法应承担民事赔偿责任而产生的经济利益。山东、江苏、福建省等地的高级人民法院规定非保险所有人基于租借、挂靠、保险等对保险标的占有、使用等权利进行投保的,应认定具有保险利益。① 在一起车险案中,法院认定作为车辆实际使用者而非所有人的被保险人对车辆具有保险利益。② 而在以下案例中,法院认为被保险人并非合法占有人,未认可其具有保险利益。

案例2-23:2002年,万可、乙公司与银行签订汽车贷款协议,乙公司为万可贷款购车提供担保。2003年乙公司代万可偿还银行借款。乙公司将对万可的债权转让给丙公司,丙公司强行从万可处取得该车,后将该车转让给甲公司。2007年4月,甲公司作为投保人、祝某作为被保险人就该车向保险公司投保。2007年7月,祝某向保险公司报案称车辆丢失。该车丢失原因系万可在某处偶然看见该车,便将该车开回。但祝某在申请理赔时,隐瞒了该事实,称自己为实际车主,万可仅为代持人。2008年6月,保险公司向祝某赔付盗抢险赔款11.4万元。后保险公司起诉要求祝某返还赔款,因其不具有保险利益。法院判决认为甲公司和祝某取得车辆不具有合法性,根据2009年修订的《保险法》的规定不具有保险金请求权,因此判令保险公司胜诉。③

笔者认为,财产保险中被保险人是否有保险利益应当由主张保险金

---

① 参见吴晓明主编:《保险案件审判指导》,法律出版社2015年版,第45页。
② 参见刘建勋:《保险法典型案例与审判思路》,法律出版社2012年版,第63页。
③ 参见刘建勋:《保险法典型案例与审判思路》,法律出版社2012年版,第71页。

请求权的被保险人一方承担证明责任,原因在于《保险法》规定财产保险的保险利益并非合同生效要件,而是保险金给付条件,根据证据规定应当由主张合同履行的一方承担证明责任。从证明难易角度来看,保险利益一直处于变动之中,法律仅要求在请求保险赔款时具有保险利益即可,而是否具有保险利益的事实由被保险人一方掌握,要求保险公司承担证明责任并不公平。

值得关注的是,保险利益要件是否适用辩论主义?一些地方法院,如浙江省高级人民法院规定,被保险人对保险标的没有保险利益,无论保险人是否主张保险合同欠缺保险利益,法院可依职权判决保险合同无效。

在财产保险中,保险利益不仅具有防止赌博和道德风险的功能,通说认为还有限定保险赔偿额的功能。根据《保险法司法解释(二)》第1条①和相关规定,财产保险中,不同投保人就同一保险标的分别投保,保险事故发生后,保险公司不得滥用保险利益原则拒赔,同时被保险人也不能获得超额赔偿,只能在保险利益范围内获得赔偿。

(三)财产险保险事故之证明——以建筑安装工程一切险为例

第一张建设工程保险的保单是1929年签发的,承保的是当时在伦敦泰晤士河上建造的兰贝斯大桥(Lambeth Bridge)工程。保单在原火灾保险保单的基础上作了一些调整。真正的建设工程保险保单1934年在德国出现。第二次世界大战后,由于大部分建筑被战争摧毁,在战后重建过程中,建筑工程保险得到了长足发展。②

建设工程保险是针对建设工程在建造和使用的全生命周期中可能出现的物质损失和人身伤亡,由投保人与保险人签订的一种综合性保险,投保人可以是建设单位、施工单位或其他风险承担者。建设工程保险保证责任范围很广,包括人为因素、自然灾害、意外事故造成的人、财、物的损失,涉及财产险、人身险、责任险、保证险等。与普通的财产保险不同,财

---

① 《保险法司法解释(二)》第1条规定:"财产保险中,不同投保人就同一保险标的分别投保,保险事故发生后,被保险人在其保险利益范围内依据保险合同主张保险赔偿的,人民法院应予支持。"

② 参见李慧民等编著:《建设工程保险概论》,科学出版社2016年版,第11页。

产保险只是将企业或单位有形的资产价值作为保险金额,而资金或费用一般不作为保险金额,而工程险投保时并未形成有形财产,投保时的保险金额通常是暂估的将来工程完工后的建筑物总价值,也就是建成的建筑物全损后重建所需的全部重置成本。

常见的建设工程保险是建筑安装一切险,此外还有建设工程质量保险、建设工程保证保险、安全生产责任保险、职业责任保险、特种设备责任险等。每一种保险承保范围不同,如工程质量保险是对建设工程在保修范围和保修期限内出现的由工程质量潜在缺陷所导致的投保建筑物损坏,给予赔偿、维修或重置的保险,该险种可以替代质保金,对于解决施工单位质保金长期沉淀具有积极重要的意义。工程保证保险指被保证人不履行合同义务造成损失时,保险人代为赔偿的保险,通常包括投保保证险、履约保证保险、付款保证保险、保修保证保险。职业责任保险是以被保险人在履行职务过程中对第三者依法应当承担的赔偿责任为保险标的的保险,包括勘察设计责任保险、监理责任保险、施工责任保险。建筑工程险中最为普及的是建筑安装工程一切险,下文以建筑安装工程一切险为例阐述建筑工程险证明问题。

建筑安装工程一切险,是集财产损失险与责任险于一体的综合性保险。建筑安装工程一切险承保施工期间因自然灾害和意外事故造成的物质损失,以及被保险人依法应承担的第三者人身伤亡或财产损失的民事赔偿责任,其承保范围包括物质损失保险和第三者责任保险。建筑安装工程一切险又可以分为建筑工程一切险和安装工程一切险,安装工程一切险承保各种设备、装置,较建筑工程一切险风险更高,但二者多合二为一。

1. 物质损失保险

(1)权利成立要件

根据保险合同,物质损失保险的保险事故是指在保险期间,合同分项列明的保险财产在列明的工地范围内,因合同责任免除以外的任何自然灾害或意外事故造成的物质损坏或灭失。由此可见,构成物质损失保险赔付范围需同时具备三个要件:一是损失财产属于合同分项列明的保险财产;二是损失财产属于列明的工地范围;三是损害因自然灾害或意外事故造成。

值得探讨的是,上述定义中,对自然灾害或意外事故作了一个限制,即"合同责任免除以外的"。如此一来,原告是否需证明该自然灾害或意外事故在免责范围之外？如前所述,笔者认为免责条款属于权利障碍要件,非属被保险人一方证明责任范围,而应由保险人证明。因此该条款定义应当采用法解释方法加以解读,条款编纂者并未贯彻证明责任分配之意识。然而,实践中,对于前述权利成立三要件之证明亦经常发生争议。

建筑工程一切险与普通财产险不同,其投保时未形成有形的财产,投保时的保险金额通常即暂估的将来完成的工程的总价值,即建筑物全损后重建所需的全部重置成本,包括工程投资中所有人工费、材料费、机械费、施工利润、税费和其他成本,这是确定保险金额的原则。但保险金额并不必然等于工程总投资,总投资除建设费用外,还包括前期勘察设计费、土地获取等费用。通常施工机具投保单独的工程机械设备险,并不包含在内。以下案件就是因对承保财产范围理解不同而引起的争议。

案例 2-24：2009 年,台州某交通工程公司(以下简称"工程公司")向太平财产保险公司(以下简称"太平公司")投保建筑工程一切险,工程保险保额为 1333.2488 元,施工机具保额为 131.6 元,保险期间至 2011 年 4 月止。施工过程中,工程公司为了桥墩作业,在水上用钢管搭建了施工平台。2010 年 3 月,洪水冲垮了平台,太平公司委托公估公司勘验,核定本次事故损失为 22.5 万元,其后公估报告认为钢管平台实际价值为 67.4 万元,而保额为 30 万元,存在不足额投保情形,投保比例为 44.5%,加以 5 万元免赔额考虑在内,建议保险人按照 4.8979 万元赔付。工程公司起诉,二审过程中太平公司提出水上钢管施工平台属于施工机具,而非建筑工程,不属于承保范围。太平公司提出以下理由：一是判断是否属于建筑工程是根据工程量清单所显示的工程合同价,而该施工平台未显示在工程量清单内;二是司法鉴定机关仅将平台定义为工程的附属设施,而没有明确是否属于承保范围,判断是否属于承保范围应当依据工程量清单,判断是否属于造价范围,鉴定结论对此未作判断。工程公司辩称平台上水上作业不可缺失的工程设施,保单施工用机器特别条款载明131.6万元的金额,显然未将67万元纳入在内,因此,平台不属于施工用机具。终审法院台州市中级人民法院表示案涉合同的保险标的为合同明细表中分项列明的在列明工地范围内的与实施工程合同相关的财产或费用,而太平公司未提供合同明细表,按照通常理解建筑工程一切险应当包括一切财产或费用,除非明示排除,加之鉴定结论表明平台属于附属设施而非施工机具。

案例2-24的核心争点在于钢管平台是否属于建筑工程一切险的承保范围,如前所述,对于权利成立要件原告承担证明责任,而在建筑工程险保险责任成立的若干要件中,首要的是损失财产属于合同分项列明的保险财产,而本案双方当事人均未提供合同分项,终审法院认为保险人未提供"保险合同明细表"证明钢管平台不属于分项范围因而不属于承保范围,似乎将举证责任交由保险人承担。笔者认为该要件之证明责任在被保险人一方,因其属于权利成立要件。当然,根据自由心证之原则,保险合同明细表并非损失财产属于承保范围的唯一证据,本案鉴定结论指出钢管平台属于施工附属设施,不属于施工机具,且根据保险合同解释的方法,按照通常理解钢管平台应当属于建筑工程一切险的承保范围,除非保险人明示排除。而保险人有关只能依据工程量清单判断建筑工程一切险承保范围之主张亦缺乏合同明文约定之支撑。因此,笔者认可法院的审判结果,但认为判决理由在证明责任分配问题上存在瑕疵。

此外,建筑工程一切险通常以工程量清单等固定保险赔偿范围,实践中保险人与投保人经常因为赔偿范围与赔偿金额发生争议,在此情况下判断何为保险责任范围极为重要。如以下案例:

案例 2-25：2007 年 11 月，原告中国太平洋财产保险股份有限公司永州中心支公司(以下简称"太保公司")与被告湖南浯溪水电开发有限公司(以下简称"浯溪公司")签订一份建筑工程一切险保单。2008 年 1 月，湖南发生雪灾，原告工程受损。原告要求被告赔付工程损失 1257028 元，其中人力损失 141219 元、材料损失 511769 元、设备损失 529000 元、间接损失 75040 元。被告认为只有人力损失属于保险赔偿范围。原告向永州市冷水滩区人民法院起诉。一审法院认为，原、被告保单约定的保险内容是原告工程总承包价，按照原告方工程承包单位的承包价工程量清单说明，工程承包价包括人、材、机费用，因此原告诉请的人力损失和材料损失在保险范围内，被告辩称只有人力损失在保险范围内不予支持。原告诉请的设备损失所有人是广东水电二局，水电二局不是投保人，且原告诉请的设备损失不在承保价内，故设备损失不属于保险范围，因此原告要求被告对设备损失理赔的诉请不支持。原告损失清单上的人力费用损失与材料损失分开列表，被告认为属重复保险不支持。因此，原告遭受的人力损失和材料损失，除去免赔额 80000 元和已支付的 61219 元后，被告应支付理赔款 511769 元。保险人上诉，二审法院认为，根据浯溪公司提供的"投标报价汇总表""分组工程量清单"及"项目分解表"，可以认为某一项目在"分组工程量清单"及"项目分解表"内，则属于保险范围，否则不属于保险范围，浯溪公司要求的设备损失不在二表内，不属于保险范围，且人力损失表已含材料损失，因此不能重复索赔，据此，保险人无须额外支付赔偿金，撤销一审判决。

在案例 2-25 中，双方对于赔偿责任并无争议，有争议的是赔偿范围，或者说计算方法，终审法院以保险合同之约定作为审判依据是正确的。该案中，原告投保人应当证明其主张的索赔金额属于保险合同约定的赔付范围，然而原告并未很好地完成证明责任，相反法官依据原告提供的证据得出了相反结论。实务中，投标报价清单未必十分细致，所以应当具体问题具体分析,此外根据报价方法不同,认定损失依据亦有不同。

(2)权利障碍要件

物质损失保险的责任免除事项通常包括:设计错误,自然磨损、内在缺陷以及其他渐变原因造成的损失,原材料缺陷或工艺不善、非外力引起的机械或电气装置本身损失或施工器具造成的损失。此外,以下费用也不属于保险赔偿范围:维修保养费用,档案资料、现金、有价证券损失,盘点时发现的短缺,有公共运输执照的交通工具损失,保险开始前已存在的财产,保险终止前已验收合格或实际使用的财产等。

> 案例2-26:2009年8月,浙江交工路桥公司(以下简称"路桥公司")向中国大地财产保险公司(以下简称"大地公司")投保建筑工程一切险,并提供需要投保的机械设备清单,其中包含小松PC360挖掘机4台。合同将被保险人的故意或重大过失列为免责事由。2011年4月,孙某驾驶小松PC360-7作业时,山体塌方导致挖掘机侧翻,造成挖掘机受损。路桥公司立即申请理赔,大地公司现场查看后拒赔,理由是路桥公司对于侧翻事故未及时通知安监部门而导致事故性质无法认定,此外驾驶员未尽安全注意义务使挖掘机过于靠近路基边沿,导致路基不堪承重而坍塌,路桥公司未举证证明事故是由意外事故引起,应承担举证不能的后果;且现场小松PC360有多种型号,路桥公司未证明侧翻之挖掘机属于所投保的4台之一。①

案例2-26是典型的建筑工程一切险保险事故证明问题。建筑工程一切险承保的标的是在工地范围内的财产,因自然灾害或意外事故导致的损失,通常故意或重大过失是排除在外的。保险人认为原告未证明发生了合同约定的保险事故,即自然灾害和意外事故,相反种种迹象表明事

---

① 参见张国印编著:《建设工程保险案例与实务》,法律出版社2015年版,第133页。

故之发生是人为原因造成。案例2-26中,合同约定意外事故是指不可预料的以及被保险人无法控制并造成物质损失或人身伤亡的突发性事件。毫无疑问,要求原告证明不可预料性和无法控制性是较为困难的,因为事件之发生是突然的,原告不可能提前安排证据收集和保存工作,而现场人员多为原告雇员或关联人员,相关证言缺乏独立性。二审法院认定:合同未约定挖掘机之具体型号,事故之挖掘机符合小松PC360之合同约定,应当认定属于保险标的;路桥公司已提供证据证明操作员有驾驶证,可以认定不存在重大过失;大地公司未提供证据证明合同的除外责任。笔者认为二审法院正确地分配了证明责任,故意或重大过失不赔之约定属于除外责任,因此应当由大地公司承担证明责任,虽然大地公司提出挖掘机倾覆存在操作不当之可能性,但未举证证实该种可能性,无法认定事实之存在。特别值得肯定的是,法院未将安监部门认定作为前提条件,因合同并未约定此为赔付的前提条件,即使合同如此约定,安监部门的认定也仅为证据之一,不能不加审核直接作为定案依据。

2. 第三者责任保险

第三者责任保险是指因与承保工程直接相关的意外事故引起的工地内及邻近区域的第三者人身伤亡、残疾或财产损失,依法应当由被保险人赔偿的保险。

(1)权利成立要件

从定义来看,第三者责任保险应符合以下特征:一是由与承保工程直接相关的意外事故引起,通常合同约定意外事故是指不可预料的以及被保险人无法控制并造成物质损失或人身伤亡的突发性事件;二是意外事故引起第三者人身伤亡、残疾或财产损失;三是该意外事故发生于工地内及邻近区域。

案例2-27:2007年6月,湖南衡邵高速公路有限公司(以下简称"衡邵公司")向大地财保湖南分公司(以下简称"大地公司")投保建筑工程一切险。2009年,衡邵公司将工程发包给中铁十五局。2010年12月,案外人马某驾驶案外人所有的挂车与案外人章某所驾驶的汽车追尾,同时造成护栏与其他车辆受损,原因之一是施工中的中铁十五局在施工过程中,未按照规定在来车方向安全距离处设置明显的安全警示标志。衡邵公司申请理赔,大地公司拒赔,原因是"肇事车辆是公共运输行驶执照的车辆",属于除外责任;且被保险人未尽安全防护责任,是事故发生的主要原因。终审法院邵阳市中级人民法院认为,保险人援引的"被保险人应采取一切合理的预防,谨慎选用施工人员,遵守一切与施工有关的法规和安全操作规程,由此产生的一切费用,均由被保险人承担"条款,仅规定了被保险人的防损义务,并非免责条款。保险人主张事故车辆为已取得公共运输行驶执照的交通工具,但合同并未明示该条款所指的车辆是第三者车辆,还是被保险人之车辆,根据《保险法》的规定,当对条款存在两种以上理解时,应当以有利于非格式条款提供方的被保险人一方的理解为准。况且是否取得执照并非本次事故之主要原因,且保险人并未就该免责条款履行明确说明义务,条款不生效。据此判令保险人败诉。①

案例 2-27 值得深入研究,按照合同条款对意外事故之定义,只有被保险人无法预料、无法控制之事件才符合意外事故之概念。而对意外事故之证明又属于权利成立要件,应当由被保险人一方承担证明责任。如果意外事故不包含被保险人一方故意或重大过失引起的事故,则该案因被保险人雇员未尽安全保护义务而导致的事故应当不符合意外事故之特征。遗憾的是该案保险人未援引意外事故定义条款,从现有资料我们不知合同中是否将被保险人"故意或重大过失"作为免责事由,因此法院作出如上判决亦属适当。该案提示原告应当首先证明发生了合同约定的保险事故。

(2)权利障碍要件

第三者责任保险免责事由通常包括:由震动、移动、减弱支撑造成的任何财产、人身损失;领有公共运输行驶执照的交通工具造成的损失,员工损失等。工程所有人、承包人或其他关系方或其雇用人员伤亡与财产

---

① 参见张国印编著:《建设工程保险案例与实务》,法律出版社 2015 年版,第 16 页。

损失排除在赔付范围外,赔付仅限于物质损失。

案例2-28:2010年10月,宁波某置业公司(以下简称"置业公司")向某财产保险公司投保建筑工程一切险。2011年3月,置业公司投保的工程在施工过程中发生基坑坍塌事故,双方共同委托的一家公估公司分析事故原因为支护桩未按照设计图纸施工,造成围护桩端无嵌固,产生支护桩踢脚不稳,承包商施工时未按照设计方案执行。该财险公司拒赔。诉讼过程中,置业公司指出合同并未约定"震动、移动、减弱支撑"是由谁造成的,只要非投保人造成的均应当赔付,因为投保人并非自己施工,而是发包给第三方,投保的意图就是消除建设过程中发生事故的风险;且保险人未对该免责条款作出说明。保险人在诉讼过程中提交的一份会议纪要显示,置业公司作为业主明知承包商未按设计施工。宁波市中级人民法院判令置业公司败诉,理由是本案所涉事故并非自然灾害或意外事故,而是投保人自身重大过失引起的。①

案例2-28中,虽法院认定"震动、移动、减弱支撑"的免责条款无效,因保险人仅在条款上作了加粗提示,但未提出证据证明已履行口头或书面说明义务。但最终法院避免了依据免责条款作出判决,而是另辟蹊径,求诸第三者责任险的概念本源,指出事故之发生是因置业公司放任承包商违法违规操作所致,事故原因非合同约定的"自然灾害或意外事故",而是人为原因。

建筑安装工程一切险中责任险通常将"震动、移动、减弱支撑"造成的任何财产、人身损失作为免责条款,而何为"震动、移动、减弱支撑"?保险事故是否与"震动、移动、减弱支撑"无法分割?该条款是否限制了被保险人的主要合同权利?所谓震动是指打桩机、混凝土振捣机、振动式压路机等机具设备在工程施工中的高频率打击、冲击。移动是指施工机械设备(吊车、塔吊等)的安装、就位等移动。减弱支撑是指施工过程中投入的

---

① 参见张国印编著:《建设工程保险案例与实务》,法律出版社2015年版,第195页。

机械设备、机具等支撑不足或有所减弱。保险合同之所以将此作为除外责任，笔者认为是因为"震动、移动、减弱支撑"多有人为因素。案例2-28中，保险人胜诉的关键在于其找到了能够证明投保人有重大过失的关键性证据——即证明投保人明知承包商未按设计施工的会议纪要。当然，该案中投保人是否就该"未按设计施工"与坍塌造成的损害之间是否存在因果关系提出抗辩我们不得而知。

五、责任保险中保险事故的证明

（一）责任保险中保险事故的类型

责任保险是以被保险人对第三者依法应负的民事赔偿责任为承保标的的保险。以承保风险划分，责任保险可分为产品责任险、公众责任险、雇主责任险、职业责任险、机动车责任保险等。责任保险的承保方式可以是独立承保、附加承保或组合承保。独立承保是指保险人单独承保某责任风险，如产品责任险和公众责任险通常是独立险。附加险是指依附于主险的责任险，如建设工程险中第三者责任险通常依附于主险。组合险是指责任保险成为某财产保险的有机组成部分，如船舶财产保险中含有船舶责任险。

责任保险所承保标的不完全等同于被保险人应承担的民事责任，通常被保险人故意行为不在承保范围之内；有时被保险人法律上的免责事由也会被纳入保险范围，如旅客因自身身体原因导致的损害，航空公司通常可免责，但承运人责任险将此部分责任也纳入承保范围。在很多国家和地区，为了保障受害人的利益，部分责任保险是强制保险，我国机动车责任险属于法律强制保险。

目前责任险产品类别众多，如医疗责任险、医师责任险、还贷责任险、货物失踪险、物业管理责任险、校方责任险、旅行社综合责任险、律师执业责任险、环境污染责任险、雇主责任险、监护责任险、免疫责任险等，可以说凡可能承担侵权责任的均可以投保责任险，将民事赔偿责任转由保险公司承担。下面仅列举四种传统责任险所承保的意外风险。（如表2-3

所示)

表 2-3 责任保险保险事故分类表

险种类别	保险标的	保险事故
公众责任保险	公共场所经营者对受害人的过错赔偿责任	受害人在公共场所意外受伤,公共场所经营者有过错,应承担赔偿责任
产品责任保险	产品责任	因产品缺陷致他人人身或财产损害时,产品制造、销售者等应承担无过错赔偿责任
雇主责任保险	雇主责任	雇员在受雇期间因执行职务遭受意外事故受伤,雇主依法应承担的赔偿责任
交强险	机动车一方对非机动车一方的无过错赔偿责任	机动车与非机动车一方发生交通事故,机动车一方对非机动车一方依法应承担赔偿责任

公众责任险是指保险人承保学校、商店、医院、办公楼、宾馆、地铁等公共场所经营者对受害人可能承担的过错赔偿责任。又可细分为综合公共责任保险、承运人责任保险、场所责任保险等。实务中,保险公司仅承保被保险人对经营场所内因意外事故造成的第三人人身或财产损失所应承担的赔偿责任,所谓意外事故是指"不可预料的并且被保险人无法控制并造成物质损失或人身伤亡的突发性事件"。保险人不对战争或暴乱、核事故、污染事故、被保险人一方故意或重大过失、火灾地震等自然灾害引起的损失承担赔偿责任。

产品责任险是指以产品制造者、销售者、维修者等的产品责任为承保标的的保险。所谓产品责任是指缺陷产品致使用者及任何人人身或财产损失时,产品制造者、销售者等应承担的民事赔偿责任。但是对于战争或暴乱、核事故、污染事故或被保险人故意引发的产品责任事故,保险人不负赔偿责任,缺陷产品引发的制造者、销售者雇员人身或财产损失因属于雇主责任险通常不包含在产品责任险中。

雇主责任险是指以雇主对雇员在受雇期间执行职务时遭受意外导致伤、残、死或疾病或患职业病应承担的经济赔偿责任为承保标的的责任险。我国工伤保险已将大部分雇主责任险纳入社会保险范畴,但雇主责任险可作为工伤保险的补充。雇主责任险通常将以下情形列为除外责任：雇员因自身疾病（职业病除外）而遭受的损害，雇员故意致己受伤，雇主的故意或重大过失行为、战争、暴动等引起的雇员伤害。当然，雇主责任险也可以附加雇员第三者责任险，即以雇员因过失导致他人损失时雇员应承担的赔偿责任为保险标的的险种；也可以附加医药费保险，即以雇员因疾病的治疗而支出医疗费用为承保风险，但此附加险不是责任保险，而是普通人身保险。

机动车交通事故责任保险是指由保险公司对被保险机动车发生道路交通事故造成他人的人身或财产损失予以赔偿的责任保险。机动车交通事故责任保险可分为强制保险和商业保险。机动车交通事故责任强制保险（以下简称"交强险"）承保的是机动车致被保险人和本车人员以外的受害人人身或财产损失时被保险人一方应承担的赔偿责任，交强险仅在法律规定的赔偿限额内支付。交强险中，受害人故意制造交通事故、交通事故造成受害人间接财产损失、诉讼仲裁费用、被保险人财产损失通常属于保险人的免责范围；被保险人或驾驶人无证驾驶、酒后驾驶、故意制造交通事故或机动车被盗抢期间发生的交通事故，保险人不负赔偿责任，仅就抢救费用先行垫付。机动车商业三者险承保范围与交强险略同，用以补充交强险赔偿额度有限的不足，但免责事项比交强险更为广泛。

（二）责任保险中保险事故的证明——以交强险为例

有学者认为，机动车责任保险属于责任保险的一种，是指以机动车所有人、使用人或管理人对机动车交通事故受害人应当承担的赔偿责任为保险标的的责任保险，以被保险机动车之使用或所有因意外事故而生对第三人之责任为其成立基础。[①] 我国《机动车交通事故责任强制保险条例》（2019年修订）（以下简称《机动车强制保险条例》）第3条规定，"机动车交通事故责任强制保险，是指由保险公司对被保险机动车发生道路交通事故造成本车人员、被保险人以外的受害人的人身伤亡、财产损失，在责任限额内予以赔偿的强制性责任保险"，区别在于交强险的定位、保

---

① 参见李青武：《机动车责任强制保险制度研究》，法律出版社2010年版。

障范围等,笔者将以我国现行法规定为基础论述交强险的证明问题。

交强险属于责任保险,保险标的是被保险人的赔偿责任,即机动车侵权责任,按照责任保险理念,保险公司承担给付责任的前提是机动车保有人对受害人的损害承担法律责任,反之,保险人无须承担保险给付责任,即无责任保险赔偿。根据我国民法的规定,高速运输工具侵权的归责原则是无过错责任原则。根据《中华人民共和国道路交通安全法》(2021年修正)(以下简称《道路交通安全法》)的规定,机动车之间发生交通事故,采过错责任;机动车与非机动车驾驶人、行人之间发生交通事故,采无过错责任,非机动车一方没有过错,机动车一方承担赔偿责任;有证据证明非机动车一方有过错的,根据过错程度适当减轻机动车一方的责任;机动车一方没有过错的,承担不超过10%的赔偿责任。但如果受害人故意的,侵权人不承担民事责任。根据我国《民法典》的规定,机动车侵权责任的成立要件包括三个方面:一是受害人遭受人身伤亡或财产损失;二是机动车保有人造成交通事故;三是二者之间存在因果关系。过错并非侵权构成要件。虽然交强险以侵权人的赔偿责任为保险标的,但是交强险赔付范围不完全等同于侵权责任范围,交强险赔付范围还受保险合同约定和法律法规规定的限制。

根据《机动车强制保险条例》的规定,交强险的保险事故是合同约定的道路交通事故,但并非所有道路交通事故都属于交强险赔偿范围,只有符合以下条件的交通事故才是交强险赔付的保险事故:

1. 权利成立要件

一是法定投保义务人为法定机动车投保。在我国,交强险投保义务人是指在中国境内道路上行驶的机动车的所有人和管理人。当然,对于财产险而言,投保人在投保时是否具有保险利益不问,但被保险人在出险的时候应当具有保险利益。根据《机动车强制保险条例》第41条第(二)项的规定,被保险人是指投保人及其允许的合法驾驶人。并非所有的机动车都有强制投保义务,只有具有高速行驶危险的机动车才有投保义务。根据《道路交通安全法》第119条第(三)、(四)项的规定,机动车是指以动力装置驱动或牵引,上道路行驶的供人员乘用或用于运送物品以及进行工程专业作业的轮式车辆。非机动车是指以人力或畜力驱动,上道路行驶的交通工具,以及虽有动力装置驱动但设计最高时速、空车质量、外形尺寸符合有关国家标准的残疾人机动轮椅车、电动自行车等交通工具。因此,一般认为不具有高度危险的农用车不具有法定强制投保义务。不符合强制投保范围的,投保人主张合同无效的,保险人应当退还保费。

二是被保险人驾驶被保险机动车发生道路交通事故。根据《道路交通安全法》第119条第(一)项和第(五)项的规定,道路,是指公路、城市道路和虽在单位管辖范围但允许社会机动车通行的地方,包括广场、公共停车场等用于公众通行的场所;交通事故,是指车辆在道路上因过错或意外造成的人身伤亡或财产损失的事件。为保护受害人,根据《机动车强制保险条例》第43条的规定,机动车在道路以外地方通行时发生事故,保险公司也应当赔偿,扩展了交强险赔偿范围。

三是道路交通事故造成本车人员、被保险人以外的受害人人身伤亡、财产损失。所谓本车人员和被保险人以外的受害人是否包括离开机动车的车上人员?有的法院认为车上人员正常下车,应当适用第三者责任险,因其身份已转换为第三者;当车辆出现危险状态,例如,车上人员跳车或被摔出车外,对离车人员应当适用座位险(车上人员责任险),不适用交强险或第三者责任险;但当被摔出车外的人员与本车碰撞时,又可适用交强险和第三者责任险。①

综上所述,根据我国法律,保险人承保范围是有限的:一是被保险人必须是保单记名被保险人或经其许可使用机动车的人,窃贼或劫匪等不在赔偿范围;二是受害人必须是被保险机动车以外的行人和非机动车驾驶人,机动车上乘客和被保险人本人不属受害人范围;三是损失仅限于受害人的人身伤害和财产损失,且有赔偿限额;四是发生的交通事故必须在合同约定的地点;五是机动车必须是保单规定的机动车。只有符合条件的道路交通事故才是交强险约定的保险事故。

根据《保险法》第65条第3款的规定,责任保险的被保险人给第三者

---

① 参见重庆市高级人民法院:《关于保险合同纠纷法律适用问题的解答》(渝高法【2017】80号)问答第7条。

造成损害,被保险人未向该第三者赔偿的,保险人不得向被保险人赔偿保险金。如果被保险人未完成前述已向第三者赔偿的证明责任,则可能面临败诉后果,以案例2-29为例:

> 案例2-29:齐某诉称,2007年10月其作为投保人,以登记于其名下的汽车为被保险车辆,向保险公司投保交强险。2008年6月,齐某雇用的司机高某驾驶被保险车辆与汪某驾驶的摩托车相撞,导致汪某及车上乘客受伤。公安机关认定,汪某负主要责任,高某负次要责任。后汪某向法院起诉高某,法院判决高某赔偿汪某共计8万余元。判决后,汪某经鉴定为十级伤残,齐某又赔偿二人共计1.9万余元。齐某向保险公司索赔,但保险公司拒赔,齐某遂提起诉讼。保险人辩称齐某在申请理赔时,没有提交原始凭证和单据等证明损失发生的证据。经法院查明,齐某声称高某为其雇用人员,但高某案判决中并未认定此事实;齐某非高某案判决的赔偿责任主体;齐某指出高某逃逸,其代为履行赔偿义务,但齐某并未在高某案中被追加为被执行人;齐某提出受害人汪某有关齐某已履行赔偿义务的书面证明未经公证,未经法院认定,亦无法提供证人出庭以查明事实。最终,法院认为齐某未提出证据证明其履行了赔偿责任。①

值得关注的是,由于《机动车强制保险条例》并不认可受害人具有向保险人的直接保险金请求权,因此保险金请求权的主张主体必须是被保险人。根据《保险法》第65条的规定,只有在被保险人的赔偿责任确定,受害人未获赔偿,且被保险人怠于向保险人求偿的情况下,受害人才享有保险金请求权。保险法学者普遍认为,当被保险人对受害人的赔偿责任尚未确定的时候,受害人起诉保险人,应当驳回;若被保险人的赔偿义务已确定,受害人可以将保险人与被保险人作为共同被告起诉;若被保险人的赔偿义务已经诉讼或仲裁程序确定,受害人有权直接起诉保险人。②

---

① 参见刘建勋:《保险法典型案例与审判思路》,法律出版社2012年版,第388页。
② 参见刘建勋:《保险法典型案例与审判思路》,法律出版社2012年版,第398页。

2. 权利障碍要件

根据《机动车强制保险条例》第 14 条和第 16 条的规定，在以下情况下，保险人可以解除合同：投保人对重要事项未履行如实告知义务，且自收到保险人通知之日起 5 日内仍未履行；被保险机动车被依法注销，或办理停驶，或经公安机关证实丢失。根据《机动车强制保险案例》第 22 条的规定，在以下情况下，保险人不承担赔偿责任，仅在交强险责任限额范围内垫付抢救费用的义务：驾驶人未取得驾驶资格或醉酒；被保险机动车被盗抢期间肇事；被保险人故意制造道路交通事故。因此，当被保险人一方主张发生了合同约定的保险事故时，保险人还可以通过以上抗辩免责。

六、保证保险中保险事故的证明

所谓保证保险是指债务人以债权人为被保险人向保险人投保，当其不履行约定的义务，发生约定的保险事故时，由保险人承担保险金赔偿责任的财产保险合同。① 保证保险与担保有共同之处，均是当债务人不履行合同时，由保险人（担保人）向债权人直接履行债务，保险人（担保人）有权在履行义务后向债务人追偿。但是与担保不同的是，保证保险之本质是保险，遵循保险法规定，保险人依据保险合同独立承担责任，债权人在保证保险合同下是被保险人，须遵守保险合同之约定。因此，当被保证人（债务人）未履行债务时，被保险人（债权人）无权要求保险人与被保证人承担连带责任。保险人承担债务的条件视合同约定，如有的合同约定保险人具有先诉抗辩权，多数合同约定了保险人的免责情形。在保证保险法律关系中，保险合同并非主债权债务合同的从合同，投保人是债务人，被保险人是债权人，保险人在债务人不能或不履行债务时，依据保险合同承担代为履行义务的责任。

保证保险的保险事故是债务人未按借款合同约定足额还款。投保人未还款不属于《保险法》规定的故意制造保险事故。该事实之证明通常

---

① 参见奚晓明主编：《〈中华人民共和国保险法〉条文理解与适用》，中国法制出版社 2010 年版，第 259 页。

不存在困难。值得关注的是保险人的抗辩。通常保险人对被保险人(债权人)存在如下主要抗辩事由:一是先诉抗辩权,即合同约定债权人在起诉并执行债务人未果的情况下才可以要求保险人赔偿;二是先行行使担保权,即主债权设定抵质押或保证担保,合同约定债权人需先行行使担保权,在未获得赔偿后方可要求保险人赔偿;三是资信审查义务,即合同约定被保险人未尽资信审查义务的,保险人免责;四是未尽如实告知义务,即合同约定投保人未尽如实告知义务,保险人免责。保证保险兴起时间较短,保险实务探讨与理论研究均不发达,很多问题仍然处于理论争议状态,如前述四种抗辩权,通常认为除非合同明确约定,否则保险人不得抗辩;即使是合同明确约定,也有观点认为并非均能抗辩。究其原因,保证保险与一般险种最大的区别在于法律关系中加入了债权人作为被保险人,保险人在保险合同项下的抗辩往往对债权人产生巨大影响。当然,笔者认为采何种见解是一个实体法问题,对于保险人而言,如若法律认可该抗辩事由,从证据法角度来看,保险人无疑应当承担证明责任。当保险人无法完成证明义务时,应承担败诉后果。

第三章 故意制造保险事故的证明

所谓保险事故是类型化的意外事故中的一种,与普通意外事故不同的是,意外事故通常作为民法合同责任、侵权责任的免责事由,而在保险法律关系中,保险事故发生是保险金请求权成立的必要构成要件。但是两者的本质均为意外发生的偶然事件,非行为人故意为之。因此,对意外事件的证明无法回避对行为人消极性主观心理状态之证明,而主观状态、消极事实之证明被认为是证明难题之一,因主观状态和消极事实很难通过直接证据加以证明。

几乎所有的保险合同条款均将被保险人"故意制造保险事故"作为保险人免责事由、拒赔事项,因此几乎所有保险事故之证明均涉及"故意制造保险事故"的证明问题。在人身保险中,存在三种故意制造保险事故的情形:一是投保人、受益人故意造成被保险人死亡、伤残或疾病;二是被保险人自杀、自残;三是被保险人故意犯罪导致自身伤残或死亡。在财产保险中,被保险人故意造成财产损失通常也被列为保险人的免责范围。在财产险中则表现为故意制造保险事故,如纵火。

在意外伤害保险中,"非本意性"是意外伤害的构成要件之一,是保险金请求权的权利成立要件之一,但由于非本意性是消极事实和内界事实,在保护被保险人的立法宗旨下,为减轻原告之举证困难,笔者认为应将意外伤害保险中"非本意性"的证明责任倒置给被告,由被告对被保险人"故意制造保险事故"承担证明责任。在非意外伤害的其他保险中,"故意制造保险事故"通常作为保险人的免责事由,属于权利障碍要件,本应由保险人负责证明。因此,尽管要件性质不同,但殊途同归,无论在意外险中,还是在其他保险险种中,"故意制造保险事故"均应由保险人承担客观证明责任,保险人承担的是本证证明责任,而非仅仅为反证责任。

在"故意制造保险事故"问题上,困难的不是证明责任之分配,而是证据评价问题,即故意制造保险事故的评判标准是什么。通常认为证据评价属于法官自由心证的范畴,不受法律约束,然而,在保险实务领域,认定"故意性"的裁判标准不统一是经常出现的问题,如以下两则案例:

案例3-1:2011年11月28日,邱某在某公司购买寿险一份。2012年11月8日凌晨,邱某在广东省广州市天河区天逸大厦从31楼坠楼死亡,公安机关出具的《死亡医学证明书》载明死亡的直接原因是"高坠"。邱某亲属申请理赔并起诉,保险公司拒赔并辩称:在公安机关调取的《询问笔录》显示,邱某情人董某称2011年12月就发现邱某患抑郁症并在医院治疗,曾因抑郁症晕倒,且长期服药;现场调查显示,天台的护栏约有1.5米高度,同时在护栏外也有1.5米的遮雨棚,在正常情况下是无法攀登和走进遮雨棚的,邱某坠楼是因为攀登护栏走到遮雨棚上进行跳楼;邱某坠楼期间与他人存在感情纠纷,造成其情绪不稳定,有自杀倾向,坠落当日曾去情人董某家,情绪极为低落,甚至趴行在地。但终审法院认为保险公司举证不充分,而公安机关出具的死亡证明显示的死亡原因"高坠"符合保险合同约定的保险事故范围,因此判决保险公司败诉。①

案例3-2:2011年12月15日,韩某所在公司为其投保某公司意外险产品。2012年6月25日凌晨4时,韩某被发现从6楼住处坠楼而亡,其家人申请理赔。保险公司调查显示韩某因抑郁问题分别于2012年4月和5月赴某医院就诊,诊断资料上显示其精神上处于焦虑抑郁状态,产后不想上班、自我评价低、害怕应酬等。咨询主治医生时医生表示,韩某是否达到抑郁症的程度,仅凭一次诊治,无法作出正确的判断,需要进一步就诊。保险公司遂以韩某自杀为由拒赔。韩某家属表示韩某处于抑郁

---

① 中国平安人寿保险股份有限公司广东分公司与邱某等保险合同纠纷上诉案,广东省广州市中级人民法院民事判决书(2014)穗中法金民终字第363号。

状态并不能证明其自杀身亡,其死亡前一天还与友人聚餐。终审法院认为上诉人称不能排除韩某系受他人惊吓等外来因素导致坠楼,但未能提供证据证明存在受他人惊吓等"外来的""非本意的"客观事件导致韩某坠楼身亡,上诉人应承担举证不能的不利法律后果,遂判决保险人胜诉。

在上述两则案例中,被保险人同样因高坠身亡,生前同样处于抑郁状态,除就诊资料和坠亡照片外,同样缺乏直接证据证明被保险人是自杀还是意外坠楼。案例3-1证据显示被保险人邱某的精神状态更差,自杀当日发生感情纠葛、爬上31楼楼顶坠亡、长期服药等,但法院最终认定保险公司未能成功证明被保险人系因自杀身亡;而在案例3-2中,法院却认定被保险人家属未能证明被保险人因外来原因身亡。几乎是相同的案件事实,却产生了截然不同的判决结果。

当然,这不是我国司法实务的特有现象,这是故意制造保险事故类纠纷的共性问题,境外也存在相同案件不同审级法院之间产生截然不同事实认定的情况,因为主观状态难以通过直接证据证明,大多需借助间接证据,而间接证据之认定多依靠法官经验法则等主观评判,容易产生不同的判断结果。同案不同判的现象损害了司法的权威与形象,本章将集中讨论"故意性"的证明方法,试图厘清故意制造保险事故类纠纷中的证明难题,为司法实务提供参考。下文首先将讨论故意制造保险事故可能存在的几种证明方法,再重点探讨间接证明方法与具体化义务之运用。

一、故意制造保险事故证明路径之选择

(一)间接证明

所谓间接证明系举证人无法以直接证据证明事实,转而利用间接证据证明间接事实,并依该间接事实或配合其他间接事实,进而推论主要事实者。德国联邦最高法院对直接证明和间接证明的定义是:"直接证明以事实主张为对象,其乃直接可得获得法律构成要件存否;间接证明涉及与要件无关事实及辅助事实,其乃借由与其他事实交互作用始得正当化其

对于构成要件特征存否之推论。此等辅助事实(通常系间接事实)乃可借以推论其他事实之事实。间接事实(情况证据)于自此一证据难以严肃考虑其他推论时,即具有确信力。"①

可见,区分间接证明与直接证明的关键是以直接证据还是间接证据证明要件事实,直接证据是可以直接对被适用法规之要件事实自行加以证明的,而间接证据是必须借由经验法则之运用,始能达到推论主要事实(要件事实)存否之目的。两者区分的意义是间接证明需形成完整的证据链才足以证明案件事实。也就是说,间接证明的要求更高。有关直接证据与间接证据的区分存在较大争议。② 对直接证据与间接证据概念内涵与外延的不同界定标准决定了直接证明与间接证明的范围大小。通常认为间接证明的范围更大,甚至有人认为诉讼中大部分举证活动系属于间接证明模式,尤其是因果关系、主观状态、可归责性等要件必须借助间接证明。

在辩论主义下,主要事实必须经当事人主张才可适用,而间接事实却属于法官职权审查范畴,为了避免辩论主义空间被不当侵蚀,通说认为"过失""正当事由"这种抽象化的事实非主要事实,而"醉酒驾驶"等证明"过失"的事实才是主要事实,"过失""故意"等作为法律条文构成要件的抽象化要件事实,不是事实,而是一种评价性概念。③ 据此,直接证明"醉酒驾驶"的证据应属于直接证据,而非间接证据,如证人证言;但间接证明"醉酒驾驶"的证据,如酒精测试值,仍属于间接证据。

由此,若证人亲眼所见被保险人自杀,则视为直接证明;若证人只见到被保险人坠楼的片段,则属于间接证明。虽然直接证据能够直接证明案件事实,但直接证据不容易获得,而且也受到证人可信度、观察力等主

---

① BGHZ53, 245, 260=NJW 970, 946. 转引自姜世明:《证据评价论》,新学林出版股份有限公司2014年版,第220页。
② 在德国,通说认为证人证言属于直接证据,但也有持广义间接证明者认为证人仅为间接证据;也有学者认为必须借助鉴定人等第三人认定的证据是间接证据。参见姜世明:《证据评价论》,新学林出版股份有限公司2014年版,第220页。而英美法系对直接证据与间接证据的争议更大,有学者甚至放弃了这一分类,转向言词证据与情况证据的分类。参见纪格非:《直接证据与间接证据划分标准的反思与重构》,载《法学论坛》2013年第1期。
③ 参见〔日〕高桥宏志:《民事诉讼法:制度与理论的深层分析》,林剑锋译,法律出版社2003年版,第340—345页。

客观因素的限制,并非可直接采信的证据。相比而言,在故意制造保险事故案件中,间接证据较多,可以说几乎所有故意制造保险事故案件中均涉及间接证明问题。

(二)表见证明

间接证明与表见证明均是法官运用经验法则,从已知事实推论出要件事实是否存在的证明方法。表见证明要求更高,表见证明必须是根据经验原则(具有高度盖然性的经验法则)从典型事象经过推论得出要件事实,而间接证明推论基础可以是一般经验法则,即盖然性较低的经验法则。但是表见证明是从一个事实直接推论要件事实存在与否,依赖一项经验法则;而间接证明则是从多个事实间接推论要件事实存在与否,依赖多项经验法则,也有学者认为表见证明是间接证明的一种。间接证明既可以用于本证也可以用于反证,但表见证明只能用于本证。此外,通说认为间接证明并非证明责任减轻的方式,因为间接证明并未降低证明标准,而表见证明却降低了证明度,属于证明责任减轻的方式之一。①

关于故意制造保险事故之证明是否可以适用表见证明,是一个极具争议的问题。德国实务界通常认为,意思决定之因素受个人条件及环境因素影响,亦可能有一时情绪反应问题,未必均能依理性分析,难以认为有典型事象经过之经验法则,因而其实务多采较保守之见解,但学界也有学者认为可适用表见证明。② 笔者认为故意制造保险事故不宜使用表见证明规则减轻保险人之证明负担,而应当采取主客观相结合的原则,采用间接证明方式达到法定证明标准。原因在于:一是故意或过失之主观心理状态难以仅通过一个事实推论,"典型事象经过"之条件不具备;二是降低保险人一方证明责任不符合保险法之立法宗旨,故意制造保险事故原本属于盖然性较低事件,减轻保险人证明责任之做法将侵害被保险人一方的正当权益。正如德国学者指出的,"表见证明的根据是生活经验法则,因此,如果应当对具体过程进行判断,表见证明就不能适用。人的个

---

① 参见姜世明:《证据评价论》,新学林出版股份有限公司2014年版,第226页。
② 参见姜世明:《证据评价论》,新学林出版股份有限公司2014年版,第377页。

体行为方式通常不能采用表见证明。判例将故意自杀、自残、纵火、其他引起保险事由的行为或者故意犯罪等列为非典型行为方式,对它们不能进行表见证明"①。

故此,笔者主张应使用间接证明而不是表见证明之方法完成"故意性"之证明。此外,由于保险人往往处于保险事故发生过程之外,不了解事件之具体情形,因此为减轻保险人的证明负担,可强化被保险人一方的具体化义务,要求其提供必要情况,协助保险人之证明。

二、间接证明之基本理论

对于间接证明而言,困难的不是证明责任分配,而是如何建构间接证明规则,以减少司法实践中个别法官同案不同判的现象。笔者尝试提出以下若干间接证明规则,作为故意制造保险事故证明规则之分析基础。

(一)间接证明的要求

1. 间接证据之采纳应符合证据调查规则

若一方当事人提出诸多间接证据,而非直接证据,必须设定要件判断什么间接证据或间接事实能够在诉讼中被考虑,否则诉讼可能被过分延迟,侵害另一方当事人的合法权益。原则上,若法院审查结果认为该间接事实无法对主要事实进行有效推论,或该事实与其他间接事实整体观察亦无法为如此之推论,则应拒绝该证据调查。② 但在实务操作中,需平衡双方当事人之间的利益,既不能仓促拒绝一方的证据调查申请,从而违反证据预断禁止原则;又不能放任一方当事人不履行具体化义务,而进行摸索证明。具体情况需根据当事人申请调查取证等规则进行判断。

2. 间接证明应形成完整证据链或证据环

证据链与证据环是对间接证据之证据价值或盖然性之计算方法。所

---

① 〔德〕罗森贝克、〔德〕施瓦布、〔德〕戈特瓦尔德:《德国民事诉讼法》,李大雪译,中国法制出版社 2007 年版,第 841 页。

② 参见姜世明:《证据评价论》,新学林出版股份有限公司 2014 年版,第 244 页。

谓证据链是指个别证据彼此间存在一层级关系,最后层级间接证据用以推断前层级间接证据(事实),前层级依次往前推,最终层级之间接证据乃用以推断主要(待证)事实。证据环是指对于数个个别间接证据处于同等级,该个别之间接证据得直接推断待证(主要)事实,若该等间接证据总数之整体证明力达到可推断待证事实所要求之证明度,可称为无漏洞。① 若间接证明之运用,欠缺证据环及证据链之概念,操作上容易发生在事实判断上脱离一般社会经验或法感之情形。

笔者认为证据链与证据环概念的意义在于使法官关注焦点从孤立证据转移至证据与证据之间的关系、证据整体之一贯性、证据整体之证明力上来。德国联邦最高法院指出:"间接证明之重点并非该间接事实(情况证据)本身,而系与之连结之思考程序,依据该思考程序而得据以推论法律上重要之事实。"② 凡能够形成完整证据链或证据环的,就应当据此推论出待证事实,而不必拘泥于个别证据证明力之认定;相反,各间接证据之间不足以形成一个完整证据链或证据环的,间接证明不得成立。

姜世明教授举一通奸案阐述证据链与证据环之运用。原告诉其夫某甲通奸、侵害配偶权,主张损害赔偿,并提出如下证据:①原告与被告之通话录音中被告表示其当晚将夜宿某丙(疑为通奸者)家;②被告与某丙三次搭乘同一班飞机外出过年和旅游,座位相邻;③被告在某丙家旁购置新居,两户打通,仅留一出入口,且在法院执行假扣押时,两人同在屋内,拒不开门,屋内有某甲之护照和男女衣物;④被告与某丙及其他亲属同游时拥吻某丙之录像与照片。法院逐一驳斥上述间接证据,于证据①,法院认为因某甲称通话中为故意激怒原告之气话,仅以此为由主张损害赔偿尚不足取;于证据②,法院认为纵座位比邻,尚难径认被告与某丙系通奸;于证据③法院认为因某甲辩称该房屋为其子名下财产,假扣押当日其与姐姐待在屋内,因怕争吵而拒不开门,因此两户打通、闭不开门不足以认定通奸事实;于证据④法院认为拥吻尽管在道德上应给予非难,但并无法证明通奸事实。姜世明教授认为一一驳斥间接证据的方式不足取,重点在

---

① 参见姜世明:《证据评价论》,新学林出版股份有限公司2014年版,第246页。
② BGHZ53, 245, 260=NJW 970, 946. 转引自姜世明:《证据评价论》,新学林出版股份有限公司2014年版,第220页。

于诸多情形综合判断是否能够推论出系争事实,该论断是否违反经验法则。① 事实上,在以证据环证明案件事实上,任何一个间接证据均不足以直接推论主要事实,但多个间接证据之结合,辅以经验法则之运用,却可以推论出案件主要事实。

以此检视案例3-1邱某坠楼案,法官并未在判决中说明推理过程,仅表明被告保险人之举证不充分。依笔者观点,法官应综合考量全案证据——被保险人之抑郁症病史、坠楼当日情绪状态、坠楼地点等,以判断保险人之举证是否形成完整证据环。

3. 间接证明应符合经验法则

所谓经验法则是指从人类日常生活经验所归纳而成的一切规则,包括一般生活经验之规则(艺术、科学、手工业、商业及交易之专业及专门知识之规则),亦包括交易习惯、商业习惯及交易见解等。②《民事诉讼证据规定》第85条规定:"人民法院应当以证据能够证明的案件事实为根据依法作出裁判。审判人员应当依照法定程序,全面、客观地审核证据,依据法律的规定,遵循法官职业道德,运用逻辑推理和日常生活经验,对证据有无证明力和证明力大小独立进行判断,并公开判断的理由和结果。"在间接证明中,必须借助经验法则作为推论基础,有时甚至不止一个经验法则。在事实认定中,经验法则为大前提,而某一具体事实为小前提,以小前提之事实适用于大前提之经验法则,才能导出结论,如待证事实存在或不存在。

学者对经验法则之分类繁多,较为经典的是普维庭和罗森贝克有关经验定理、经验原则、简单生活经验以及纯粹偏见的分类,所谓经验定理是指毫无例外存在的经验,以公式表明即"如……则始终……",经验定理无反证可能;所谓经验原则是指具有高度盖然性的经验,以"如……则大多数(通常)……"的形态出现,经验原则是表见证明的基础,可以以反证推翻;所谓简单生活经验是指盖然性较低的生活经验,以"如……则有时……"的状态出现,常用于间接证明中;纯粹偏见不得用于判决中。姜

---

① 参见姜世明:《证据评价论》,新学林出版股份有限公司2014年版,第258页。
② 参见姜世明:《证据评价论》,新学林出版股份有限公司2014年版,第92页。

世明教授认为经验法则在民事诉讼法上具有歧义性,基本上须借助类型化,区别其盖然性强度,而赋予不同适用可能之评估及效果才符合法之安定性,认为51%以上盖然性之经验法则始能作为程序法之经验法则,50%以下低盖然性之经验不得使用,表见证明之经验原则盖然性应介于80%~85%之间,51%以上优越盖然性和75%以上高度盖然性之使用应具体问题具体分析。通常在利用高盖然性经验定律(75%以上),可用公式为"A事实已获得确认,在此情形基于某经验定律存在可认为经常会有B事实存在,并参酌某等盖然性之间接事实(群),本院认为B事实应属存在"。在利用优越盖然性(51%以上),可用公式为"A事实已获得确认,在此情形基于某经验法则可认为大概会有B事实存在,并参酌其他具盖然性之间接事实(群),本院认为B事实应属存在"。[①]

笔者认为,以盖然性作为经验法则分类标准有助于提醒法官在运用经验法则时仔细权衡,避免出现类似彭宇案中"只有侵权人才可能对跌倒者实施救助"的偏见运用于法官判决中。在北大法宝中以"经验""常理""自杀"和"保险"作为关键词检索,仅找到五个案例,而且直接运用经验法则作为判决理由的更少,可见我国法官运用经验法则较为保守。在案例3-1邱某坠楼案中,法官是否可以适用"一个抑郁症患者于凌晨越过各种障碍爬上31楼楼顶坠楼而亡多半属于自杀"这一日常生活经验呢?因为在已排除他杀的情况下,凌晨从高楼坠亡的事实具有极高的盖然性是自杀。在案例3-2中,法官是否可适用"一个处于抑郁状态的人在家中毫无声息从6楼坠亡是自杀而非意外"这一日常生活经验呢?因为如若属意外坠楼,正常情况下应能够听到坠楼者呼救声,除非其在坠楼当时神志不清,无法呼救,但此时原告应提供反证,而案例3-2中原告却无法提供相关反证。无论如何,对经验法则的运用和阐释有助于法官厘清推理过程,并进一步指挥案件调查的深入进行。

4. 判决说理部分应写明间接证明推理过程

同样的案件事实、同样的证据,在不同审级的法院之间、不同地域的法官之间甚至不同法官之间可能得出不同甚至截然相反的结论,这是间

[①] 参见姜世明:《证据评价论》,新学林出版股份有限公司2014年版,第123页。

接证明需借助经验法则,而经验法则的认定主观性较强所决定的,但这一现象无疑损害了司法的权威与形象。因此学者主张应对间接证明进行类型化研究,减少裁判不统一现象的发生。为了保护当事人的程序利益,法官应在判决理由部分对间接证明所依据的经验法则和推理过程进行详细说明,以接受更高审级法院的复审监督。我国判决理由说理制度尚未建立,法官说理比较粗糙,这一点有待将来进一步完善。

(二)间接证明的模式

间接证明存在四种模式,单纯证据链模式、复杂证据链模式、证据环模式、综合模式,以下将分别述之。

1. 单纯证据链模式

单纯证据链模式(如图3-1所示),指利用单个或多个间接证据证明且借助一项经验法则直接推论出主要事实。如检察官尸检证明上写明被保险人因酒后吸入自身呕吐物窒息而亡,且双方当事人就此并无争议,法院认为"本件被保险人既系因呕吐时气管吸入自身之呕吐物致窒息而死亡,尚难认定因自身以外之意外事故致身体受伤而发生死亡之结果,自非属本件系争契约所约定之保险事故,被告依约自无给付身故保险金之责"①。本案即属于利用多个间接证据(死亡证明、保险契约等)和一项经验法则推论出"意外伤害"这一主要事实是否存在的结论,属于单纯证据模式。

图 3-1 简单证据链模式示意图

2. 复杂证据链模式

复杂证据链模式(如图3-2所示),指利用间接证据先证明一间接事实,通过经验法则再推论出与该间接事实较为相关的另一间接事实,由该

---

① 台北地方法院 2003 年度保险字第 31 号判决。

间接事实再通过经验法则推论出主要事实的存在。如在一起案件中,原告因被告有婚外性行为起诉离婚,并提出以下证据:①被告手机中出现不明女子赤裸照片;②被告手机短信显示与多名女子交往,并多次到汽车旅馆约会;③被告在与原告的对话录音中承认与多名女子交往。被告辩称图片系手机被他人盗取所拍,短信未直接显示有不正当性关系,对话系为保全婚姻而附和原告之话。法官认为被告辩称手机被盗不符合常理,因手机为个人随时持有、高度控制之随身物品,该私密照片之私密程度足以认定被拍摄人与拍摄人之间存在高度信赖关系,难认系他人盗拍;被告附和原告之辩解亦违反经验法则,若被告果无此事,应全力解释避免误会,岂有附和之理。此二证据结合可推论被告与他人具有不正当男女关系。① 本案法官以不雅手机照通过经验法则推论被告存在通奸事实,再通过被告之诉讼外"自认"推论补强被告与配偶外之人有通奸关系,系以多个经验法则、多个间接事实推论得出主要事实。

图 3-2　复杂证据链模式示意图

3. 证据环模式

证据环模式(如图 3-3 所示),是指间接证据或以单独或以联合方式证明间接事实,而间接事实必须同时集合方能证明直接事实存在。如在一起案件中,原告诉称于 2001 年 11 月 20 日左足被大型遮阳伞之支撑铁架砸伤(有证人证言佐证),当日立刻赴附近仁康医院急诊,次日赴台北市忠孝医院就诊,11 月 24 日至 12 月 7 日在该院进行植皮及骨折固定术之治疗,然 2002 年 5 月 14 日在出差期间左足突然疼痛难忍,被富强医院诊断为急性蜂窝性组织炎及异物存留,5 月 17 日在台北县佑民医院实施

---

① 参见台湾地区桃园地方法院 2010 年度婚字第 561 号判决。经被告上诉,台湾地区高等法院 2011 年度家上字第 248 号判决驳回其上诉。

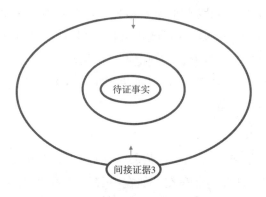

图 3-3 证据环模式示意图①

左足 1 至 3 趾切除术,因其投保某公司意外险,遂请求保险公司赔偿。保险公司辩称原告遭受意外事故当日诊断结果上未显示左足第 2 趾受伤,忠孝医院、富强医院诊断证明书亦未显示其左足第 2 趾受伤,且受伤当日在仁康医院的检查报告显示左足第 1、2 趾远端指尖关节钙化,第 2、3 趾于 1999 年 1 月就有受伤记录,因此左足第 1、3 趾之骨折是旧伤所致,还是 2001 年意外事故所致,不明确。一审法院以原告陈述不一认为重物意外砸伤之事实不存在,且左足系旧伤而非新伤,从而令原告败诉。二审法院认为:被保险人和证人之陈述及病历虽前后有不一致之处,但以此出入质疑意外事故之真实性并不足取;且将本案病历送台大医院鉴定后,医院回复:新伤与旧伤难以精确辨别,第 1、2 趾部分过往既有骨折、脱位、创伤性关节炎的可能性较大,但无法排除于上述病况下并有新伤发生之可能,无法判定新旧伤之比率。因此 2001 年因遮阳伞之支撑铁架砸伤可能系新伤或并发新伤,且保险人不能举证证明被保险人左足伤势系旧伤;佑民医院医生作证确有截肢必要;被保险人虽向多家公司投保,每年保费不少,但有能力缴纳,且大部分保单已缴费多年,并非一经投保短期内发生意外,无诈保之可能。据此,二审法院判令保险人败诉。② 该案中,被保险人陈述、证人陈述、意外事件发生当日的就诊记录相结合证明了:①"重

---

① 姜世明:《证据评价论》,新学林出版股份有限公司 2014 年版,第 125 页。
② 参见台湾地区士林地方法院 2004 年度保险字第 11 号判决、"最高法院"2011 年度台上字第 708 号判决。

物砸伤"的主要事实;②医院的鉴定报告表明存在新伤之可能,而保险人无法证明截肢系 1999 年旧伤所致;③医生出具截肢必要之声明,意外伤害与截肢有因果关系;④保费缴纳记录显示无诈保可能,上述四项间接事实结合起来形成一个证据环,足以推论得出被保险人之伤害属于意外事件,符合保险金给付条件。

4. 综合模式

综合模式,是指综合上述三种模式以及直接证明方式,以证据链与证据环综合推论主要事实之存在。如在一起案件中,原告因其父(被保险人)在考察期间发生车祸死亡而诉请保险公司给付保险金,原告提出的证据有:证人陈某陈述证明发现被保险人尸体、考察地官方出具的死亡证明书、交通意外之警察证明书、火化证明书,且骨灰已送德国鉴定。被告辩称原告到达时被保险人已火化,其岂能辨认;死亡证明书为无权制作之官员制作,当地负责官员称未接获任何死者死亡资料,死亡证明书相关信息被篡改;被保险人生前财务状况差,工厂被查封,且所投保均为保费低、保额高之意外险产品,投保动机有诈保之嫌;骨灰之鉴定由私人委托德国机构进行,公信力有待商榷。一审法院以原告所举之证据足以证明被保险人系意外死亡,且被保险人为营销员,投保是为招揽业务不是诈保为由判原告胜诉。二审法院凭以下间接证据认为有关被保险人意外死亡的证据不足,令保险人胜诉:考察地官员表示"交通意外之警察证明书"系应原告要求开具,并非当场确认死者身份开出;证人陈某称处理完死亡证明书认证事宜后,再去现场,发生交通事故之车辆已不见了,且未办理注销手续,汽车系贵重物品,证人未就汽车丢失作任何处理不符合常理;签发"死亡证明书"之人难以查证,死亡证明书记载之真实性存疑;证人陈某对当时未报案而是直接火化之解释不符合常理;鉴定所表示骨灰因火化超过摄氏 200 度而无法提取 DNA。① 本案无直接证据证明被保险人死亡经过,第一时间且唯一目睹被保险人死亡现场之人为证人陈某,而陈某在处

---

① 参见台湾地区台北地方法院 1999 年度保险字第 9 号判决、台湾地区高等法院 2000 年度保险上字第 54 号判决、台湾地区"最高法院"2005 年度台声字第 76 号裁定、台湾地区高等法院 2005 年度重再字第 1 号判决、台湾地区"最高法院"2006 年度台上字第 1616 号判决、台湾地区"最高法院"2006 年度台再字第 59 号裁定。

理被保险人死亡事件过程中存在诸多不合经验法则之做法，且被保险人之骨灰无法提取 DNA 鉴定、公文书制作存在疑点和瑕疵，法院根据诸多间接事实大胆推论被保险人之意外死亡的主要事实不存在。

三、我国故意制造保险事故案件证明现状之评析

我国保险诉讼实务中，法官利用间接证明原理作出判决的案例确实存在，如在一起保险人被烧死案例中，法官根据"被保险人所驾驶小汽车内携带四桶汽油且油盖未关，《火灾事故调查报告》认定'受害人用打火机点燃车内汽油引起火灾……不排除放火引起火灾的可能性'"等间接证据认定被保险人系自杀身亡。① 但总体而言直接利用间接证明定案的案例较少，法官对间接证明运用尚不娴熟，表现在以下四个方面：

（一）以错误的证明责任分配规则替代证明评价

当保险人对被保险人故意制造保险事故之证明较为充分时，法官往往在判决理由中将被保险人一方败诉归因于其未能完成对"意外伤害"之证明，从而避免对保险人之间接证明进行证据评价，如案例 3-2 韩某坠楼案中，法官以受益人未能证明被保险人系因"惊吓"等外来原因坠楼为由，判令原告败诉。案例 3-3 枪支走火案中，法官亦以原告未能完成对"意外性"的证明而判令其败诉。

> 案例 3-3：1997 年 4 月 18 日和 6 月 29 日，胡某和妻子刘某分别向几家保险公司投保年金保险共计 64 份，其中 50 份附意外险，被保险人和受益人均为胡某，期间胡某称其发生意外事故，依保单可获赔 84 万元。1997 年 9 月 10 日，胡某与妻子一起去某猎场打猎，打猎结束后，胡某称腹泻，蹲下大便一次，往山下走时，胡某又蹲下大便，此时突然一声枪响，导猎员与胡妻走过去一看，胡某蹲在地上，右手拿着卫生纸握住左手拇指，枪平放

---

① 参见中国保险行业协会组织编写：《保险诉讼典型案例年度报告》（第 5 辑），法律出版社 2013 年版，第 115 页。

在地上，众人将胡某送往医院，医生诊断胡某左拇指被枪击落。事发时，A市公安局对现场进行勘验，笔录记载：现场发现有血迹、卫生纸、半瓶云南白药、一串钥匙，没有发现粪便。胡某使用的猎枪当天交公安局封存。胡某称因枪支意外走火导致手指受伤申请理赔。保险公司申请枪支鉴定，鉴定结果显示枪支性能完好，正常情况下，不扣动扳机不会走火击发。胡某起诉称遭受意外伤害要求保险公司赔付，保险公司辩称鉴定结论显示枪支不可能走火，且胡某在事故前集中投保多份保险，其经济实力与实际不符，是否有能力缴费值得怀疑；且胡某在医院治疗期间并未发现有肠胃不适现象，其行为涉嫌诈保。法院认为胡某未举出证据证明其手指伤残是猎枪意外伤害，对其请求不予支持。①

实证研究发现，法官过去强调原告应承担对"非本意性"之证明责任，但近年来法官渐渐意识到此可能对被保险人一方不公，转而要求保险人对被保险人之"故意制造保险事故"承担证明责任，而原告对"非本意性"仅需承担"初步证明"责任。如案例3-4酒店坠楼案中主审法官写道，"在孙某等已经完成初步举证责任的情况下，保险公司应当对其拒赔的理由举证证明"，并以保险公司未能完成举证责任为由判令其败诉。

案例3-4：2008年4月28日，74岁的俞某与老伴孙某参加某旅行社组织的到北京旅游的旅游团，旅行社为其购买了个人旅游意外伤害保险。5月20日凌晨1点半左右，俞某夫妇随团坐火车到达北京，随即被安排在某酒店四楼住宿。凌晨5点多钟，俞某被发现已经从房间窗户坠落在酒店一楼死亡。5月25日，公安机关出具调查结论，认为俞某的死亡系高坠致颅脑损伤死亡，不属于刑事案件。2008年6月16日，保险公司出具拒赔通知书，以俞某出险原因不属于保险责任赔偿范围为由拒绝赔偿保险金。孙某等诉至北京市西城区人民法院，保险公司答辩

---

① 许崇苗：《保险法原理及疑难案例解析》，法律出版社2011年版，第296页。

称,俞某除非是自杀,否则不可能从窗口失足跌落,因为窗户横栏高度接近 90 厘米,位于俞某的腰部,俞某要越过或翻过横栏,如果不是特意为之,根本无法完成。孙某等人认为,俞某不可能自杀,一方面,俞某家庭和睦,身体健康,在旅游过程中也积极乐观,有说有笑,不存在自杀的主观因素。另一方面,酒店窗户横栏位于人的膝盖部位,存在安全隐患,人只要稍微失去重心就有跌出窗户的危险。俞某入住酒店时,已经是凌晨 1 点半左右,作为 74 岁的老人,身心已经相当疲惫。当时天气炎热,俞某可能会开窗透气;俞某还有抽烟的癖好,抽烟时很可能靠近窗户,这都增加了发生意外的概率。因此,有诸多可能使其不慎坠楼身亡。一审法院以保险公司未能举证证明俞某的身故系其自身故意或过失所致为由,判令被告败诉,二审维持原判。

司法实践中,法官在证明责任上的观点变化,与我国保险法立法宗旨从扶持行业发展到保障消费者利益的转变相契合。然而,笔者在第二章指出"非本意性"虽作为意外伤害之必要构成要件,但应倒置由被告承担证明责任,在非意外险保险中"故意性"本为权利障碍要件,应由被告负责证明。因此,要求原告承担对"非本意性"的证明责任,或者要求原告初步证明"非本意性"均是错误的。在涉及"故意制造保险事故"争议的案件中,法官只能以保险人完成或未完成证明责任为由作出判决,因此,以原告未完成初步或全部举证责任为由作出判决,实质上是回避了对保险人间接证明结果的评价。

以错误的证明责任分配规则替代证明评价的原因,一方面是法律对此类案件证明责任分配规则未作出明确规定,学说上也尚未形成统一见解,导致法官适用错误的证明责任分配规则;另一方面是因为法官对间接证明规则之运用尚不娴熟,为避免间接证据评价之难题,转而依靠证明责任判决。

(二)判决理由对间接证明认定过程阐述不充分

即使在那些肯认保险人完成证明责任的案例中,法官在判决理由中也鲜对间接证据之可采性和证明力进行评价,判决说理极其简陋,这与我国行政司法管理结构不无关系,也与我国理论界对间接证明之研究比较匮乏有关,一些法官对间接证据评价规则尚不熟悉,不擅长使用间接证据推论案件事实。此外,主观上一些法官也常常回避对间接证据证明力之判断,因为间接证据之判断离不开经验法则之运用,而经验法则之正确运用要求法官具有丰富的生活阅历、卓越的辨识能力,否则反而容易形成错案,在目前法官集体决策而非个人决策的行政管理体制下,在错案责任追究制日益严格的大背景下,一些法官自然不愿意冒险对间接证明作出心证评价。法官宁肯在内部汇报结案材料中对事实认定过程进行详细说明,亦不愿在公开之判决中公开心证,以避免受到社会"不利"评价。

相反,我国台湾地区法官在判决中对间接证明之推论过程论述非常详细,这与其完善的判决说理制度、法官个人决策保障制度不无关系。在上述交通事故案中,法官敢于根据目击证人在处理事故中的一些不合理行为、死亡证书等书证之瑕疵推断"意外死亡"之事实不存在;在上述通奸案中,法官敢于直接认定被告对手机内女子裸照之辩解不合常理,进而推断其与多名女子有不正当关系。这是在程序保障之下法官智慧的集中体现,维护了司法权威与司法形象。我国大陆司法实践中,一些法官要么在事实认定面前畏首畏尾,如案例3-1邱某坠楼案,法官未对诸间接证据进行任何评价,在诸多间接证据指向被保险人自杀盖然性十分高的情况下仍然拒绝运用经验法则作出事实推论;要么在事实认定中根据偏见断案,如彭宇案,法官运用了一项违反常理和基本伦理的经验法则。

判决说理是间接证明接受上级法官事实审监督、确保间接证明正确适用的重要保障。简陋的判决理由制度也制约了间接证明在司法实践中的正确适用。

(三)迷信公文书的证明力

在保险诉讼证明中,经常需要借助公权机关对事实的认定,如公安机关出具的《死亡证明书》《户籍注销证明》《交通事故证明》,医院出具的

《诊断证明》《死亡证明书》《伤残鉴定书》等。我国审判机关比较重视国家机关、事业单位相关文书的证明力，《最高人民法院关于民事诉讼证据的若干规定》（2008年调整）第77条第（一）项规定，"国家机关、社会团体依职权制作的公文书证的证明力一般大于其他书证"。① 实务中，当事实认定出现重大争议和分歧时，法官往往将公文书内容作为认定事实的最重要依据，如案例3-1邱某坠楼案中，当原、被告对于被保险人是否系自杀存在较大争议，而被告提出了诸多间接证据指向被保险人可能系自杀身亡时，法官以"公安机关出具的死亡证明显示的死亡原因'高坠'符合保险合同约定的保险事故范围"为由认定保险公司败诉。

众所周知，公安机关《死亡证明书》《户籍注销证明》的目的是人口行政管理，其对被保险人死亡的关注点在于是否为他杀，只要排除了他杀，至于被保险人是自杀还是意外并非其事实查证重点，其对"意外""疾病"之认定往往不符合保险法之认定。如在案例2-7中，《死亡证明书》写的是被保险人因"意外药物中毒死亡"，《户籍注销证明》写的是因"疾病死亡"，《询问笔录》则记载因"自杀"而死亡，同一机关出具的三份文书对同一事实的记载是相矛盾的，但从行政管理上看，其并未出现纰漏，因为无论是因疾病，还是因意外死亡，还是自杀而亡，都无须进行刑事案件立案，管理职责至此结束。但在案例2-7中，在保险公司提出农药瓶在农药被饮尽3天后仍残留极浓烈刺激性气味等疑点时，法院仍以《死亡证明书》之记载判令保险人败诉，而且判决书只字未提保险人提出的上述间接证据。

以公文书作为判决依据无疑是最为保险的判决方法，即使公文书有错，那么错误也将归于其他机关，而非法院本身。然而，公文书对案件事实认定之标准与诉讼中事实认定标准是不同的，公文书之记载仅能作为众多证据之一，法官必须结合全案证据以及全部证据调查和辩论结果作出最终事实认定。

此外，我国法院对鉴定结论之采信度非常高，鉴定结论几乎取代了法官对事实之认定，成为事实认定之不争依据。这些都会阻碍对间接证据

---

① 2019年版规定已删除此条。

之深入调查,阻碍间接证明之运用。如在案例3-3枪支走火案中,法官之所以认定被保险人有诈保嫌疑,主要原因在于枪支鉴定结果显示"枪支性能完好,正常情况下,不扣动扳机不会走火",然而双方当事人对鉴定依据、鉴定过程却未深入讨论,如果对该枪支的保险结构设计、性能、使用情况等进行深入思考,也许会得出不一样的结论。当然,这与我国继承大陆法系鉴定制度有关,鉴定人被作为"准法官",而不是像英美法系一样作为"证人"存在于诉讼程序中。

(四) 对间接证据之调查不充分

由于实务中存在一种回避间接证明规则之运用的倾向,不少案件中的间接证据并未得到深入调查。如上述案例2-7服农药身亡案中,作为重要间接证据的"农药瓶"并未在判决正文中出现,法官没有对"农药瓶"进行物证检验,从而错失了重要推论线索。再如案例3-4中,在双方当事人对俞某是因"意外"还是"故意"越过90厘米横栏坠楼存在争议的情况下,对于其他情况证据,如俞某之健康状况、财务状况、精神状况等法院未进行调查,判决仅呈现了原告一方口头陈述结果,笔者认为这是极不充分的。

由于间接证明需依靠间接证据推论主要事实是否存在,因此间接证据的关联性、合法性、可靠性、证明力在证据评价中极为重要。一些事实看上去与主要事实相距甚远,却可能成为间接证明推论中的重要一环,如被保险人生前生活、工作、财务、家庭、精神等各方面情况。由于证据偏在于被保险人一方,保险人可以申请法院进行证据调查,法院不得以摸索证明为由拒绝,而对方当事人应履行事案解明义务协助提供相关证据。

四、故意制造保险事故证明规则之构建

被保险人故意制造保险事故之成立应具备两个要件:一是主观上具有故意制造保险事故之意图;二是客观上具有故意制造保险事故之行为。保险人之抗辩亦应集中于对此二要件之证明。客观要件方面,在人身保险合同纠纷中往往表现为溺水、坠楼、服毒等自杀、自残行为,

在财产保险合同纠纷中往往表现为纵火、交通肇事、故意毁坏等行为。主观要件则表现为被保险人因财务困境、家庭矛盾、精神状态、财产纠纷、感情纠纷等原因心生自杀、自残之消极意念，或为谋取保险利益而故意制造保险事故。

（一）故意制造保险事故客观要件之证明

客观要件之证明难点在于如何以客观行为推断行为人的主观心理状态，如案例3-4中，需以俞某从酒店高层高度接近90厘米的窗户横栏前坠落的客观事实推断其行为当时的心理状态是故意还是非故意之意外。有的案件甚至连客观行为存在状态也不明确，如上述交通事故案中，在被保险人仅剩骨灰的情况下需认定其是否发生意外身故之事实。从客观行为推断主观状态，一方面，需要法院指挥当事人完成细致的证据调查；另一方面，法官应妥善运用经验法则完成间接事实之认定。

在证据调查方面，台湾地区的一则案例可以给我们启示。被保险人在访友回家途中，在一下坡弯道处与一卡车会车时，疑似倒车失误连人带车落入深谷，当场死亡。保险公司以被保险人十分熟悉路况、在不需要倒车之际却以较快速度倒车为由，认为被保险人系自杀，因此拒赔。该案几经再审，不同审级法院对"倒车坠崖"原因之认定均不同，认定被保险人故意制造保险事故之主要理由在于：①被保险人多次经过该路段，对该路段极为熟悉，若非蓄意谋划不至发生意外；②两车交会时，被保险人靠山壁而不是靠悬崖让车较为安全、合理；③被保险人倒车时缓慢倒行方属合理，却加速越过警示碎石堆以致跌入悬崖；④更为合理的会车方式是对方卡车先顺向开至悬崖缺口，被保险人会车，但其却选择直接快速倒车，显有自杀意图。认定被保险人系失足坠崖的原因在于：①纵使被保险人熟悉路况，亦不排除意外发生之可能；②被保险人此前已作了一次倒车交会让车行为，再次倒行让车也属合理；③被保险人后视镜很高，可能看不到地上的缺口，且越过碎石堆需加速方可越过，因此加速倒车不代表自杀；④会车往避车道方向行驶在当地实属正常，如果被保险人欲自杀何不直接驶下山崖，或在第一次会车时倒车自杀？本案主要事实是被保险人是否故意制造了保险事故，间接事实之核心争议在于三点：一是会车方式是否适当,二是倒车行为是否符合一般理性人的行为,三是合理让车方式是靠悬崖还是靠山壁。姜世明教授批评台湾地区"最高法院"于此似应指责该证据调查不周仍采为心证形成基础之违误。①该案中的会车、让车行为是否符合当地习惯、是否符合当时情形存在诸多疑点,有待进一步查证。相比直接证明,间接证明更像个细致活,需要多个间接证据相互印证、补强得出结论,任何一个证据、事实的不清楚都会影响结论之形成。由此反观我国大陆故意制造保险事故案例,基础间接事实之查证尤其应强化,如在案例2-7中,农药瓶内所装农药之品种、属性、气味等特性应属于重要间接事实有待查实;在案例3-4中,俞某之身高体形是否足以从窗户失足坠落、失足坠落时是否发出求救声等情节均有利于帮助法官进行事实推论。

  对于经验法则之运用,以下案例值得我们借鉴。某日中午被保险人驾车外出时,因车从港湾岸边坠入海中溺水而亡,申请理赔。保险公司拒赔,原因在于:①事发当日,日照良好,视线清楚,沿途设有警示标志,事故车是90度左拐直接坠入海中,现场无刹车痕迹,车入海后,被保险人安全带也没有松开;②被保险人身患多种慢性疾病,如糖尿病、乙型肝炎等,被疾病折磨有自杀倾向;③被保险人债台高筑,有骗保动机。一审法院支持保险公司的抗辩,二审法院却认为自杀认定理由不足,因为:600万日元负债难以构成债台高筑;从被保险人出院后能正常工作生活来看,因疾病厌世的看法较为牵强;仅以无刹车痕迹和安全带未解开为由认定自杀证据不足。该案中,法院根据经验法则逐一评价了间接证据的证明力,认为间接证明不成立。间接证明之成立重在证据链和证据环之无瑕疵形成,若不具备从间接事实推论主要事实的经验法则,则证据链与证据环无法形成。

  但在另一些案件中,法院运用经验法则认定了故意制造保险事故的事实。在一起被保险人坠海案中,法院认为"关渡大桥为现代科技建造完成之钢架大桥,两旁栏杆高及人之胸部,如非故意爬上栏杆跳入河内自

---

① 参见姜世明:《证据评价论》,新学林出版股份有限公司2014年版,第70—82页。

杀,岂会失足落水?……被告所辩被保险人故意自杀……应属可采"①。在一起被保险人服毒案中,法院认为:"参酌要保人患直肠癌末期,夜间无法成眠,曾由证人张某开立安眠药助眠,其痛苦自堪想见,另原告平日对盐酸、青草汁放置一在厕所,一在冰箱,盐酸为腐蚀性强酸,其具刺激性各情,依之经验法则要保人当系不堪病痛缠身,趁原告不在之际,吞饮约半瓶盐酸自杀死亡。"足堪认定。"②在一起驾车坠海案中,法院认为"本件被保险人在驾车进入港区之铁门后,明知该区域内为与达港范围且可看见与达港内之海平面,以正常人而言,进入港区范围内,应小心减速缓慢前进,然依证人所言……被保险人瞬间加速行驶,直往坠海处前进,在通过该高突路障后,整辆车辆腾空跃起前行至少二十公尺后,始行坠入海平面……再辅以现场并无其他刹车痕迹存在……被保险人在驾车坠海时,意识并无不清楚之情事,且对该车辆之操控技术并无障碍,是其行为,应为己身意识控制下之故意行为"③。借鉴此经验,在案例3-1中,笔者认为法官可以运用这一经验法则,即"一个长期患抑郁症、且事发当日症状明显者凌晨爬上31层楼顶并坠楼,且无相反证据证明他杀的情况下,应属自杀身亡"。

(二)故意制造保险事故主观要件之证明

我国故意制造保险事故相关案例中往往忽视对被保险人主观状态之证明,如案例3-4中对被保险人是否具有自杀意图未展开充分调查和辩论,而主观状态是辅助法官认定事实的重要依据。境外案例中主客观要件均是证明重点。在上述会车案中,保险公司查明被保险人:①留有遗嘱、债权债务资料、轻生念头文件于友人处;②住院期间曾透露自杀意图;③有重复投保事实。但法院认为:①立遗嘱已是现代社会之常事,且被保险人具有出远门前留财务资料于友人处之习惯;②轻生念头乃一时之情绪性言语,不足以认定自杀意图;③人身保险不适用超额保险概念,无法

---

① 台湾地区台南地方法院1986年度保险字第32号判决。
② 台湾地区台南地方法院1991年度保险字第29号判决。
③ 台湾地区台南地方法院2003年度保险字第15号判决。

推测其动机。①

主观要件之证明难点在于证据收集之困难,通常情况下被保险人之个人情况掌握在原告一方,但原告一方缺乏主动配合提供证据之激励,其提供证据之完整性、真实性有待检验。境外当事人证据收集手段较为充分,事案解明义务、协助义务、文书提出义务、证据保全、真实义务等一系列民事诉讼制度亦保障了证据之充分收集,我国此类案件多缺乏对主观状态之证明与保险人搜集证据手段之欠缺不无关系。因此,笔者建议保险公司加强可以证明被保险人主观状态的证据的收集,同时建议完善我国当事人证据收集相关制度。

(三)主客观状态相结合之证明

故意制造保险事故之证明十分困难,主客观方面任何要件之缺失将导致事实认定困难,保险人不得不面临败诉后果。一方面,客观要件必不可少,仅有主观要件不免仅仅是主观之推测、臆断,绝不能成为定案根据。如在一起案件中,保险公司举证证明:被保险人生前向家属书写有自杀念头的信件、生前欠十余万元债务、生前向多家保险公司购买意外险保,但保险公司对其主张的被保险人系服毒自杀这一重要事实却未能提供证据,法院认定保险公司未完成证明责任。② 另一方面,仅有客观要件而缺乏主观要件亦无法定案,如上述坠海案中,笔者认为在路况良好的情况下,被保险人车辆90度坠海,无刹车痕迹、无解开安全带措施,除非车辆故障或被保险人意识出现障碍,否则难以解释该"意外"之发生,应该说客观要件已经具备一定的盖然性,然而保险公司所举之被保险人负债、生病之主观要件却离自杀意图相距甚远,以致无法形成自杀推论。此外,二要件结合后还需综合加以评判方能认定主要事实是否存在。

德国有学者认为,间接证据之证明力系确实性值与间接证据值之产物,即间接事实确认之不确实性与间接证据推论之不确实性,相乘结果会导致因该间接证据可推得新事实之非常高度之整体不确实性。由于实务

---

① 参见姜世明:《证据评价论》,新学林出版股份有限公司2014年版,第75页。
② 参见长安责任保险股份有限公司常德中心支公司与牟某等意外伤害保险合同纠纷上诉案,湖南省常德市中级人民法院民事判决书(2014)常民二终字第68号。

中很多事实缺乏科学之统计数据,因此多依赖法官于个案中对证据价值依个案情形分别评判,综合观察取得一约略盖然性评估值,其重点在于对经验法则或经验之高低度之评估及其于本案适用性之评估,变数颇多,非可一概而论。① 笔者认为以盖然性作为法官评估间接证据之潜在标准有积极意义,客观要件事实之盖然性需达到较高之标准,再辅之以主观要件事实之盖然性,综合认定被保险人是否故意制造保险事故。

当然,即便如此,仍然可能出现主要事实之盖然性不足以达到高度盖然性之标准的可能,笔者认为在此情况下应遵循保险立法之保护被保险人之基本原则,贯彻"疑案从无"原则,宁肯放纵道德风险制造者,也不冤枉被保险人而致其利益蒙受不当损失,因为保险人的损失可以通过价格机制转由消费者承担。

---

① 参见姜世明:《证据评价论》,新学林出版股份有限公司2014年版,第251页。

第四章　保险事故中因果关系的证明

我国承袭大陆法系传统,以相当因果关系理论判断责任成立因果关系。它分两个阶段认定因果关系,首先依条件说确认加害行为与损害后果之间有无条件关系,即加害行为是否属于权益受侵害的原因;其次判断相当性,即该加害原因是否属于权益受侵害的充分原因,如果是,则因果关系成立。所谓条件说是指当不存在某加害行为时,权益就不会受到侵害,则该加害行为是权益被侵害的条件。相当性理论用以限制条件说,因为完全按条件说,则会使那些完全不真实的因果关系以及过于遥远的原因都被涵盖进来,因果关系链条就会被无限制延伸。依据相当性理论,只有具有相当性的条件才是损害发生的原因,该条件应同时符合两个特征:一是条件的存在对诉争损害的发生概率产生了影响;二是该条件并非在某些极端特殊的情形下才成为引发损害的条件。相当因果关系排除了那些客观上异乎寻常的原因所造成的损害。①

依相当因果关系理论判断保险法因果关系无法解决多因一果情况下因果关系的确定问题。而保险法因果关系与民法因果关系相比较,"契约性"是其特殊属性。所谓"契约性",是指保险人是否承担保险赔付责任主要取决于合同的约定以及当事人因合同约定产生的合理期待,而非法律规定。② 因此,即使一些原因不是侵权因果关系的法定事由,也可以成为保险法因果关系的原因,因为保险人可以将其纳入承保风险,如意外事件与不可抗力;即使一些损害属于法定赔偿范围,却可以因合同约定将之排除于保险法因果关系之外。尤其是当造成损害的原因既有承

---

① 参见程啸:《侵权责任法教程》(第2版),中国人民大学出版社2014年版,第210页。
② 参见周学峰:《论保险法上的因果关系——从近因规则到新兴规则》,载《法商研究》2011年第1期。

保风险又有除外风险时,即使除外风险在事实上也是损害发生的原因,但因契约明确约定保险人不承担赔付责任,也不视为具有法律上的因果关系。

笔者认为保险法因果关系之认定存在两个层次:第一层次是确定保险事故是造成损害的原因,或者非承保风险或除外风险是造成损害的原因;第二层次是当承保风险、非承保风险或除外风险共同造成损害时,确定何者具有因果关系。保险法因果关系之证明相应地也分为两个阶段:第一阶段是由原告证明保险事故是损害发生的原因,或者由被告证明非承保风险、除外风险是损害发生的原因,这一阶段的难点在于以何机制克服因果关系证明困难问题;第二阶段是在多因一果的情况下确定保险事故之原因,这一阶段的难点在于确定诉讼证明之界限,以法律问题与事实问题之区分划定当事人举证责任与法官裁判责任之界限。要完成上述两个阶段的证明任务,首先应区分保险法因果关系中当事人与法官责任的界限,明确哪些问题属于当事人证明责任覆盖范围,哪些属于法官裁判责任覆盖范围。下文分两部分,首先探讨保险法因果关系证明之界限,然后探讨保险法因果关系证明困难之克服,尤其是证明责任减轻的路径。

一、保险法因果关系证明之界限

保险法因果关系解决的是保险事故与损害结果是否具有因果关系,旨在判断被保险人所遭受的损失是否由保险人所承保的风险所导致,进而决定保险人是否负有赔偿责任。① 司法实务中,不少法院以保险人或投保人、被保险人一方未证明保险事故发生的主要原因为由,判令其败诉,如下述案例。

案例4-1:被保险人喝了5~6两46度的白酒之后误吸入自己的呕吐物窒息而亡,保险公司以被保险人死于醉酒这一除外责任为由拒赔,受益人起诉后,法院认为保险公司未能证明被

---

① 参见周学峰:《论保险法上的因果关系——从近因规则到新兴规则》,载《法商研究》2011年第1期。

保险人陈某的死亡系醉酒直接导致的,遂判令保险人败诉。①

案例4-2:2013年7月3日,周某驾驶的小车与前车发生追尾,周某当场死亡,两车受损,周某被认定负事故主要责任。周某车辆已投保交强险和机动车险等保险,其家属提起理赔,但保险公司以周某超载为由拒赔,周某家属提起诉讼。一审法院认为"本案交通事故中造成事故的原因有五项,周某驾驶的机动车载物超过核定载量的行为仅是其中之一,且该行为并未被交警部门认定为造成事故的主要原因,被告X保险公司也未提供相应的证据予以证明该行为系造成事故的主要原因或全部原因",并以此为由判令保险公司败诉。保险人上诉,二审法院认为"根据保险法律原则中的近因原则,只有在导致保险事故最直接、最有效的原因属于保险责任免于赔偿范围内时,才不予以赔付,本案车辆超载并不是事故发生的最直接原因,因此X保险公司应予承担保险责任,原审判决并无不当"。②

案例4-3:2004年4月27日,富虹公司就其从巴西进口的一批大豆向深圳平保公司发出货物运输险投保单,投保单载明投保险别为一切险。8月1日,富虹公司在与其他检验人员对"韩进大马"轮所载大豆抽样时发现大豆有霉变、受损现象。10月28日,富虹公司向深圳平保公司书面提出索赔申请,深圳平保公司拒赔,投保人遂提起诉讼。一审法院认为广东检验公司检验报告显示船舱通风不良(承保风险)为货损的原因,虽深圳检验公司检验报告显示迟延交货(除外风险)与通风不良共同造成了货损,但该检验报告并未区分迟延交货造成的货损比例,保险人无法证明除外风险造成货损的比例,应承担举证不能的后果。二审中被告提交了深圳检验公司关于通风不良与迟延交

---

① 中国平安人寿保险股份有限公司上海分公司与王某等人身保险合同纠纷上诉案,上海市第二中级人民法院民事判决书(2014)沪二中民六(商)终字第309号。
② 乔某等与中国太平洋财产保险股份有限公司福州中心支公司保险合同纠纷案,浙江省温州市中级人民法院民事判决书(2014)浙温民终字第1280号。

货各占货损原因30%和70%的鉴定意见,但二审法院未予采纳。二审法院指出保险人主张货损原因是迟延交货,但本提单并没有约定交货时间,因此不存在迟延交货的事实。①

案例4-4:2013年10月7日,李某驾驶被保险车辆时,遇暴雨致使车辆熄火,车辆出险后,被拖至湖州之星汽车有限公司进行维修,修理后车辆正常运转。12月3日,李某驾驶该车正常行驶过程中,发动机突然熄火,无法启动,并为此花费修理费50万元。李某向保险公司报案,遭遇拒赔,遂提起诉讼。原审法院委托浙江省方正校准有限公司司法鉴定,认定发动机的损坏与2013年10月7日的进水存在直接因果关系。原审法院认为,维修不当不能作为保险公司免除自身责任的理由,若其认为维修不当,应在依据保险合同承担保险责任后再行向维修单位追偿。保险公司提起上诉,二审法院认为上诉人未能提供鉴定程序违法、鉴定人员不具备鉴定资质等严重影响鉴定结论的证据,也未能提供其他足以推翻鉴定结论的证据,作出维持原判的裁定。

在民法理论中,目前较为公认的是,因果关系更多是一个法律问题。然而,落实到保险法因果关系证明这一具体问题中,则需明确究竟哪些属于当事人证明责任范畴,哪些属于法官法律认定的范畴。笔者认为司法实践中存在法官不当地卸下裁判责任、将本应属于法律认定的内容交由当事人证明的错误倾向,下文将探讨保险法因果关系证明的界限,划分当事人与法官职责的界限与范围。

(一)客观证明责任的适用范围

法官适用法律有三个任务,一是确认应适用的法律规范,二是从案件事实中寻找符合法规范的要件事实,三是确认案件事实的真实性。法律适用是三段论式的演绎推理过程,其中抽象的法律规范是大前提,具体的案件事实是小前提。小前提又可分为法律问题和事实问题,其中法律问

---

① 广东富虹油品有限公司诉中国平安财产保险股份有限公司深圳分公司海运货物霉变损失保险赔付案,广东省高级人民法院民事判决书(2005)粤高法民四终字第304号。

题是指"具体的法律评价",即判断某一生活事实是否符合法律概念,而事实问题即核实事实真伪的过程。证明责任仅存在于法官演绎推理的小前提中,且仅存在于"对拟判决案件的事实的真实性审核"中。如果作为基础的事实没有争议,法官不得将其对法律规范或法律概念的适用的怀疑,作为对事实问题的怀疑对待,从而让对事实承担证明责任的当事人对法律概念之确认或法律规范之适用承担证明责任,因为法官被推定"知法"。① 消除事实问题方面的疑问是证明责任规范的使命,而消除法律问题适用疑问是法官的使命。

实际情况是,法官有时试图将法律问题按照事实问题处理,用证明责任裁决回避对纯法律问题的裁决。罗森贝克在《证明责任论》一书中举了一个例子,原告根据 1904 年 5 月 8 日之自书遗嘱主张享有继承权,而被告根据 1903 年 6 月 9 日公证遗嘱主张享有继承权,一审法院以原告未证明此前公证遗嘱内容被撤销为由判令其败诉,帝国法院正确地指出,必须对自己是唯一继承人加以证明的原告,在向法庭提交被继承人遗嘱时就已履行了义务,消除对被继承人的意思的怀疑是控诉法院的任务,法院必须在两个遗嘱之间作出认定。② 然而,在具体法律关系和个案中区分法律问题与事实问题却不是件容易的事情。

(二)事实因果关系与法律因果关系之区分

1. 二分法之必要性

大陆法系因果关系理论将因果关系分为条件性和相当性,对应英美法系的事实因果关系和法律因果关系。通说认为因果关系之判断分两个阶段,第一阶段应确定是否存在事实因果关系,即条件因果关系,第二阶段应确定是否存在法律因果关系,即是否具有相当性。③ 尽管学界对此

---

① 参见〔德〕莱奥·罗森贝克:《证明责任论——以德国民法典和民事诉讼法典为基础撰写》(第4版),庄敬华译,中国法制出版社 2002 年版,第 10 页。
② 参见〔德〕莱奥·罗森贝克:《证明责任论——以德国民法典和民事诉讼法典为基础撰写》(第4版),庄敬华译,中国法制出版社 2002 年版,第 11 页。
③ 也有学者持反对见解,如马龙(Malone)认为"事实因果关系与法律因果关系之区别并不明显,应混合为一"。Malone, supra note 116, at 97. 转引自陈聪富:《因果关系与损害赔偿》,北京大学出版社 2006 年版,第 310 页。

二分法之必要性存在争议,如美国学者理查德·艾普斯坦(Richard Epstein)认为事实因果关系与法律因果关系并未提供因果关系的适当判断标准,对实际案例之解决未提供真正指导原则,并创立了"因果范例说"。然而目前通说仍然坚持因果关系二分论,因为放弃因果关系二分论并提供统一解决方案的做法,经常导致因果关系与责任负担混淆不清,多数学者致力于提出事实因果关系与法律因果关系的清晰判断标准。①

2. 事实因果关系及其判断标准

事实上的因果关系(cause in fact),即条件因果关系,是解决被告行为是否在实际上是损害发生的自然科学原因,即使损害之发生存在其他原因,只要被告行为是损害发生的原因之一,就应认定其存在因果关系。事实因果关系的判断标准通说采取"必要条件理论",英美法称为"but-for rule",即所谓"若无,则不"检验法,若无被告之行为(作为或不作为),则损害将不会发生,则该行为是损害之原因;反之,若无被告之行为,损害仍会发生,则行为不是损害之原因。

事实上的因果关系属于因果律之问题,属于客观事实之判断,与法律政策无关,不应加入法官个人之主观价值判断。事实上因果关系之判断主要依赖必要条件说,该说能有效排除因果关系判断上不相干因素,因而为各国和地区法院广泛采纳。② 然而该说在多因一果的情况下可能导致不公平结果,因此各国或地区均以各种理论加以补充解释。大陆法系以共同危险行为③、假设因果关系、累积因果关系、超越因果关系、因果关系中断等理论补充解释。英美法系以"实质要素规则"(substantial-factor rule)加以补充,即原告需证明被告的行为与损害结果之间有实质上的因果关系,即使若无被告行为,损害结果仍然发生,但若被告行为是损害结果的实质原因,则被告仍需负责。实质要素规则最初适用于累积因果关系之判断,后扩展至其他情况。然而究竟何为实质因果关系则欠缺判断标准,因此该说遭到凭直觉判断之批评,有学者认为该说对改进必要条件

---

① 参见陈聪富:《因果关系与损害赔偿》,北京大学出版社2006年版,第310页。
② 参见陈聪富:《因果关系与损害赔偿》,北京大学出版社2006年版,第49页。
③ 所谓共同危险行为即民法有关共同危险行为连带责任之规定。

说之贡献甚为有限。① 另有学者主张以"充分条件之必要因素说"作为判断事实因果关系之标准,该说认为某项条件构成任何一组充分条件之充分性所必要之条件时,仍然构成结果之原因。② 但所谓充分条件之必要因素之判断亦无统一标准。

笔者认为英美实质要素说与大陆法系补充说效果相同,均弥补了必要条件说之不足,以补充说针对各种具体情形提出了解决方案,实操性更强,事实上我国通说也采必要条件说加补充说作为判断事实因果关系之标准。③ 所谓假设因果关系是指假若无被告之不法行为,损害结果仍然发生。传统上认为假设因果关系中,原告无须负赔偿责任,但后期见解认为假设因果关系非因果关系问题,而是损害估算问题,另有学说认为假设因果关系之处理应依被告违反之法规目的判断。如原告诉称被告工会未遵守罢工前50天缓冲期,被告辩称即使经过50天仍然会罢工,但法院认为50天缓冲期之目的在于使双方获得和解机会,遂判令被告败诉。④

累积因果关系是指两个同时存在的原因导致损害发生,其中任何一个原因均足以导致相同结果发生。按必要条件说,若无其中一个原因,损害结果仍会发生,则不存在因果关系,但补充说认为二者均构成事实上因果关系。如甲修理厂未修复乙之刹车,而乙亦未踩刹车,致丙死亡,即使乙踩刹车丙亦会因刹车故障而死亡,但法院认为甲、乙均应负全部责任。又如甲对丙屋放火,适逢丙屋遭天灾之火,晚近法院认为合法行为或自然事件不免除加害人之责任,甲同样应承担全部责任。但另有案件中,盗贼丙同时被甲和警察乙击中而亡,法院认为甲射杀丙之时,丙之预期寿命已为零,在损害赔偿时应考虑。⑤

超越因果关系是与假设因果关系同为"若无被告行为,损害结果仍会发生",但前者被告之行为确已实际导致损害,而后者被告实际上未为行为,属于假设存在的原因。超越因果关系分内在原因引起和外在原因引

---

① 参见陈聪富:《因果关系与损害赔偿》,北京大学出版社2006年版,第69页。
② Wright, Pruning the Bramble Bush, supra note 38, at 1021. 转引自陈聪富:《因果关系与损害赔偿》,北京大学出版社2006年版,第69页。
③ 参见程啸:《侵权责任法教程》(第2版),中国人民大学出版社2014年版,第188页。
④ 参见陈聪富:《因果关系与损害赔偿》,北京大学出版社2006年版,第164页。
⑤ 参见陈聪富:《因果关系与损害赔偿》,北京大学出版社2006年版,第61页。

起。若由被害人自身身体条件引起,传统见解认为原告不能免责,即所谓"蛋壳理论"。但后期各国和地区法院亦有不同程度限制,有的国家或地区将被害人身体原因作为被告责任减轻的依据,有的国家或地区依可能性理论免除被告赔偿责任,尤其是对于有精神疾病问题的原告,若被告行为加速了原告疾病之发作,则有因果关系,若侵害行为仅使精神病症缺陷具体化,该病迟早会发生,则被告行为仅为损害之单纯条件而非原因。若为外在原因引发,则法院可视具体情况作出判决,如果能够区分出两种原因所造成损害之程度,则可令被告就其造成的部分损害负赔偿责任。如甲将丙撞伤致其丧失工作能力,一年后乙因过失致丙残疾,丙若非因甲亦将因乙而丧失工作能力,法院令甲赔偿一年损害,乙就一年之外损害负赔偿责任。若损害无法区分,视何者为主要原因。如甲过失使丙车有喷漆之必要,在车辆修复完成前,乙再度损害该车,若无甲之行为,乙之行为亦可使丙车受损,法院认为甲负全责,乙不负责任,因无论如何甲应修复丙车。再如原告船只因被告筑桥无法通行而受损失,但在桥段之后又有雪崩,即使被告无筑桥,原告亦将因雪崩迟延,法院判决被告不负赔偿责任。① 根据《民法典》第 1172 条②,超越因果关系中,各加害人并无故意,任何一个加害行为都不足以造成全部损害,加害人应依责任大小,各自承担责任,也就是说承担按份责任。

因果关系中断是指被告侵权行为之后发生介入原因,阻断原因果关系,依后发介入行为之历程发生与原结果相同之损害。如甲欲毒杀乙,后丙射杀乙,通说认为甲无须负责,乙因独立行为介入导致结果发生,丙应负赔偿责任。但中断原因应独立于被告行为,非被告行为之可预见结果或所创造的危险,如甲过失致乙屋被烧,丙为保全自己房屋而炸掉乙屋,丙之毁灭行为属于甲行为之可预见结果,因此丙无须负责。③

3. 法律因果关系及其判断标准

法律上的因果关系是指对结果发生起着主导作用的因素,没有此因

---

① 参见陈聪富:《因果关系与损害赔偿》,北京大学出版社 2006 年版,第 60 页。
② 《民法典》第 1172 条规定:"二人以上分别实施侵权行为造成同一损害,能够确定责任大小的,各自承担相应的责任;难以确定责任大小的,平均承担责任。"
③ 参见陈聪富:《因果关系与损害赔偿》,北京大学出版社 2006 年版,第 63 页。

素不至于发生损害结果。法律上的因果关系经过法律规范的评价，只有产生特定法律效果的原因才构成法律上的因果关系。① 法律上的因果关系属于法律政策问题，主要在于如何限制被告责任始属公平、符合权宜或与法规范之目的相符，解决责任限制问题，排除极为异常的原因。② 法律上因果关系纯属法律问题，无一定之规，"如何决定最近原因或遥远之损害，并无确定之原则可供参照，而是基于案件事实，综合逻辑、一般共同观念、正义、政策与判决先例等考量为判断"③。

法律上因果关系的判断公式通常为"无此行为，虽必不生此损害，有此行为，通常足生此种损害"，若有此行为，通常不致发生该结果，则不构成法律上因果关系，不具有相当性。法律上因果关系之判断，英美法系以可预见说与直接因果关系说为标准，德国目前流行法规目的说。

根据英美法系可预见说，被告行为与非因自己危险引起的、无法预见的、过于异常的损害结果无法律上的因果关系。瑞安诉纽约中央铁路公司案（Ryan v. New York Central R. Co.）确立了"第一家房屋赔偿说"，即在失火案中，为了政策之考量，法官通常仅令被告对邻近房屋进行损害赔偿，但该规则也被可预见规则限制。在金斯曼运输公司案（Petition of Kinsman Transit Co.）中，法院判令被告对原告船只及其货物损失负全责，因该损害系被告提高注意即能避免的。在马歇尔诉纽金特案（Marshall v. Nugent）中，被告员工驾车转弯时迫使原告搭乘之车驶离公路，原告在路边指挥拖车时被另一辆车撞伤，法院认为原告损害为被告不法行为导致危险所生之结果，设若原告汽车已拖回马路、重新上道，原告被撞则非被告责任，因为任何人在马路上均有可能被撞。在另外一起案件中，原告因火车过站而夜宿客栈，当晚煤油灯爆炸导致原告重度烧伤，法院认为火车过站与原告受伤无因果关系，因客栈着火非可预见因素。但在另一起汽车夜间过失过站，导致原告在步行回家过程中连受三次强暴案件中，法院认为汽车过站与原告之损害具有因果关系，因原告所受之伤害属于可预

---

① 参见梁鹏：《保险法近因论》，载《环球法律评论》2006年第5期。
② 参见陈聪富：《因果关系与损害赔偿》，北京大学出版社2006年版，第359页。
③ Street, Foundations of Legal Liability, vol.1, 110(1906). See Epstein, Torts, supra note 52, at 491. 转引自陈聪富：《因果关系与损害赔偿》，北京大学出版社2006年版，第69页。

见之事件。在普里德姆(Pridham)案中,原告因被告员工之过失受伤,在送往医院途中,因救护车司机突发心脏病遭受交通事故而死亡,法院认为基于政策理由,被告对加重后果仍应负责。在普里米斯(Polemis)案中,被告在卸货过程中不慎掉落,意外引发火苗烧毁船只,法院认为损害虽异常、非可预见,但仍属于直接结果,因此被告应负责任。① 即便如此,仍有学者认为"试图在日常事务中,划出可预见与不可预见之界线,其困难与判断太空何地终止,外层空间何时起算,同样困难"②。

德国法规目的说认为法规决定法律义务,则因违反义务而致损害时,赔偿责任应依法规目的的判断。如在拉里莫尔(Larrimore)案中,被告将老鼠药放于火炉下方,原告作为工作人员在点燃火炉时,误触及药品盒子致发生爆炸而受伤,法院认为有关鼠药之法令目的在于防止人之误食而非烧伤,且放置地点较为安全,被告未违反法令,因此无须负赔偿责任。③

4. 客观证明责任在因果关系证明上的界限

根据罗森贝克理论,客观证明责任只适用于事实问题,而不适用于法律问题。保险法因果关系之证明固然不适用于法律上的因果关系,那么是否可以得出结论认为其仅限于事实上的因果关系呢?笔者认为答案是否定的。因为事实因果关系之判断也需要法官政策衡量,尤其是在以实质因素说或补充说纠正"but-for"规则之偏差时。正如美国学者指出:无论是事实因果关系还是法律因果关系均带有法律政策决定之意涵,二者之差别不在种类不同,而仅程度之差别。④ 因此,笔者认为法律上的因果关系和部分事实上的因果关系属于法官裁判责任范围,只有部分事实上的因果关系属于当事人证明责任范畴。具体界限将在本节"(四)保险法因果关系的证明界限"部分详细阐述。

---

① 参见陈聪富:《因果关系与损害赔偿》,北京大学出版社2006年版,第81—114页。
② Green, Forseeability, supra note 324, at 1412. 转引自陈聪富:《因果关系与损害赔偿》,北京大学出版社2006年版,第119页。
③ 参见陈聪富:《因果关系与损害赔偿》,北京大学出版社2006年版,第221—235页。
④ Malone, supra note 116, at 97. 转引自梁鹏:《保险法近因论》,载《环球法律评论》2006年第5期。

(三) 保险法因果关系之特点与识别标准

从性质上看,保险法因果关系属于民法因果关系,因此其大致符合上文阐述的因果关系基本特点。然而,保险法有其特殊性质,因此保险法因果关系具有其特殊属性,这也决定了保险法因果关系之证明既要服从因果关系证明之基本规律,又存在其特殊之处。

1. 保险法因果关系之特点

有关保险法因果关系与民法因果关系的区别,学界已有深入讨论,现有成果包括:

一是保险人赔偿责任范围更小。保险人的保险赔付责任是一种合同责任,而侵权行为人的侵权责任是法定责任。通常保险合同将保险人的赔偿责任限于直接经济损失,不包括间接损失、精神损失和惩罚性赔偿等,而且保险人常常在保险条款中设置赔偿上限和免赔额。所以,保险赔付通常是不足额赔付,正所谓"十赔九不足",目的是防止道德风险和逆选择风险。①

二是保险法因果关系不受合法性规则约束。德国法学家冯·凯默勒(Von Caemmerer)认为合法性是判断侵权因果关系的一个例证。② 行为人无主观过错的行为,只要符合免责条件,便可以成为其不承担侵权责任的理由,而相对人的故意或过失是行为人免除或减轻责任的根据。但保险法因果关系不涉及合法性的判断,只要发生了合同约定的保险事故并造成了合同约定的损害结果,保险人就应当承担赔付责任,无论造成保险事故的原因是否在行为人的预见范围内,无论行为人是否存在过失。有时,被保险人的过失行为或违约行为恰恰是保险承保的风险,前者如责任保险,后者如信用保险。

三是保险法因果关系不排除内因的作用力。侵权因果关系并不考虑受损标的自身内在因素在损失形成过程中的作用,而仅仅评价损失形成中外部因素的作用,因为侵权法的目的是寻找责任承担主体,受害

---

① 参见梁鹏:《保险法近因论》,载《环球法律评论》2006年第5期。
② BGHZ27(1958).转引自梁鹏:《保险法近因论》,载《环球法律评论》2006年第5期。

人自身无法成为责任承担主体。侵权法上著名的"蛋壳理论"表明,即使对一个身患重疾的人施加伤害,行为人也要承担赔偿责任。但保险法因果关系的认定不能排除内因的认定,一些险种,如意外伤害险,则需排除来自被保险人自身疾病的因素,完全承保外来原因造成的被保险人人身损害。

四是保险法因果关系重责任成立因果关系,而民法因果关系重责任范围因果关系。因为民法责任成立因果关系之认定可借其他主观归责原因之严格解释加以控制,即使过于宽松也不会产生不良后果,唯一剩下决定"后续性损害"是否亦须由赔偿义务人承担之因素唯因果关系之认定。[①] 而何种损害及其赔偿范围已由保险合同或法条规定所特定,不至于有如统括损害般可能产生后续性损害是否应由赔偿义务人负责问题,保险法因果关系重在责任成立因果关系之认定。

五是保险法近因比侵权法近因概念更窄。正如卡多佐法官指出的,"在侵权法里……法官倾向于在因果链上追溯得远一些,比合同法的分析要远……特别是在保险法里,我们的格言是,'不要庸人自扰,不要去探寻遥远的原因'"[②]。卡多佐法官认为保险法中近因应强调合同当事人的合理期待和缔约目的。1872年马萨诸塞州的马泰克(Metallic)案很好地说明了这一问题。原告厂房失火,消防员为灭火将水管横穿被告铁路公司的铁轨,但被告毫不知情,一列火车经过压断了水管,原告先是向被告铁路公司提出侵权诉讼,认为被告员工的驾驶行为是自己损失的原因,法院支持其主张,同时原告又起诉保险公司要求赔偿,认为火灾是近因,法院也支持其主张。[③]

笔者认为保险法因果关系最大的特点在于其"契约性",按照侵权因果关系之判断标准,即使某条件不构成法律上的因果关系,但只要保险合同将其纳入赔偿责任范围,则具有保险法因果关系;按照保险法因果关系

---

① 参见江朝国:《论保险法因果关系之问题》,载《保险法论文集(一)》,瑞兴图书股份有限公司1997年版,第128页。
② 120 N. E. at 88. 转引自〔美〕小罗伯特·H. 杰瑞、〔美〕道格拉斯·R. 里士满:《美国保险法精解》(第4版),李之彦译,北京大学出版社2009年版,第351页。
③ 109 Mass. 277(1872). 转引自〔美〕小罗伯特·H. 杰瑞、〔美〕道格拉斯·R. 里士满:《美国保险法精解》(第4版),李之彦译,北京大学出版社2009年版,第351页。

之判断标准,即使某条件构成法律上的因果关系,但只要保险合同将其纳入除外责任,则不构成法律上的因果关系。举例而言,若根据民法因果关系之判断标准,A 为某保险事故产生的原因,B 亦为某保险事故产生的原因,但 A 为承保风险,而 B 为除外风险或未承保风险,此时法官需决策究竟是 A 还是 B 为事件的原因,从而判断保险人是否承担赔偿责任。也就是说,保险法因果关系比民法因果关系之识别更为复杂、困难。

2. 识别标准

美国保险法专家指出:"鉴于因果关系如此捉摸不定,我们对彼此矛盾的判决结果也只能表示容忍。"①近因仍然是一团乱麻和一堆荆棘,一个令人眼花缭乱、扑朔迷离的领域。② 但是学界仍然试图总结提炼保险法因果关系的识别标准。

(1) 大陆法系

在很长一段时间内,相当因果关系理论被运用于保险法领域,学者们认为保险契约是大众化契约,保险人所应承担的风险即应为一般人皆能认同者,相当因果关系理论(适当条件说)以"一般客观之观点"为判断标准,恰好符合保险契约的本质。若依据相当因果关系理论认定出多个条件,则应按各条件对结果作用的原因力大小来确定赔偿比例。③ 但反对者认为相当因果关系说不适用于保险法,尤其不适用于海事保险领域,因为依相当因果关系可能产生同一结果同时具有数个适当条件的情形,特别是海上保险事故多由自然条件、船舶本身状况等多种原因共同造成,无助于判断保险人是否应承担保险责任。反对者还认为依相当因果关系难以区分各条件的原因力大小。

此后,大陆法系海商保险吸收英美法"近因理论"发展出"最近因果关系理论",该理论主张在多数适当条件中再寻找唯一具有法律效果的条件,即最近因果关系,而其他条件都属于"远因"(causa remota)。目前,大

---

① 〔美〕小罗伯特·H. 杰瑞、〔美〕道格拉斯·R. 里士满:《美国保险法精解》(第 4 版),李之彦译,北京大学出版社 2009 年版,第 420 页。
② Proser, 38 Call Rev.369(1950),转引自尹田主编:《中国保险市场的法律调控》,社会科学文献出版社 2000 年版,第 133 页。
③ 参见江朝国:《论保险法因果关系之问题》,载《保险法论文集(一)》,瑞兴图书股份有限公司 1997 年版,第 132 页。

陆法系不少学者都接受了最近因果关系理论,但大都将最近因果关系理论作为相当因果关系理论的补充,即只有在依据相当因果关系理论认定出多个条件时,才依据最近因果关系理论判断何者为最近原因。只是在最近因果关系的判断上,存在分歧观点,德国学者林登迈尔(Lindenmeier)主张以盖然性作为认定标准,发生概率超过50%的为最近原因;而穆勒(Moeller)认为"依一般通念具有较重要效力者为最近原因"[1]。依笔者看来,第二种观点类似于依"常识"判断,给法官留下更多自由裁量空间,然而此种法学留白似乎是无法避免的,因为很多情况下盖然性的数据不易获得。

当承保风险与除外风险共同造成保险事故时,大陆法系采取"不包括占优势"(Der Ausschluss gewinnt Uebermacht)规则,原因在于,当"明显之包括灾害"与"明显之不包括灾害"发生冲突时,可知当事人有意以"不包括灾害"效力排除"包括灾害",因此若损害结果由"包括灾害"和明文规定"不包括灾害"竞合引起,两者皆为适当条件时,保险人不负赔偿责任。[2] 如在一个意外事故案例中,被保险人酒后返回住宅,因新鞋底不适,酒后神志不清,疏忽导致从楼梯上摔下受伤而死亡,根据保险条款因酒精效力致神志不清所引起的保险事故为除外责任,联邦法院认为该事故发生既有新鞋底的原因,也有被保险人疏忽原因,又有酒精效力的原因,当多种原因共同导致损害,而其中一种原因为除外责任时,保险人不负赔偿责任。[3]

(2)英美法系

近因理论是英美法系国家判断保险法因果关系的依据。所谓近因,是指对损害或损失的发生起决定性作用的、有效的,并且引起法律责任承担的原因。[4] 早期近因理论以"时间上最近原因"(causa ultima in time)作

---

[1] 参见江朝国:《论保险法因果关系之问题》,载《保险法论文集(一)》,瑞兴图书股份有限公司1997年版,第134页。

[2] 参见江朝国:《论保险法因果关系之问题》,载《保险法论文集(一)》,瑞兴图书股份有限公司1997年版,第135页。

[3] BGH8.7. 1957 S.509-510. 转引自江朝国:《论保险法因果关系之问题》,载《保险法论文集(一)》,瑞兴图书股份有限公司1997年版,第141页。

[4] 参见梁鹏:《保险法近因论》,载《环球法律评论》2006年第5期。

为近因,此方法虽简便,却不周全,后来近因理论以"效果上最近原因"(causa proxima in efficiency)作为近因。① 英美法法官对近因作出经典阐释,"问题并不在于距离损失在时间或空间上最接近的原因是什么……近因指的是效力上的原因,即导致其他原因发挥作用的原因"②,因果关系并不是链状的,而是网状的。在每一个点上,各种影响、力量、事件和先例同时汇合在一处,并从这一点呈放射状向周边无限延伸。在各种影响力所汇集的那一点上,需要由法官依据事实来裁决哪个原因是最主要的,哪个原因是远因。③

经过近因过滤器筛选后,如果发现只有一个原因,若该原因属于承保责任,则保险人需承担赔付责任,若属于除外责任,则保险人无须赔付。如果发现有若干个原因,如果该多个原因,既有承保风险,也有未承保风险,通说认为保险人应承担赔付责任④。困难的是,当该多个原因中既有承保风险,又有除外风险,应如何处理? 传统英美法近因规则认为,此时保险人不应承担赔付责任。如在一个案件中,被保险人为一家工厂提供并安装液蜡存储设备,但该设备存在产品缺陷,且被保险人的工程师在机器运转时离开车间,结果机器在无人照看的情况下发生了火灾。被保险人购买了责任保险,该保险承保被保险人因过失产生的对第三人的赔偿责任,但被保险人产品缺陷导致的损失被作为除外责任。英国法官认为被保险人工程师过失和产品缺陷都是事故产生的近因,但产品缺陷属于除外责任,因此保险人无须赔偿。⑤

然而,近因原则最新发展是产生出"有效近因规则""并存原因规则"

---

① 参见江朝国:《论保险法因果关系之问题》,载《保险法论文集(一)》,瑞兴图书股份有限公司1997年版,第136页。

② Insurance Co. v. Boon, 95 US 117 (1877).

③ Leyland Shipping Co. Ltd. v. Norwich Union Fire Insurance Society Ltd. [1918] AC350.

④ 对此,学说上存在争议,有的学者认为应按比例赔偿,但大陆法系通说认为保险人应承担赔付责任,因为保险的目的是补偿被保险人因意外事件所生的损害,若损害为保险事故所致,且事故为契约承保风险,则该风险与损失有因果关系,保险赔付责任构成要件已成立。英美法系通说也采同样的见解。参见江朝国:《论保险法因果关系之问题》,载《保险法论文集(一)》,瑞兴图书股份有限公司1997年版,第138页;周学峰:《论保险法上的因果关系——从近因规则到新兴规则》,载《法商研究》2011年第1期。

⑤ See Wayne Tank and Pump Co. Ltd. v. Employer's Liability Assurance Corp. Ltd. (1974) QB57, 69. 转引自周学峰:《论保险法上的因果关系——从近因规则到新兴规则》,载《法商研究》2011年第1期。

等新规则。有效近因规则又叫主力原因(Dominant Cause)规则,它要求法院在多个近因中选择一个作为主力原因,若该原因属于承保风险,则保险人应负赔付责任,反之保险人不承担赔付责任。该规则起源于美国1963年的萨布莱诉威斯勒案,目前为美国最为流行的因果关系判定规则。①但该规则也被批评为最随意和不具有可预测性的方法,因为何者为主力原因往往是无法判断的。②

并存原因规则是指当承保风险与除外风险共同造成损害结果时,保险人承担赔付责任。并存原因规则起源于帕特里奇案③,目前美国仅少数州适用该规则,而创设该规则的加利福尼亚州将该规则限制于责任保险中。帕特里奇规则的优点是可以降低找寻事故原因的成本,具有可预测性,避免承保缺口,但缺点在于完全无视保险合同规则的除外责任条款,过分偏向被保险人。④ 特别需要注意的是,帕特里奇规则的适用存在诸多条件,一是导致损失的多个近因必须相互独立,二是承保风险原因对损失的产生是必须的,换句话说,承保风险足以单独导致事故的发生。对于适用帕特里奇规则时的证明责任分配,不同的州有不同规定:根据佛罗里达州的规定,符合以上条件时被保险人有权获得全额赔偿,但保险人能够证明承保原因造成的损失与除外责任造成的损失可分离时除外⑤;根据得克萨斯州的规定,符合以上条件时保险人原则上不赔偿,但被保险人能够证明对损失可进行量上划分,区分不同原因导致的损失时,有权就承保风险原因造成的损失获得赔付。如在旅行者公司

---

① Malcolm A. Clarke, Supra note 39. 转引自马宁:《保险法因果关系论》,载《中外法学》2013年第4期。

② Malcolm A. Clarke, Supra note 39. 转引自马宁:《保险法因果关系论》,载《中外法学》2013年第4期。

③ See Wayne Tank and Pump Co. Ltd. v. Employer's Liability Assurance Corp. Ltd. (1974) QB57, 69. 转引自周学峰:《论保险法上的因果关系——从近因规则到新兴规则》,载《法商研究》2011年第1期。

④ Malcolm A. Clarke, Supra note 39. 转引自马宁:《保险法因果关系论》,载《中外法学》2013年第4期。

⑤ See Guideone Elite Insurace Company v. Old Cutler Presbyterian Church Inc., 420 F. 3d 1317 (11th Cir. 2005). 转引自周学峰:《论保险法上的因果关系——从近因规则到新兴规则》,载《法商研究》2011年第1期。

诉克利菲案中,得克萨斯州最高法院即采此观点。①

(3)比较研究与我国的选择

从以上分析可以看出,两大法系保险法因果关系理论逐渐趋同,都是从众多事实因果关系中挑出可以成为法律责任的条件,再以相当性或可预见性理论剔除那些极其异常的因素,当经过民法因果关系理论过滤之后,仍然存在两个以上原因时,再以近因或有效近因理论挑选出最有影响力的、实质性的原因。当多个原因均为承保责任或除外责任时,保险人的赔付责任较容易确定,出现前一种情况时,保险人承担赔付责任,出现后一种情况时,保险人不承担赔付责任。当多个原因中既有承保风险又有非承保风险时也较容易确定,通说认为保险人应承担赔付责任。最具争议、最需要解决的问题是:当多个原因中既有承保责任,又有除外责任,保险人的赔付责任应当如何确定。

大陆法系与英美法系因果关系理论的区分点也在于此,根据大陆法系不包括占优规则,保险人无须承担赔付责任;但英美法系放弃了与不包括占优规则效果相同的传统多项近因规则,转而采取有效近因规则,即在多个近因中应确定哪一个为最有效的原因,若该原因为承保责任,则保险人应当承担赔偿责任,在个别情况下,英美法系甚至走得更远,根据帕特里奇规则,当承保责任与除外责任共同造成保险事故时,保险人必须承担赔偿责任。以图4-1所示,英美法系传统多项近因规则和大陆法系不包括占优规则在A点,最有利于保险人;英美法系帕特里奇规则在C点,最有利于被保险人;英美法系有效近因规则在B点,实现了保险人与被保险人利益的平衡。但是有效近因规则的缺陷在于赋予法官的自由裁量权过多,可预测性较差,而最困惑法官和法学家的难题无异于从实体法的角度制定出一套识别有效近因的统一规则。

---

① See Travelers Indemnity Co. v. McKilip, 469. S. W. 2d160 (Tex. 1971). 转引自周学峰:《论保险法上的因果关系——从近因规则到新兴规则》,载《法商研究》2011年第1期。该案被保险人谷仓先遭受一场暴风袭击受损,后受暴雪袭击遂倒塌,其投保的保险仅承保暴风,暴雪是除外责任,初审和上诉审法院均认为暴风是事故发生的主要原因,但得克萨斯州最高法院认为除非被保险人能够证明事故仅仅由暴风引发,否则不能获得全额赔偿,或者能够证明暴风引起的损失与暴雪引起的损失是可分离的,在这种情况下可就暴风引发的损失部分获得赔偿。

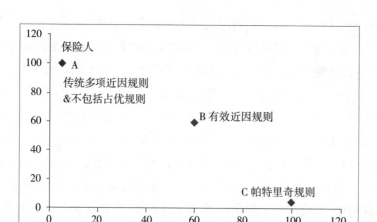

图4-1 保险法因果关系各学说比较图

我国司法实务中,有使用传统规则的判决,但近年来法官更多使用有效近因规则判断保险法因果关系[①],当承保风险与除外风险共同造成保险事故时,法官会寻找"实质性""最主要"的原因。在一些案例中,法官也开始引入比例因果关系。笔者认为传统不包括占优规则不足取,因其过于保护保险人利益,我国保险业目前已度过了扶持行业发展的阶段,进入了规范发展期,保险法的立法宗旨是保护被保险人一方利益,因此应当摒弃传统规则;而并存原因规则(帕特里奇规则)因过分保护被保险人一方也不足取,即使该规则的诞生地美国亦在限制该规则之运用;为平衡保险人与被保险人利益,我国应采用有效近因规则作为保险法因果关系的判断标准。

(四)保险法因果关系的证明界限

1. 近因的本质

早期识别近因的方法为"时间法",即以时间上最接近保险事故的原因作为近因,此种判断方法十分简单,但因不甚科学而被舍弃。目前近因之判断多以"效果法"为准,也就是看各因素之原因力大小,以最主要、最

---

① 参见隋愿:《保险纠纷裁判中的近因原则及其反思》,载《法律适用》2014年第1期。

实质性的原因作为近因,然而原因力之识别十分困难。

有学者试图寻找判断原因力之规则,如帕特森将保障条款区分为原因、事件以及结果三个概念,如擦着一根火柴(原因)有可能点着火(事件),然后烧毁房子(结果),"例外条款"是关于承保事件的原因,这是因果链中的上游环节,"除外条款"是事件本身,因此是中间环节,"结果条款"是损失的发生,是最后一环。然而有学者批评指出,除外条款与例外条款之难以区分是该分析法的主要缺陷,但该方法有助于表述法官判断之逻辑。如在一起机动车保险案件中,车辆因路面结冰而打滑,因打滑而撞上隔离带,而合同条款规定碰撞是除外责任,法官认为若只有打滑(承保责任)而没有碰撞显然不会发生保险事故,因此近因是碰撞(除外风险),而不是打滑。显然在这起案件中法官将碰撞作为除外条款。

又如布鲁尔将原因分为事实原因、实质原因以及负责原因,事实原因是要在全世界范围内寻找所有潜在的相关原因,实质原因是要在一堆原因中把遥远的原因排除出去,负责原因是要对剩下的原因进行评估,看哪一个最具决定性。再如双重筛选法,主张在一系列原因中用近因标准画出一条线,线以前的原因全都是远因。如在一起劫机案中,巴解组织成员劫持一辆客机并在释放人质后炸毁了飞机,案件的一个争议点是劫机是否属于保单除外条款中的"战争、起义、骚乱",显然劫机的原因在于巴以冲突,或者是第三次中东战争,但法官决定不再追寻过远的原因,而将劫机列为除外责任。①

很显然,要在保险案件中找出因果关系从来都不是一件简单的事情,因为尚不存在一个有关近因判断的统一规则。近因之判断多取决于法官之常识、经验、逻辑推理以及价值判断。我国有学者指出,近因本质是一种价值判断,近因之认定总是与个案的具体语境密切相关,并依赖于司法政策,只能通过长期的案例积累沉淀出适合我国实际情况的裁判规则。②也就是说,近因更多是一个法律问题,是需要法官个人依靠智识、经验、价值进行判断的问题,而不仅是一个事实问题。

---

① 参见〔美〕小罗伯特·H.杰瑞、〔美〕道格拉斯·R.里士满:《美国保险法精解》(第4版),李之彦译,北京大学出版社2009年版,第286页。
② 参见隋愿:《保险纠纷裁判中的近因原则及其反思》,载《法律适用》2014年第1期。

2. 保险法因果关系证明界限

尽管近因更多是一个法律问题,但这不意味着近因不涉及证明问题。"如果证据间产生冲突,陪审团或事实审理者就必须要对因果关系问题作出自己的判断……就必须要考虑证明责任的负担以及适合于诉讼的证明标准。提出符合证明标准的证据不是专家的责任。"①近因认定中哪些需要当事人举证,属于证明责任范畴,哪些需要法官认定,属于法律判断范畴,需要进一步阐明,因为"并非所有的因果关系问题都可以用证据来解决,根据因果关系原则,在事件顺序十分明确的案件中,责任范围的确定并不取决于举出更多的证据,而是取决于如何使用诸如'自愿行为'或者'巧合'这样必然含糊的类型来描述这种结果"②。

根据罗森贝克的法律要件分类说,原告首先要举证证明保险金请求权的存在,即证明发生了保险合同约定的承保风险,承保风险造成了保险事故。而当原告之举证使法官达到内心确信后,被告为防止败诉,应对权利障碍要件或权利消灭要件进行证明,最通常的抗辩方法是证明存在保险合同约定的除外风险,是除外风险造成了保险事故,而不是承保风险造成了保险事故。此时将出现一个悖论,即同一因果关系被分割为两个要件由双方当事人分别承担证明责任,那么当因果关系不明时,即是除外风险还是承保风险造成了保险事故不明确时,应当由何方承担证明责任?还是不应由任何一方承担证明责任?当事人与法官职责分工界线在哪里?根据因果关系证明之步骤,笔者将分以下三个层次进行分析:

(1)基础事实之证明

首先原告应证明存在承保风险的事实,被告若提出抗辩,也应对存在除外风险的事实进行证明。如果基础事实不明,遑论因果关系?如原告欲证明是承保风险"暴雨"造成了机动车损失,则其首先应证明特定时间发生暴雨的事实、机动车因暴雨受损的事实。原告可以通过气象资料证明暴雨事实,以报案记录、交警报告证明机动车因暴雨受损之事实。通常

---

① Dahl v. Grice [1981] VR 513.
② 〔美〕H. L. A. 哈特、〔美〕托尼·奥诺尔:《法律中的因果关系》(第2版),张绍谦、孙战国译,中国政法大学出版社2005年版,第366页。

当事人的报案记录、保险人的勘查记录、有关部门的事故处理报告或调查报告均能够证明风险事件之发生。

然而,实践中基础事实不清的情况也屡见不鲜。如在一起机动车因暴雨涉水受损的案例中,投保人打电话向保险人报案,但未向交通事故处理部门报案(单方事故通常不属于受案范围),而保险人在庭审中否认投保人曾经报案,并否认发生机动车因暴雨受损的风险事实,直至投保人通过事后致电保险人电话中心并通过公证录音的方式固定证据,二审法院方认可了基础事实之存在。① 笔者在后文中将论述本案中的难题应通过证明妨碍规则加以克服。

如在案例4-3中,一审中双方当事人争议的焦点在于是承保风险"船舱通风不良",还是除外风险"迟延交货"导致货损,经过双方辩论,一审法院最终认为保险人未能提出证据证明除外风险是货损的主要原因,而当保险人在二审中提出相关鉴定报告时,二审法院却指出并不存在"迟延交货"的基础事实。如果一审法院在审理过程中首先关注基础事实存在与否的判断,则案例4-3之审理可能减少不必要之时间拖延和成本浪费。

在一起案例中,原告主张政府拆除违章屋顶广告后,将废弃物置于停车场内,致其停放于停车场之车轮胎扎入铁钉,法院认为原告声称1999年6月16日将车停放于停车场,但其提供的证据却是1998年6月27日之维修凭证,有违常理,遂以原告未证明基础事实存在为由令其败诉。② 因此,法官在判定保险法因果关系时,首先应判定是否存在引起承保风险或除外风险的事实。

(2)事实因果关系的证明界限

当承保风险或除外风险之基础事实得到证明后,下一步需要证明的是承保风险还是除外风险是保险事故发生的原因。根据上文分析,因果关系可分为事实因果关系与法律因果关系,法律因果关系是在政策和利益衡量基础上刨除部分虽然符合因果律但过于异常的因素,限制义务人

---

① 参见戴某与中国太平洋财产保险股份有限公司柯桥支公司财产保险合同纠纷上诉案,浙江省绍兴市中级人民法院民事判决书(2014)浙绍商终字第1081号。

② 参见陈聪富:《因果关系与损害赔偿》,北京大学出版社2006年版,第125页。

的赔偿范围,因此显然属于法官裁判范围。然而,事实因果关系也不完全属于当事人证明责任范围。事实因果关系通过"but-for"规则加以判断,在发生多因一果的情况下,以"实质要素说"或"补充说"加以补充纠正。笔者认为事实因果关系中只有"but-for"规则部分需当事人举证证明,而当涉及多因一果的情况时,则需要法官以政策加以判断衡量,属于证明上的法律问题。

也就是说,就证明责任而言,事实因果关系与法律因果关系的界分并不完全对应保险法上事实因果关系与法律因果关系之分类,除法律因果关系属于法官裁判责任外,部分事实因果关系也需要法官裁判,如图4-2所示,当事人承担证明责任的仅为部分事实因果关系,即图示范围均为法官裁判范围。举例而言,在本章提及的累积因果关系案例中,任何一个原因都可能造成损害结果的发生,然而法官不能因为原告无法证明是被告纵火而不是天灾使房屋毁灭,是被告的射击而不是警察的射击是盗贼死亡的真正原因,是被告未踩刹车而不是刹车损坏是交通事故的真正原因,而作出证明责任判决。因为在这些案例中,究竟是哪个原因在事实上造成了损害往往难以区分,因此法官必须利用政策判断、利益衡量、生活经验在多个原因中抉择究竟何者应负责任。在上述案例中,法官正确地判定自然灾害不能免除被告因侵权行为应负的责任,被告的射击因警察的射击行为而应减轻责任,司机与修理厂均应对交通事故负责。再如在本章提及的超越因果关系案例中,当有证据足以区分当事人的责任时,固然可按事实因果关系判令责任承担范围,但当责任难以区分时,难以分辨究竟是甲还是乙的过失损害了丙车的喷漆,英美法系法官会作出甲负全责而乙无责的判决,而相同案例若发生于我国,法官恐怕会作出甲、乙按份责任的判决。总之,即使是事实因果关系,在诉讼证明过程中,仅有部分属于当事人的证明责任范畴,另一部分则需由法官裁判。正如美国学者指出的,在因果关系问题上,政策因素已经令人绝望地和事实可能性的评估交织在一起。[①]

---

① 参见〔美〕小罗伯特·H.杰瑞、〔美〕道格拉斯·R.里士满:《美国保险法精解》(第4版),李之彦译,北京大学出版社2009年版,第375页。

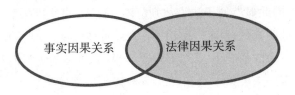

图 4-2　事实因果关系与法律因果关系之关系示意图①

那么当事人应如何证明事实因果关系呢？英美法将因果关系分为说明性因果关系和假设性因果关系，说明性因果关系解决什么样的特定损害或者一个人由于什么理由会实施一定的行为，假设性因果关系解决遵守了法律是否能够避免这种损害。如在一起案件中，原告起诉雇主没有对刷子进行消毒而导致其雇员感染炭疽病时，法院必须确定该雇员所感染的病毒是否来自这家工厂的刷子；是否由法律规定的预防措施能够杀死这种病毒以避免这种疾病，前者是说明性因果关系要解决的问题，后者是假设性因果关系要解决的问题。在假设性因果关系中，原告必须证明在其所依赖的那种特定情形下，采取预防措施将比不这样做更有可能避免损害，当然法院通常会推定相关人会如此行为以避免损害，除非有确切的证据证明其不可能如此行事。如在一起海难案中，法院认为在当时的情况下即使有救生圈，死者也没有时间去利用；在另一起旅客被烧死案中，法院认为即使在防火通道，但死者只是撞击屋门，没有尝试利用防火通道，因此也不可能避免损害。英美法系学者认为假设性因果关系并不总是按证据判断，人们常常推定那些相关人员会尽全力去避免损害，这样的推定将一个法律政策因素引入事实因果关系判断中。②

英美法学者认为证明说明性因果关系的方法存在以下四种：一是专家证据。专家证据常常能够解决说明性因果关系之证明，即若根据专家证据一个 A 总是能够引起一个 B，或者 A 引起 B 的比例很高，则 A 与 B 有因果关系；即使 A 永远不会引起 B，但可能加速或促成 B，则因果关系也能得到确认。二是自然法则类比法。如在一则案例中，法官需判断注

---

① 灰色部分为法官认定范畴，白色部分为当事人证明责任承担范畴。
② 参见〔美〕小罗伯特·H. 杰瑞、〔美〕道格拉斯·R. 里士满：《美国保险法精解》（第 4 版），李之彦译，北京大学出版社 2009 年版，第 410 页。

射到病人体膜内的苯酚是否已造成麻痹,即使没有一个专家确切看到这样的现象发生,但法官根据苯酚在其他环境中的作用以及体膜的效果,通过演绎推理得出了因果关系成立的结论。① 三是相同事件类比法。如在一起汽车轮胎爆炸案中,有证据证明爆炸是因轮胎外层包裹中的垫层碎裂引起,但这种碎裂又是因垫层受到冲击破坏造成,然而这种破坏很少发生,但一旦发生几乎就会造成这样的冲击,在没有任何直接证据证明发生过这样的冲击的情况下,法院确信该冲击确已发生,因为许多类型的损害事例都是以这种方式造成的。② 四是实质性作用规则。也就是当不能排除造成损害结果的原因除原告行为之外还有其他原因时,若原告能够证明被告行为是造成损害结果的实质性原因,则原告也能够胜诉。如在一起职业病认定案件中,法官认定被告没有为在砖尘里工作的职工提供冲洗设施对职工患皮炎病产生了实质性作用。③

当然,如果一个 A 绝不可能引起一个 B,或者导致 B 结果的原因不止 A 一个,且没有证据证明是由 A 引发的 B,则 A 与 B 无因果关系。如在一起死亡在家被闪电击中的案例中,法院拒绝推断闪电是通过被告留下的穿墙而过的一段未绝缘金属线而进入房间的,因为闪电进入房间的途径有数种,而没有证据证明本案中闪电是通过金属线而不是其他方式进入房间。④ 在这种情况下,即没有证据证明保险事故更可能因承保风险造成时,法院可作出原告败诉的证明责任判决。笔者认为英美学者对说明性因果关系证明方法的总结可以为我国所借鉴。当然,英美法系判断说明性因果关系的规则与大陆法系的表见证明规则较为类似,只是在无法确切证明存在因果关系时,英美法系往往求诸事实说明自己规则,在本章第二部分笔者将对该两项规则作出比较分析。

(3) 近因的证明界限

当被保险人一方提出证据证明承保风险事件的存在,且其与保险事故之间存在因果关系,同时除外风险及其与保险事故之间存在因果关系

---

① Roe v. Minister of Health. [1954] 2 QB 66.
② Barkway v. South Wales Transport Co. Ltd. [1950] 1 All ER 392 (HL).
③ McGhee v. National Coal Board. [1972] 3 All ER 1008 (HL).
④ (1923) 156 Minn. 60, 194 NW 313.

同样被确认后,法官必须运用近因规则判断承保风险还是除外风险是保险事故发生的主要原因。

笔者在上文论述了近因更多的是一个法律问题,法官应当运用日常经验,结合政策考虑和利益衡量作出判断。如案例4-1,被保险人喝了5~6两46度的白酒之后误吸入自己的呕吐物致窒息而亡,保险人认为被保险人系因除外风险醉酒而亡,而受益人认为被保险人系因承保风险"吸入呕吐物"的意外事件而亡①,法官支持了受益人的观点,理由是保险人未证明醉酒是主要原因。笔者认为案例4-1的事实已经十分明确(如图4-3所示),保险人不可能再提出证据进一步阐释本已十分明确的事实,法官需要做的是运用逻辑分析判断究竟是"醉酒"还是"吸入呕吐物"构成主要原因。

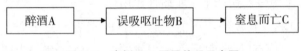

图4-3 案例4-1因果关系示意图

案例4-1在近因判断问题上具有一定的普遍意义。笔者将其推而广之,假设A事件引发B事件,B事件引发C事件。根据相当因果关系理论,若B事件具有引发C事件的相当可能性,则可推断B事件是主因,若B事件为承保风险,则保险人承担责任,反之则不承担责任;再往前追溯,若A事件具有引发B事件的相当可能性,则可追溯至A事件,若A事件为承保风险,则保险人承担责任,反之则不承担责任。就案例4-1而言,经验告诉我们误吸呕吐物很可能导致窒息而亡,因此B事件是主因,但再往前追溯,误吸呕吐物也是醉酒的通常结果,因此事件主因应追溯至"醉酒",而不是停留在误吸"呕吐物"上。笔者认为法院的判决是值得商榷的,有推卸判决责任之嫌。有一起类似案例值得参考。

案例4-5:被保险人不慎落水后因癫痫发作而溺水身亡,一审法院以溺死为意外死亡为由判令受益人胜诉,但二审法院改

---

① 当然呕吐物是否属于"外来物"是存在争议的,在我国台湾地区一个类似案例中,法官认为呕吐物非"外来物",而是被保险人体内物,因此不构成意外事件。

判,"最高法院"发回重审,再审法院认为"被保险人落水后,纵使因癫痫发作而溺亡,亦系出于意外或不可预期之事故所致",判令受益人胜诉。①

该案中,癫痫发作并不一定会导致溺亡,除非癫痫发作时适逢处于水环境,因此癫痫发作与溺亡并无相当因果关系,主要原因在于落水之意外。正如在一起被保险人因心脏病发作而从站台跌入铁轨继而被火车撞死的案件中,美国法官指出纵被保险人患有心脏病,但若其犯病时未跌落站台,而是跌倒在别处,也不至于被撞死,因此跌倒是主因。②

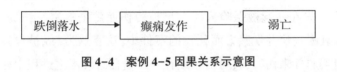

图 4-4 案例 4-5 因果关系示意图

以上思路在遭遇更为复杂的问题时可能超出了法官经验、智识判断之范围,而需借助事实的力量,此时便存在证明问题,然而法官判断与当事人证明的界线需被细致地划分。

  案例 4-6:被保险人因癫痫宿疾发作而向后仰倒在地,造成头部外伤引发颅内出血而亡,保险人认为被保险人系因癫痫宿疾而亡,而法院认为癫痫发作不一定会跌倒,而跌倒不一定会导致死亡,因此癫痫不是主因,跌倒的意外事件才是主因。③

然而,批评者却认为法官的判决逻辑是错误的,跌倒是否会导致死亡应视跌倒的样态和癫痫病之程度而定,若本案被保险人癫痫发作已达到全身抽搐状态,且向后仰倒在地,应有相当可能性引发颅内出血而亡的后果。笔者认为,该案中,有关被保险人跌倒样态的事实问题显得尤为重要,若该事实处于真伪不明状态,则法官无法得出癫痫是死亡主因的结论,保险人应就该事实真伪不明承担不利后果。

---

  ① 参见台湾地区台北地院 1986 年度保险字第 1 号判决、台湾地区"最高法院"1987 年台上字第 733 号判决、台湾地区高等法院 1986 年保险上字第 4 号判决。
  ② 参见〔美〕小罗伯特·H. 杰瑞、〔美〕道格拉斯·R. 里士满:《美国保险法精解》(第 4 版),李之彦译,北京大学出版社 2009 年版,第 382 页。
  ③ 参见台湾地区"最高法院"2004 年保险上字第 7 号判决。

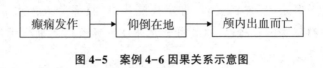

图 4-5 案例 4-6 因果关系示意图

当然，从实证层面上看，上述从科学角度细分事故原因的观点仍未得到普遍认同，不少案件中，法官更多地从政策角度进行利益衡量，多数案件中不由分说地要求保险人承担赔付责任。在意外险理赔纠纷中，如果一个外在伤害与被保险人自身身体状况相结合造成了保险事故，法官往往认为"若非外来伤害，患病的被保险人不致如此快速死亡或受伤"。如在一起被保险人因右足被烫伤而感染蜂窝组织炎，加之糖尿病、肾衰竭宿疾并发感染而死亡的案件中，法官认为"纵被保险人感有宿疾，但若非外来伤害，其可被预期在一缓慢器官衰竭之过程中死亡"，判令保险人承担赔付责任。① 纵有批评者质疑法官未进一步查明烫伤伤口之大小，未进一步探索宿疾与意外在死亡原因中所占的比例大小，便仓促得出上述结论，然而笔者认为科学方法无法在所有案例中得到贯彻，一些案件往往无法清楚区分各原因所占的比例大小。如上述烫伤案，即使当事人能够精确地说出伤口大小，恐怕也难以仅凭伤口大小便区分烫伤与内疾在死亡中所占原因力的大小，即便借助专家的力量，身体内在各因素作用之机理恐怕也难以精确探测。此类案件中，政策考量与利益衡量似乎是无法避免的。况且从因果关系理论来看，若某一外力加速或促进了体内疾病的发展，根据超越因果关系理论，该外力仍应被认为具有相当因果关系。

由是观之，近因的本质是法律问题，多为法官裁判责任，只有在判断原因力的事实不清楚时，才涉及证明问题，为了防止裁判突袭，法官应对当事人举证责任进行释明，指示当事人提供证据，否则其证明责任判决不具备正当性。如图 4-6 所示，近因大多数是法官裁判问题（范围 2），只有一小部分涉及当事人证明责任（范围 1），范围 1 与范围 2 的界线应由法官释明。

---

① 参见台湾地区高等法院台中分院 2001 年度保险上字第 13 号判决。

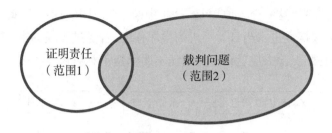

图 4-6 近因之证明责任与法官裁判责任关系示意图

举例而言,案例 4-2 中,法院以交管部门未认定超载为五项原因中的主要原因为由,认定保险人未证明超载是主因,然而交管部门出具交通事故责任认定书的目的与法院裁判并不完全相同,交管部门仅需认定哪一方当事人负主要责任,至于各原因对事故发生的影响力并非其认定重点,法院不能以其未认定就作出超载不是主因的结论。超载是否为主因需以交通事故发生当时的具体情形而定,如果超载引发刹车距离延长,导致未及时刹车而发生碰撞,则很难说超载不是主因。从判决书中我们无从得知另四项原因是什么,判决只字未提事件发生当时的情况,便得出保险人未证明超载是事故主因的结论,笔者认为是值得商榷的。法官的正确做法应当是,指挥当事人尽可能重现事件发生经过,结合生活经验判断超载在五项原因中的作用,如事发当时情况确无法还原,根据现有事实情况无法判断超载是否为主因,则保险人应承担事实真伪不明的不利后果。

再如,案例 4-4 中,法院以鉴定机构出具的"发动机的损坏与 2013 年 10 月 7 日的进水存在直接因果关系"为由判令保险人败诉,然而判决书中却只字未提认定鉴定机构认定因果关系存在的根据是什么,显然从日常生活理解上看,发动机因暴雨进水与其损害当然具有因果关系,然而该因果关系是否为保险法上的近因却不无疑问。案例 4-4 的关键是判断"维修不当"是否构成因果关系中断,成为发动机损坏的主要原因。如果发动机进水程度十分严重,导致其无论如何维修都可能产生发动机损坏的结果,则维修不当不构成介入原因,暴雨进水是主因;反之如果发动机进水并不严重,正当修理足以修复,而案例 4-4 却产生了发动机损坏的结果,则维修不当这一介入原因是主因,中断了原因果关系。因此,法官应当令当事人探究进水当日发动机的损坏程度,若经过法庭调查,该事实仍无法查明,则保险人应就该事实真伪不明承担不利后果。

图 4-7 案例 4-4 因果关系示意图

(4)小结

综上所述,保险法因果关系在民法因果关系之判断上又增加一层对近因的识别与判断。首先,原告应证明存在承保风险的事实,被告若提出抗辩,也应对存在除外风险的事实进行证明。其次,在基础事实存否得到确认的基础上,当事人应证明因果律之存在。原告应对承保风险与保险事故之发生存在因果关系进行证明,被告若抗辩也应对除外风险与保险事故之发生存在因果关系进行证明。确认事实因果关系的方法有专家证言法、鉴定法、逻辑推理法等,当因果关系确认变得困难时,还可以引入表见证明或事实说明自己原则等证明责任减轻的方法。再次,当事实因果律得到确认后,对法律因果关系之判断应由法官负责。最后,当多个因素与保险事故之发生存在因果律,且并无特异原因得到确认后,尤其是当承保风险与除外风险共同造成保险事故时,法官需对近因进行确认,近因更多是一个法律问题,法官应以政策或利益衡量直接选择何为近因,当事人对此不负证明责任;但当法官需借助事实在科学层面上确认何者对事故之发生产生更多影响时,当事人需配合提供基本事实材料并就此负担证明责任,即便如此,法官也应当对当事人进行充分的释明,指导当事人共同探求事实真相。据此,对当前司法实践中存在的法官要求当事人直接证明何者为有效近因的现象,笔者认为属法官不当地将裁判负担转换为当事人的举证负担,法官拒绝承担裁判责任和在事实不清的情况下贸然作出证明责任判决的错误倾向应得到纠正。

二、保险法因果关系证明困难之克服

(一) 两种证明责任减轻的路径

1. 表见证明

所谓表见证明,是指法官基于一典型事象经过,根据经验法则推断另一于裁判具有重要性待证事实之过程。表见证明之发动,多系在应负举证责任一造当事人难以透过直接证明或间接证明说服法官形成确信时,有动用表见证明之必要。① 因果关系之证明多缺乏直接证据,由间接证据形成完整证据链或证据环亦难以实现,多需借助于表见证明。表见证明之依据多为经验法则,即具有高度盖然性的日常生活经验,但在一些特殊情形下不具有高度盖然性的经验也可以构成表见证明。如德国一起涉及因果关系证明的案例:

> 案例4-7:原告主张其妻于1942年6月25日在基尔大学医院因输血而感染梅毒,血液来自L,L于1942年6月11日实施检查,7月1日检测出瓦瑟曼反应阳性,原告之妻于1947年5月欲捐血时,亦有瓦瑟曼反应。一审法院驳回原告之诉,原因在于虽L之捐血及感染梅毒第三级已被证实,但未能证明原告之妻之瓦瑟曼反应是因输入L之血液所致,因为瓦瑟曼反应可能由其他因素造成,且依鉴定报告,梅毒三级病人因输血而感染梅毒不具有高度盖然性。德国联邦最高法院废弃该判决,认为已存在表见证明,其强调不可仅因梅毒三级者输血及感染梅毒间不常发生而排除表见证明,重点是依结果推断可能存在之原因,若在具体情形,依其病情仅某一特定原因有坚强有力之根据,而其他原因完全无根据,则有表见之适用。

该案被认为是表见证明制度之扩大适用。② 该案原告之妻输血与被

---

① 参见姜世明:《证据评价论》,新学林出版股份有限公司2014年版,第332页。
② 参见姜世明:《证据评价论》,新学林出版股份有限公司2014年版,第330页。

查出感染梅毒已间隔五年之久，其中可能存在其他感染梅毒可能性，且鉴定结论显示输入梅毒三级之人之血液不常会感染梅毒，但法院依据整体案情适用了表见证明，应该说充分保护了原告之利益。该案确立了责任成立因果关系证明的一条规则，即如果疾病可能由不同原因造成，但仅有一个原因得到证实，即使在统计数据上其他原因更可能造成该疾病，也可以认定疾病是由这一原因造成的。正如德国学者指出，"有时，与典型经过或者一般生活经验不相符的经验法则也用于表见证明……在所有的情形中，关键问题都一定是法院对所主张的事实能够形成确信"[①]。

原告借表见证明使法官就待证事实形成内心确信后，被告欲推翻表见证明，必须证明该事件通常经过之相反事由，即就事件之经过有其他之可能性，使法官就原来之定型式事象发生疑念提出反证。[②] 表见证明并非举证责任转换，因此被告无须就相反事实存在之证明达到本证高度。就案例4-7而言，如果被告能够证明原告之妻在这五年时间里存在可能感染梅毒之其他行为时，则可动摇法官先前形成的心证。

大陆法系国家及地区在责任成立因果关系中适用表见证明由来已久，由此也形成了丰富的判决。如在一起认定饮用水是否被化粪池水污染的案例中，台湾地区法院认为："化粪池与蓄水池仅相距七十公分、化粪池高于蓄水池六十公分，参诸水往低处流及渗入之物理性，化粪池污水溢出于蓄水池中于经验法则并无违背……证人作证表示发现饮用水被化粪池水污染并通知全体人员，且证人与被告并无恩怨……大厦蓄水池边除化粪池外，别无其他污染源存在……足以采信饮用水系被化粪池水污染。"[③]在该案中，法院根据化粪池之地理位置、证人证言，结合经验法则，作出了因果关系推论，当然若被告提出其他更可能导致饮用水污染的事实，则可推翻法院之认定。

在另一起认定被害人是否因插座漏电而死亡的案例中，我国台湾地区法院认为，"萧某自昏倒至就医、长期住院、终至死亡虽达9个多月之期

---

① 〔德〕罗森贝克、〔德〕施瓦布、〔德〕戈特瓦尔德：《德国民事诉讼法》，李大雪译，中国法制出版社2007年版，第839页。
② 参见姜世明：《证据评价论》，新学林出版股份有限公司2014年版，第342页。
③ 台北地方法院2002年度小上字第5号判决。

间,然其为一紧密救治及医疗之过程,从而可知萧某遭致昏倒之原因事实与其死亡间有不可分割之因果关系……萧某发生事故地点已有多位证人亲自感受触电,该等感受事实为一般人之经历,无须具备特殊之知识或经验,从而由证人证言,即可推知被害人发生事故之原因,亦不以证人亲自见闻被害人遭遇电击倒地之过程为必要……纵如被上诉人所辩,萧某之昏倒与被上诉人所设孔盖漏电间之因果关系难以认定,然以萧某事发之际,方退伍不久,当年系年富力强,并无染疾,亦无外伤,并无其他可能造成其昏倒而成为植物人需救治之原因"①。该案中,法院根据证人之触电体验、被害人之身体状况,推定其倒地是由电击所致。

分析上述案例,仅化粪池位置或被害人倒地之事实不足以推定化粪池水污染了饮用水或被害人因电击倒地之结果,必须结合其他间接证据。正如德国判断被害人是否因输血感染疾病时,仅输血行为与疾病发作之间时间间隔较短、疾病因输血引起之抽象盖然性较高的事实不足以得出输血与疾病存在因果关系的结论,必须结合被害人生活方式、体质不存在感染该疾病之可能性之事实,方可得出输血与疾病之间存在因果关系的表见证明。②

若依生活经验存在两种可能性,而其中一种可能性比另外一种可能性更大,则无法适用表见证明,如在一起案例中,原告诉称被告餐厅之肉馅中有坚硬异物导致其牙齿折断,德国联邦最高法院认为牙齿折断可能与原告本身牙齿之特性有关,食用骨头或软骨亦可能导致牙齿脱落,且原告未能提供其所声称的异物,因此不能认定其损伤为异物所致。③

2. 事实说明自己原则

在英美法系,事实说明自己原则(res ipsa loquitur)常用于过失与因果关系之证明。根据美国第三次侵权行为法,事实说明自己原则是指"当原告之人身损害系由某意外事件所引起,而该类意外事件通常系因某类行为人之过失而发生,且被告属于上述行为人类型中之一人时,即可推论被

---

① 我国台湾地区高等法院2004年度上字第397号判决。
② 参见周翠:《从事实推定走向表见证明》,载《现代法学》2014年第6期。
③ 参见 BGH NJW 2006, 2262, 转引自周翠:《从事实推定走向表见证明》,载《现代法学》2014年第6期。

告有过失"①。

　　事实说明自己原则起源于英国,英国法院以两则案例确立了该规则。在伯恩诉博德尔案(Byrne v. Boadle)中,原告主张自己路过被告之建筑物时被其上掉落之面粉桶砸伤,被告抗辩该面粉桶之掉落可能因第三人行为所致,法院认为被告对面粉桶有管理监督职责,面粉桶掉落之事实即为表面证据,可证明被告有过失,若非被告之过失,面粉桶不可能掉落。②在斯科特诉伦敦圣凯瑟琳码头公司案(Scott v. London & St. Katherine Docks Co.)中,作为海关官员的原告在检查被告仓库时被其吊车上的六袋糖包砸伤,法院认为若被告已尽适当管理注意,意外事故无从发生,事件本身已提供合理证据,证明意外事件系因被告欠缺合理注意引起。③

　　根据威格摩尔之见解,事实说明自己原则之适用必须有三个要件:一是通常无被告之过失,原告所受损害事件不致发生;二是已排除包括原告和第三人行为在内的其他原因;三是过失系在被告对原告之义务范围内。④

　　要件一要求损害发生通常由被告引起,若损害发生存在两种原因,则无法适用事实说明自己原则,如在一起原告控诉其丈夫在牢房中因警察施暴而死亡的案例中,法院认为原告丈夫之死既可能因警察施暴,也可能因其他牢友施暴而引起,遂判令原告败诉。

　　要件二要求排除原告和第三人原因,当然原告之举证,无须否定所有其他损害事故之可能原因,仅需证明被告过失为最可能之原因即可,无须证明其他损害原因确定不存在。⑤ 但原告若不能证明其他原因"相对不具有重要性",则举证不能成功。⑥ 如在加尔布雷思诉布什案(Galbraith v. Bush)中,原告乘被告驾驶之汽车,该车为原告女儿所有,由原告女儿指

---

　　① Henderson et al., supra note 3, at 264,转引自周翠:《从事实推定走向表见证明》,载《现代法学》2014年第6期。
　　② 参见159 Eng. Rep. 299 (Ex. 1863),转引自陈聪富:《侵权违法性与损害赔偿》,北京大学出版社2012年版,第94页。
　　③ 参见3 H. & C. 596, 159 Eng. Rep. 665 (Ex. 1865),转引自陈聪富:《侵权违法性与损害赔偿》,北京大学出版社2012年版,第94页。
　　④ 参见陈聪富:《侵权违法性与损害赔偿》,北京大学出版社2012年版,第94页。
　　⑤ 参见陈聪富:《侵权违法性与损害赔偿》,北京大学出版社2012年版,第94页。
　　⑥ 参见姜世明:《证据评价论》,新学林出版股份有限公司2014年版,第334页。

挥被告驾驶,途中发生交通事故,法院认为该事件可能因被告驾驶失误所致,但也可能因原告女儿之汽车固有缺陷引发,无法推论被告一定有过失。①

要件三要求被告对损害事故发生之工具或方法有排他性控制力,当然被告无须实际控制,只需有控制义务,否则无法适用该原则。如在拉森诉圣弗朗西斯酒店案(Larson v. St. Francis Hotel)中,原告称路过被告酒店时被其中掉落的一把椅子砸伤,但法院拒绝适用事实说明自己原则,因为被告对其酒店并无排他性控制权,原告之受伤可能因酒店客人或其他第三人的不法行为引起。②

3. 我国的选择

(1)两种路径对比

表见证明与事实说明自己分别为大陆法系和英美法系之制度,两者均具有减轻过失与因果关系证明之作用。两者的区别也十分显著:

一是适用要件不同,表见证明之适用强调典型事象经过之经验法则,而事实说明自己虽然也潜含着经验法则之适用,因"没有被告过失,通常不至发生损害结果"之判断常借助于经验法则,但二经验法则之盖然性高度不完全相同,表见证明要求85%以上之高度盖然性,而事实说明自己仅要求51%以上之优越盖然性。此外,事实说明自己之适用要求被告对工具或方法具有排他性控制力,即被告具有一定的义务,但表见证明却无此要求,此一要求与德国法之危险领域共通,而表见证明却不仅适用于危险领域。

二是法性质不同。通说认为表见证明之性质为证明责任减轻,而非证明责任转换,也非证明标准降低,即表见证明为证据评价范畴,而非举证责任范畴。但事实说明自己是证明法则,事实说明自己转换的是举证责任,这与英美法系陪审团制度有关,事实说明自己原则决定陪审团与法官之分工。

三是法效果不同。通说认为被告欲推翻表见证明,仅需提供反证,动

---

① See 196 N. E. 36 (N. Y. 1935).
② See 188 P. 2d 513 (Cal. App. 1948).

摇法官此前形成的暂时心证,而无须承担本证证明责任。而事实说明自己原则将导致举证责任转换,被告至少应使该损害发生与义务违反无关、具相关性事实之盖然性至少呈现相同时,才能推翻该原则的效果,但即使在危险领域,德国也并非完全采取举证责任转换规则。

四是适用范围不同,表见证明除适用于过失与因果关系证明,还可适用于其他要件之证明,但事实说明自己则仅适用于过失与因果关系证明。

(2)我国选择之理由

面对两种因果关系证明的路径,笔者认为我国应当适用表见证明制度,而非事实说明自己原则。原因在于,事实说明自己原则虽与表见证明制度之宗旨、要件、效果有诸多共通之处,均为解决过失与因果关系证明困难的方法,但表见证明制度与我国其他证据制度更具匹配性,其基本能够涵盖事实说明自己原则,而且适用性更宽广。首先,事实说明自己原则与英美法系陪审团制度密切相关,其用于区分陪审团与法官职责的界限,但我国诉讼制度大都继承大陆法系传统,未创设英美法陪审团制度。其次,事实说明自己转换的是举证责任,与英美法系优越盖然性之证明标准密不可分,而与我国之高度盖然性证明标准有冲突。再次,事实说明自己原则之适用要求被告对工具和方法具有控制力,但保险法因果关系之证明往往不涉及被告之过失,如承保之自然灾害完全在被告控制范围之外,因此事实说明自己原则在保险法因果关系证明中的适应性较差。最后,事实说明自己原则基本能够被表见证明所涵盖,其未能涵盖之部分,即盖然性超过51%而未达85%之部分,亦能为危险领域制度所涵盖,因此无独立存在之必要。综上所述,笔者认为我国保险法因果关系证明之减轻路径应选择表见证明理论。

(二)典型案例评析

表见证明之关键不在于学说之构建,而在于通过判例确保表见证明规则在同类案件中得到统一适用。[①] 我国学理上并没有确立统一的表见证明规则,司法实务中法官对表见证明规则的运用不娴熟、不稳定、不常

---

① 参见周翠:《从事实推定走向表见证明》,载《现代法学》2014年第6期。

见。个别案件中法官下意识地使用经验法则,但经验法则之运用随意性较强、稳定性较差,判决说理部分也未对推理过程进行详细说明,可检验性较差。下文将就保险法因果关系证明之典型案例作出分类评析,以求探寻其规律性证明规则,促进裁判之统一性。

1. 海难事故因果关系之证明

海上保险是保险业的重要分支,是保费的重要来源之一。然而,海上保险理赔过程较为复杂,由于海难事故往往是内外部多重原因导致,其因果关系之判断甚为困难,海上保险也引发了大陆法系因果关系理论的变革。此外海难事故往往具有突发性、不可预见性、不可抗拒性,事发当时证据难以收集,海难事故原因之证明存在诸多难点。下文将以案例为例说明表见证明规则在海难事故原因证明中的运用。

案例4-8:2004年11月16日,江南海运有限公司(以下简称"江南海运")为"南侠9"轮向中国太平洋财产保险股份有限公司浙江分公司投保船舶一切险。2005年10月14日19:00时"南侠9"轮驶往马鞍山,次日凌晨3:15时沉没于长兴岛海域。江南海运通知中国太平洋财产保险股份有限公司(以下简称"太保公司")并要求及时理赔。太保公司以海事局未对沉船原因作出认定、江南海运无法提交海上事故责任认定书为由拒绝理赔,江南公司起诉。太保公司辩称涉案船舶所载精矿粉含水量严重超标,导致船舶丧失稳定性而沉没,船舶不适航是沉没的主要原因,且出险时最大风力为7级,不存在大风袭击的情况。一审法院认为江南海运证明了事发当时西南风6~7级,阵风达到8级,浪高达到3~3.8米,但未就风力与船舶沉没之间的因果关系进行举证,未能证明沉船是因保险事故所致;江南海运未向托运人索取精矿粉含水量的证明文件,也未用简易方式进行现场试验,在对精矿粉含水量并不清楚的情况下贸然航行,不能排除精矿粉在海上运输过程中,因含水量过高而发生矿、水游离现象,从而导致船舶沉没的可能性,因此判令原告败诉。二审法院认为,根据国家海洋环境预报中心出具的海区天气和海况实况分析报告,"南侠9"轮沉没前遭遇西南风6~7级,阵风8级,且海事处对提交的签证材料进行了严格审核,在船员适任、船舶适航的情况下办理了出港签证,在没有可供采信的证据证明"南侠9"轮沉没是基于其他原因的情况下,有理由认为"南侠9"轮沉没即是因为遭遇8级大风所致。有关船载精矿粉的含水量超过8%的抗辩主张,两被上诉人应当承担举证责任,两被上诉人对此提供的证据材料是船员询问笔录和上海悦之保险公估有限公司出具的公估报告,以及原交通部《海运精选矿粉及含水矿产品安全管理暂行规定》和《海运精选矿粉及含水矿产品安全检验方法》等。但船员询问笔录中只是提到涉案航次所载精矿粉湿度高于上一航次,并未提及确切的含水率,而上海悦之保险公估有限公司的公估报告因未能证明检验师具有相应资质而不能采信,故本案并无证据证明船载精矿粉的含水量超过8%。原交通部关于精矿粉运输开航时含水量不得超过8%、超过8%承运人可以拒载的规定,系托运人的义务,并非承运人的一项强制义务,而是赋予承运人一种可以拒载的选择权,保险人也不能仅因为存在免责事由的可能性而拒绝赔付,遂令保险人败诉。①

案例4-8的争议焦点在于海难事故是因除外责任"船舶不适航"还是因承保风险"自然灾害"引起的。该案并没有任何证据证明海难事故发生的时刻起了8级以上暴风,而只有8级以上暴风才属于承保风险,因此没有任何证据证明海难事故是因暴风引起的。与此同时,保险人所提出的证明海难事故是因不适航引起的证据的证明力也不够强。有关承运人未向托运人索要含水量检验报告、未在现场进行简单抽验的证据,以及船上人员有关货物含水量高于上次的陈述均无法直接证明船舶不适航,何况原告出示了可初步证明船舶适航的出港签证。在双方证据证明力均较弱的情况下,终审法院认为"在没有可供采信的证据证明'南侠9'轮沉没是基于其他原因的情况下,有理由认为'南侠9'轮沉没即是因为遭遇8

---

① 参见乐清市江南海运有限公司诉中国太平洋财产保险股份有限公司、中国太平洋财产保险股份有限公司浙江分公司船舶保险合同船舶损失赔偿纠纷案,上海市高级人民法院民事判决书(2008)沪高民四(海)终字第1号。

级大风所致"。终审法院的这一判决隐含着经验法则的运用,即当气象资料显示事发当日有8级阵风,且无证据证明沉船是其他原因引起,可以推定海难是因8级暴风所致。可惜的是,终审法院在判决中并没有体现出这一推理过程,没有显示表见证明规则之运用。一审法院则拒绝使用经验法则,而是直接要求原告证明事发当时存在8级暴风,很显然海难事故发生时间短、情况急,原告方难以收集并保存事发那一刹那的证据。该案终审法院确立了在没有直接证据证明海难事故系承保风险所致的情况下,可综合其他原因不存在的证据,根据经验法则推论得出承保风险造成了保险事故的结论。

在另一起海上保险纠纷中,有关承保风险是否为保险事故发生原因的诸项证据存在矛盾冲突。

> 案例4-9:一审法院认为:"气象预报和气象证明都显示2009年11月14日当天事故海域最大风力达到了8级,但由于时间和地点的差异,实际风力是有变化的……关于事发时风速情况仅有海事声明记载,而海事声明为事后单方陈述,不得单独作为定案根据,且相应内容在航海日志上并无印证,也无船上风速仪测定结果的书面记录,而涉案两份公估(调查)报告转述的船长陈述又相互矛盾……与其说是8级风导致了涉案货损,倒不如说是超过6级安全航行风力限制的风力导致涉案货损更符合案件事实……简言之,目前并无充足证据证明海上暴风是造成涉案货损的决定性、有效性原因。"

虽然没有直接证据证明事发当时(18:05)事故船舶遭受8级大风,但二审法院分析了否定事故系承保风险所致的证据,认为航海日志上未记载事发当时风速与航海日志每隔4小时记录一次的惯例相符;船长的矛盾陈述并未被公估调查报告所接受,且调查报告显示海难事故系因暴风引起;当地气象观察点有关事发当时风速为7级的报告因检测机构为地方级并不足以采信。同时,二审法院根据事故当天国家气象部门有关"事故海域当日出现8级阵风"的天气预报,拖船船长在海事声明中作出

"1750 风速高达 14.5 米/秒,瞬时风力 18 米/秒"的陈述,公估机构作出的"暴风以及暴风带来的大浪导致沉船"的事故调查报告等证据,得出"综合现有证据,可以证明涉案事故事发当时水域的最大风力达到 8 级,即涉案货物落海是船舶遭遇 8 级大风所致"的结论。①

案例 4-9 确实没有直接证据证明事发当时的天气情况,而且现有证据对事发当时气象的记录存在矛盾,一审法院以此为由判令原告败诉。二审法院根据国家有关当日阵风 8 级的气象资料,以及公估机构有关船舶沉没系因大风所致的事故调查报告,推论事故原因是 8 级以上大风。国家气象资料并未显示事发时刻的气象情况,调查报告也未表明究竟是几级大风导致了沉船,而承保风险却是 8 级以上大风,二审法院的结论显然是建立在表见证明规则之上的,运用了经验法则作为推论依据。表见证明规则令原告无须证明事件发生的所有细枝末节,根据日常生活经验,从典型事象经过推断要件事实。

在案例 4-8 和案例 4-9 中,一审法院均没有运用表见证明规则,而是要求原告确切证明事发当刻的风速,显然这是不合常理的要求,因为类似证据几乎总是不存在的。二审法院运用了经验法则,正确地推论出事故原因,然而在判决理由中却没有清楚地表明该经验法则的内容和推理过程,不可不谓遗憾。

2. 交通事故因果关系之证明

机动车保险通常将醉酒驾车、无证驾驶、车辆未年检等事由作为保险公司免赔事项,实务中,保险公司通常主张一旦驾驶人存在违反交通管理法律法规的情形,基于防范道德风险的原因,保险公司一律不承担赔付责任。然而,有的法院要求除外风险与保险事故之发生具有因果关系时,保险公司才能免责。有关除外风险与保险事故之间因果关系之认定往往成为双方争议之焦点。如以下案例:

案例 4-10:2013 年 3 月 29 日,东京海上日动火灾保险(中

---

① 参见上海信达机械有限公司诉民安财产保险有限公司上海分公司等海上保险合同纠纷案,上海市高级人民法院民事判决书(2012)沪高民四(海)终字第 75 号。

国)有限公司北京分公司(以下简称"日动公司")与上海鑫德物流有限公司(以下简称"鑫德公司")订立货物运输保险合同,4月8日,日动公司签发货物运输保险单。其中保单备注3载明"对于内陆运输,保证承包货物必须由专业承运人负责运输;对于内陆公路运输,保证承运货物必须由集装箱卡车和、或全封闭厢式卡车和、或用防水布遮盖并用绳索充分捆扎以适用于长途运输的卡车装运"。2013年7月19日16时5分,鑫德公司运输该批设备的重型平板挂车,在上海市奉贤区大叶公路与金闸公路东北约20米处,因交叉路口黄灯闪烁,驾驶员急刹车,造成车上设备前滑侧翻掉落在人行道上,设备受损。经上海市公安局交通警察支队认定,鑫德公司驾驶员承担事故全部责任。鑫德公司申请理赔,日动公司以鑫德公司违反保证责任为由拒赔,鑫德公司起诉。一审法院认为"本案中原告运输的货物确实未用防水布覆盖,也存在一定的超载、超高情况,但是否使用防水布与货物从车上掉落受损之间不存在任何关系,货物超载、超高情况也很轻微,被告未举证证明货物从车上掉落受损与超载、超高之间存在直接的因果关系",判令被告日动公司败诉。二审法院认为"本案中被上诉人以平板卡车承运货物,且车上货物为裸装,无任何防水布遮盖或其他任何包装,违反了保证条款的约定,故上诉人可依据该条款不承担保险责任",遂判令日动公司胜诉。①

在案例4-10中,货物之坠落是否因承运人未遵守保证责任,未用防水布覆盖货物,超高、超载所致是双方争议焦点。一审法院认为保险公司未举证证明货物从车上掉落受损与超载、超高之间存在直接的因果关系,因此令其败诉。二审法院未对违反保证责任与货物坠落是否存在因果关系作出认定,而是直接根据承运人违反保证责任,令保险公司胜诉。

笔者认为案例4-10中,一、二审法院判决均值得商榷。二审判决的

---

① 参见东京海上日动火灾保险(中国)有限公司北京分公司与上海鑫德物流有限公司财产保险合同纠纷上诉案,上海市第一中级人民法院民事判决书(2014)沪一中民六(商)终字第466号。

潜台词是保险公司可仅因投保人违反保证责任的事实而免赔。事实上除外风险必须与保险事故存在因果关系，保险人无权仅因除外风险的存在而免责。一方面，若投保人一方违反交通管理法律法规的行为与保险事故无关，保险人免责无异于给投保人一方施加惩罚，而投保人一方的违法违规行为自然会受到行政机关处罚或承担民事赔偿责任，保险公司并无惩罚的权利。另一方面，从大陆法系法律上因果关系判断标准之"法规目的说"来看，损害结果仅在法律目的所涵盖之范围内始生赔偿责任。① 法令禁止酒后驾驶、无证驾驶、未年检驾驶，目的在于提高驾驶人之技术、车辆之安全性，减少事故发生概率，若驾驶人已获得必要之驾驶技术、车辆性能未发生故障，依法规目的，则对损害无须负责。因此，法院必须对除外风险与保险事故之间是否存在因果关系进行判断，事实上不少法院是采纳此观点的。如在一起机动车保险纠纷中，保险人辩称投保人未及时年检导致事故发生，法院正确地认定"被保险车辆发生保险事故时虽未定期年检，但事故发生后，该车经检验为合格……没有证据表明被保险车辆存在安全隐患且该隐患与本起事故间有因果关系"②。

一审法院未回避因果关系认定问题，然而其结论却值得商榷。因果关系之证明大都不存在直接证据，因此需借助表见证明、事实说明自己等规则，运用日常生活经验加以推理。一审法院将法官运用经验法则认定事实的职责转移给当事人，要求当事人对因果关系的每一个细节承担证明责任，这是不符合常理的。借鉴事实说明自己和表见证明规则，违反法定或约定义务通常足以构成存在过失的表面证据，而过失证明之完成通常意味着因果关系证明同时完成，除非有证据证明存在其他可能性。因此，从生活经验上看，如果驾驶人超载、超高又对货物未妥善捆扎，则急刹车后货物从车上坠落显然多半是因驾驶人上述过失引起，再加上无其他证据证明存在其他原因，则更可以作出因果关系存在的肯定性推论。实务中，我国也存在法院运用日常生活经验推论因果关系的案例，如在一起原告主张机动车因暴雨被毁损的案例中，尽管不存在直接证明原告机动

---

① 参见陈聪富：《因果关系与损害赔偿》，北京大学出版社 2006 年版，第 125 页。
② 中国人民财产保险股份有限公司如皋支公司与徐某财产损失保险合同纠纷上诉案，江苏省南通市中级人民法院民事判决书（2014）通中商终字第 0513 号。

车被毁的证据,仅有事发当天发生暴雨的气象资料和原告报案记录,但法院依据暴雨气象资料,认为"结合本案案情,在无相反证据的情况下,应当认定系暴雨天气导致发动机进水造成了发动机损坏"①。

3. 人身伤害因果关系之证明

人身保险中,定期寿险因只考虑出险结果而不考虑出险原因,因此不容易产生因果关系认定纠纷,最容易引发争议的是意外险,因意外险仅承保因外来、突发、偶然原因引起的被保险人人身伤害,不承保被保险人自身疾病引起的伤害。当除外风险与承保风险共同造成保险事故时,如何确定赔偿责任在本书第三章已有论述。然而,认定承保风险是否造成保险事故涉及因果关系之证明,实务中也往往是难题。如以下案例:

> 案例 4-11:在一起意外险纠纷中,原告诉称乘坐飞机时意外致双耳闷塞感、听力下降,第二天经医院诊断为中耳积液,要求保险公司按意外险赔付,但法院认为原告"提供的证据并无法证明其所患中耳积液系因乘坐飞机受意外伤害所致。且遭受意外伤害并非发生急性中耳积液的唯一原因,仅凭患急性中耳积液的事实,也无法确认该疾病系因意外伤害造成,属本案保险责任范围"②。

案例 4-11 的原告诉称乘坐飞机导致中耳积液,其提供了乘坐飞机记录和第二天的医生诊断证明,因此可以认为乘坐飞机与中耳积液具有一定的关系,然而该关系是否足以构成法律上的因果关系?法院认为中耳积液可能因多种原因导致,原告之病患未必因该意外事故引起。根据表见证明理论,若损害之发生可能因两个以上原因造成,而其他原因之可能性更高时,则无表见证明之适用空间。由此观之,案例 4-11 的法院对事实之调查存在不尽之处,法院并未审查是否存在造成原告中耳积液的其他更具可能性的原因。从病理角度来看,造成原告病患的无非是其自身

---

① 戴某与中国太平洋财产保险股份有限公司柯桥支公司财产保险合同纠纷上诉案,浙江省绍兴市中级人民法院民事判决书(2014)浙绍商终字第 1081 号。
② 沈某与中国平安人寿保险股份有限公司汕头中心支公司意外伤害保险合同纠纷上诉案,广东省汕头市中级人民法院民事判决书(2014)汕中法民二终字第 83 号。

疾病、外伤,对于疾病,由于该要件属于间接反证事实,应当由保险公司外调后提供,而案例4-11的保险公司并未提供原告患有可能引起中耳积液的疾病;对于外伤,可通过询问医生和查验原告身体得知其耳部是否存在其他外伤。如若不存在其他证据,在原告提出乘坐飞机与中耳积液存在关联的表面证明的情况下,可以根据情况证据和经验法则认定原告之主张成立,毕竟因乘坐飞机患中耳积液亦具有相当之可能性。如若按照法院的意见,则原告应当提供否定其他原因存在的所有证据,该做法既不符合实际,又不当增加了原告的负担,无异于剥夺其保险金请求权。

第五章　保险事故证明中的证明妨碍

保险事故之发生多作为保险金请求权的权利成立要件，通常由原告负责证明。当然个别要件也会作为权利障碍要件由被告证明，如除外责任条款通常作为权利障碍要件由被告负责证明，或者由被告承担间接反证义务，如在意外险中被告对"疾病性"要件承担间接反证义务。保险事故多为过去发生的历史事件，能够证明保险事故的证据有的稍纵即逝，若未加妥善保存，可能不复存在；有的偏在于一方当事人，若不假以适当制度规制，难以激励其适时提出。因一方当事人的故意或过失导致能够证明保险事故的证据消失毁损，导致事故原因、过程、性质等因素无法查明，则可能陷对方当事人于举证不能之困难境地。因此，妨碍证明的行为历来是证据法之重要研究内容之一，如果缺乏对妨碍行为的规制，证明责任分配理论的价值将大打折扣。保险诉讼纠纷中证明妨碍现象尤为突出，典型的妨碍行为包括被保险人一方不履行出险通知义务，破坏、毁灭保险标的，保险人一方拒不履行说明义务等。本章将重点研究保险诉讼纠纷中证明妨碍行为的规制。

《民事诉讼法》尚未明确建立证明妨碍制度，但《民事诉讼证据规定》第95条规定："一方当事人控制证据无正当理由拒不提交，对待证事实负有举证责任的当事人主张该证据的内容不利于控制人的，人民法院可以认定该主张成立。"从解释论上讲，《民事诉讼证据规定》第95条可视为证明妨碍制度的法律渊源，笔者拟在此基础上，运用法解释学，从理论上探讨证明妨碍的构成要件和法律效果等制度细节的完善，并将其运用至保险诉讼纠纷解决之中。

一、证明妨碍基本理论的重构

《民事诉讼法》第 13 条规定①了诚实信用原则,向司法实践中的恶意诉讼、虚假诉讼以及滥用诉讼权利等不诚信诉讼行为"亮剑",但对于实务中妨碍当事人举证的不诚信诉讼行为却未予以回应。② 与此形成对照的是,司法实践中不少法官遵循诉讼规律,突破立法之狭窄表述、学说之匮乏模糊,形成了一些有创新意义的证明妨碍案例。事实上,证明妨碍是每个国家民事诉讼制度必须处理的问题。这也印证了施蒂尔纳对谨小慎微的德国民事诉讼法的批评,"让真实以及由此而来的实体正当性因为单纯的消极性权利作出牺牲,这从来就与追求当事人权利的正当平衡的法官的感觉相冲突"③。尽管我国法律未对证明妨碍制度作出系统化的规定,但是实体法有关证据保存、提出义务的规定,民事诉讼法有关文书提出等义务的规定,可以视为证明妨碍制度的法律渊源,从解释论上看,在立法完善之前,可以通过法律解释丰富我国证明妨碍制度。由于目前学界对证明妨碍的构成要件和法律效果尚未达成一致意见,下面将提出笔者的见解,作为本章讨论之基础。④

1. 证明妨碍之构成要件

国内学者对证明妨碍的内涵和构成要件存在分歧,有学者持"二要件说"⑤,有学者持"四要件说"⑥,有学者持"五要件说"⑦。有学者认为证明

---

① 《民事诉讼法》第 13 条规定:"民事诉讼应当遵循诚实信用原则。当事人有权在法律规定的范围内处分自己的民事权利和诉讼权利。"

② 仅《民事诉讼证据规定》第 78 条明确了一小部分证明妨碍行为的法律规制措施,此外,《民法典》第 1222 条明确了对医院篡改病历的妨碍举证行为的过错推定。

③ 〔德〕米夏埃尔·施蒂尔纳编:《德国民事诉讼法学文萃》,赵秀举译,中国政法大学出版社 2005 年版,第 205 页。

④ 详细论证参见肖建华、黄华珍:《论证明妨碍之法律效果》,载李昊、明辉主编:《北航法律评论》(2017 年第 1 辑),法律出版社 2019 年版。

⑤ 认为证明妨碍由可归责性的主观要件和妨碍行为的客观要件构成。

⑥ 认为证明妨碍由主体要件、客体要件、主观要件和客观要件构成,其中客观要件又包括时间、行为、结果以及因果关系要件。

⑦ 认为证明妨碍由妨碍行为、过错、诉讼中行为、诉争事实真伪不明以及妨碍行为与真伪不明具有因果关系五要件构成。

妨碍是指不负证明责任的一方当事人通过作为或不作为阻碍负证明责任的一方当事人对事实主张的证明。笔者认为证明妨碍应具备以下六个要件:证明妨碍的主体不仅包括双方当事人,还应该包括案外第三人;当事人或第三人从事了妨碍行为;妨碍行为违反实体法或诉讼法证据保存或提出义务;妨碍行为具有可归责性;妨碍行为导致证明不能或证明困难的后果;妨碍行为与证明不能或困难的后果具有因果关系。据此,笔者认为,证明妨碍应定义为:任何一方当事人或案外第三人因违反法定或约定的保存义务,故意或过失从事可能使证据灭失、毁损、隐匿或难以使用的行为,导致对方陷入证明困难或不能的境地,而在事实认定上作出不利于妨碍人调整的法律制度。

2. 证明妨碍之法律效果

在证明妨碍的证据法效果上,学说上存在多种见解,主要有:证明责任倒置说、自由心证说、证明标准降低说、推定主张成立说、拟制自认说。笔者认为:一是"拟制自认说"不足取,因其偏重惩罚而可能违背案件真实,德国、美国等欧美国家均已放弃该学说,但实体法另有规定的除外。二是"推定主张成立说"与"自由心证说"效果相同,推定主张成立说是我国学者根据《民事诉讼证据规定》第95条①规定创设的学说,因该条文使用了"可以认定该主张成立"的表述,但笔者认为该文字上的"认定"并非一个真正意义上的"法律上的事实推定"("法律推定"),而是"推论"("事实推定")。正如罗森贝克指出:"根据一个经验规则(事实推定),法官以自由的证明评价方法,从确定的案件事实中推出有争议的主张的真相……其结果是,给另一方当事人保留进行反证的权利……(法律推定)法官即将推定的事实作为判决根据,不是法官从推定的先决条件中得出推定的事实,而是法律对此作了规定。因此,通过相反的证明来对法律中的推定予以反驳不是反证,而是本证……简言之,经验规则与法律上的

---

① 《民事诉讼证据规定》第95条规定:"一方当事人控制证据无正当理由拒不提交,对待证事实负有举证责任的当事人主张该证据的内容不利于控制人的,人民法院可以认定该主张成立。"

事实推定之间毫不相干"①。在法律推定面前,当前提事实存在时,法官不是"可以推定",而是"必须推定"要件事实之存在。从第 95 条的本意来看,其并没有赋予法官"必须认定该主张成立"的权利,而是赋予法官可自由裁量推认对方有关证据的主张为真实或事实主张为真实的义务,对方可以通过反证推翻法官的暂时心证,而无须根据"法律推定"承担本证证明义务,因此其与"自由心证说"并无本质区别。三是"证明标准降低说"与"自由心证说"效果不同。在证明标准降低说下,无论证明标准降低至何程度,被妨碍人仍需根据客观证明责任之影射承担一定程度的提出证据责任,若其未完成被降低了的举证负担,举证责任不至转移至妨碍者,被妨碍人仍应承担败诉结果;但在自由心证说下,法官直接根据"证明妨碍事实"推论被妨碍人的证据主张或事实主张为真,被妨碍人几乎无须就待证事实承担证据提出义务(前提是其完成对证明妨碍事实的证明活动),举证责任较"证明标准降低说"而言更早转换至妨碍者,妨碍者承担更重的举证责任。

笔者主张以证明标准降低说、自由心证说、证明责任倒置说三种学说为核心构建我国证明妨碍法律效果规则(但实体法明文规定采"拟制自认说"的除外)。证明妨碍制度之本质是为了扩充当事人之证据搜集能力、减轻负证明责任一方的举证负担,以纠正纯粹辩论主义或对抗制下当事人无法实现平等武装的实质公平问题。笔者建议以公平原则为主要考虑标准,在妨碍者为故意妨碍情形下兼顾制裁和预防原则,根据妨碍行为对被妨碍人所造成的不公平程度,从低至高选择适用证明标准降低说、自由心证说和证明责任倒置说三种学说。例如,在妨碍者故意的情况下,可选择举证责任倒置这一最严厉的后果;在妨碍者重大过失的情况下,可选择自由心证这一后果;在妨碍者仅具有一般过失的情况下,可选择证明标准降低的后果。

---

① 〔德〕莱奥·罗森贝克:《证明责任论——以德国民法典和民事诉讼法典为基础撰写》(第 4 版),庄敬华译,中国法制出版社 2002 年版,第 380 页。

二、保险合同诉讼中的证明妨碍

(一) 未履行出险通知义务

1. 出险通知义务概要

所谓出险通知义务,又称保险事故通知义务,是指在保险合同有效期内,合同约定的保险事故发生后,投保人、被保险人和受益人应当将此情形及时通知保险人的义务。出险通知义务有利于保险人及时收集证据,防范投保人一方欺诈道德风险;有利于及时采取措施防止损失扩大;有利于保险人厘定保费,没有收到出险通知就意味着以往事件不需要再进行赔付,从而可以减少准备金的拨备,也可以以此为精算基础厘定保险产品费率。

各国及地区保险法基本上都规定了投保人一方的出险通知义务,然而在通知义务主体、通知期限、通知方式、未履行通知义务的后果等方面规定各有不同。在通知义务主体上,一些国家及地区规定仅投保人、被保险人负出险通知义务,如日本、德国等;在未履行通知义务的后果上,一些国家及地区规定保险人可免于赔偿,如韩国、德国等;在通知方式和期限上,多数国家及地区未加限制,书面或口头通知均可,通知期限之判断也较为宽松,仅违反通知期限而未造成保险公司损害的不视为违反出险通知义务。[①]

在出险通知义务方面,台湾地区规定保险人享有解除权和损害求偿权。同时,在通知方式和期限上,台湾地区的规定也更加明确。《保险法》第21条明确规定:"投保人、被保险人或者受益人知道保险事故发生后,应当及时通知保险人。故意或者因重大过失未及时通知,致使保险事故的性质、原因、损失程度等难以确定的,保险人对无法确定的部分,不承担赔偿或者给付保险金的责任,但保险人通过其他途径已经及时知道或者应当及时知道保险事故发生的除外。"从立法意图上看,《保险法》中的

[①] 参见许崇苗:《保险法原理及疑难案例解析》,法律出版社2011年版,第296页。

出险通知义务最主要的功能在于道德风险防范,帮助保险人及时参与定损和勘查,查明事故原因、性质等,决定是否赔付及赔付额度。根据《保险法》第21条的规定,出险通知义务主体为投保人、被保险人和受益人,未履行通知义务的后果是保险人不承担全部或部分赔偿或者给付保险金的责任,但是该法律后果之适用需具备以下要件:一是通知义务人知道或应当知道保险事故已发生;二是通知义务人故意或因重大过失未履行出险通知义务;三是未及时通知导致保险事故的性质、原因、损失程度等难以确定;四是保险人仅可对"不能确定"的部分免责。

2. 从证明妨碍视角看出险通知义务之完善

从诉讼证明的角度来看,《保险法》之出险通知义务规定是从实体法上规定了投保人一方的证据保存义务,违反该义务将导致证明妨碍规则之适用。具体而言,若投保人、被保险人、受益人因故意或重大过失违反出险通知义务,导致保险人难以确定事故原因、性质等,保险人就难以确定之部分可以免赔。与一般证明妨碍规则相比,出险通知义务所确定的证明妨碍规则具有以下特殊性质:一是可归责性要件特殊,仅规定了投保人一方故意或因重大过失未履行出险通知义务的情形,未规定因一般过失未履行出险通知义务之情形。二是法律效果特殊,未履行出险通知义务的后果不是举证责任倒置、自由心证或证明标准降低,而是直接导致妨碍人败诉,相当于拟制自认效果。如此一来,有几个问题需要进一步探讨:投保人一方因一般过失未履行出险通知义务如何处理?出险通知义务之未履行是否一律导致保险人免赔?主张适用出险通知义务规则之保险人需履行什么样的证明义务?

(1)因一般过失未履行出险通知义务之处理

证明妨碍理论通说认为妨碍人需具有主观上的故意或过失。所谓故意应具有双重性,即妨碍人既具有明知该证据方法的证明功能而妨害对方在诉讼中使用该证据方法的意图,又具有故意灭失、毁损、隐匿该证据致其无法使用或使用困难的行为。任何一个要件缺失仅可构成过失妨碍行为,过失妨碍包括三种情况:一是虽故意使该证据方法不能使用,但对该证据之于将来诉讼的意义因疏忽大意未预料或虽有预料但轻信能够避免;二是虽对该证据的意义有认识,但系出于过失而从事妨碍行为;三是对证据之意义及妨碍行为均有欠缺注意之过失。无论重大过失还是一般过失都可以构成证明妨碍,两者之区分仅在法律效果上有所不同。

《保险法》未规定投保人一方因一般过失未履行出险通知义务的处理,为保护被保险人一方的利益,在解释论上,似不应将一般过失与重大过失之法律效果相提并论,一律令保险人免赔。但可类推适用证明妨碍理论,如果符合证明妨碍之其他构成要件,则因一般过失未履行出险通知义务,仍然可适用比"拟制自认"更轻微的证明妨碍之其他法律效果,如证明责任倒置、自由心证或证明标准降低。

如在意外险纠纷中,若受益人因一般过失未通知保险公司而擅自将被保险人遗体火化,保险人主张被保险人死于疾病而非意外的,法院可认其主张为真,而受益人应提出被保险人生前未患有相关疾病的证据,在采用证明责任倒置说的情形下,受益人之证明需达到本证程度;在采用自由心证说的情形下,受益人之证明仅需达到反证程度即可;在采用证明标准降低说的情形下,在受益人提出证据之前,保险公司必须先提出证据证明被保险人生前患有疾病,只是无须就疾病是导致死亡的直接、主要原因再行证明,即证明负担被减轻。具体采用哪一种学说,应视案件实际情况、妨碍行为对保险人所造成的不公平程度而决定。

(2) 出险通知义务未履行之法律后果

就证明妨碍之法律效果,我国学者大多主张根据个案情况,综合考虑妨碍行为人的可归责程度,该证据之重要性、可替代性等因素,选择适用推定举证人主张为真实、直接认定妨碍者拟制自认,或针对该等事实降低证明标准,甚至在必要时转换证明责任等效果,即采"多元说"。① 有学者提出了"单一说",即应以"对被妨碍者所造成不公平之程度"作为标准,考虑之焦点应置于"如该证据存在对被妨碍者之证明活动所将产生的影响",而非"妨碍者之主观归责程度",即使妨碍者基于过失致证据毁灭或难以使用,若严重影响被妨碍者的证明活动,则其法律效果不应与故意者有不同。

---

① 参见包冰锋:《民事诉讼证明妨碍制度研究》,厦门大学出版社 2011 年版,第 250 页。

笔者认为"单一说"具有简便易行的优点。但在未履行出险通知义务的情形下,妨碍者之主观心理状态仍不失为重要判断标准。因为投保人一方未履行出险通知义务,将直接导致保险公司无法参与定损、查勘,导致保险公司无从知晓事故原因、性质,或者需付出更大的成本以获取相关情况。也就是说,对保险公司造成了无差别的不利影响。

然而,《保险法》第21条统一规定投保人一方因故意或重大过失未履行出险通知义务的后果均是保险公司对保险事故中不能确定性质、原因、损失程度的部分不承担赔付责任。保险合同是最大诚信合同,为了规范市场秩序,防范道德风险,此种情况下证明妨碍法律效果之确定应当更注重惩罚和预防功能,同时兼顾救济功能,故意不履行义务的行为应当对应更严厉的法律后果。因此,从解释论上,笔者建议区分投保人一方的主观状态并赋予不同的法律效果。若投保人、被保险人、受益人故意不履行出险通知义务,则可放宽对"不能确定性质、原因、损失程度"的证明要求,推定保险公司证明困难或证明不能,令其免赔,投保人一方可提出反证反驳。若投保人、被保险人、受益人因重大过失不履行出险通知义务,则仍需坚持由保险公司提出证据证明"证明不能"或"证明困难",证明成功的可全部或部分免赔。

这一建议是有比较法依据的,如德国《2008年保险契约法》第6条第3项规定:"契约约定投保人违反保险事故发生后之通知义务,而保险人得免给付之责者,其违反若非因故意或重大过失所致,该约定不生效力。因重大过失所致之违反,其不影响保险事故的确定及保险人责任的确定及范围者,保险人仍负给付之责。"也就是说,如果投保人故意违反通知义务,保险人可免赔;投保人因重大过失违反通知义务,保险人只有在保险事故确定及保险人责任确定受到影响的情况下才可以免赔。①

3. 出险通知义务未履行的妨碍行为之证明

证明妨碍规则适用之前提是证明妨碍行为得到确认,前文已陈述证明妨碍具有六个构成要件,妨碍主体、妨碍行为、违反保存义务、可归责性、妨碍结果、因果关系,任何一个要件之缺失均将影响证明妨碍之成立。

---

① 参见许崇苗:《保险法原理及疑难案例解析》,法律出版社2011年版,第256页。

同理，保险公司若欲引用《保险法》第 21 条拒赔，其需完成对投保人一方拒不履行出险通知义务的妨碍行为之证明，证明要件包括：①投保人、被保险人或受益人故意或因重大过失在知道或应当知道保险事故后，未在合同规定的时间内通知保险公司；②保险公司难以确定保险事故之原因、性质，导致证明困难或证明不能。法官应在判决理由中说明保险公司对上述事由之证明情况。

然而，司法实践中，法官在适用《保险法》第 21 条时却经常忽略对保险公司证明情况的审核，有的法院在基础事实不清的情况下作出了适用证明妨碍规则的判决。如以下案例中，终审法院在一审有证据证明被保险人已按时报案的情况下认定被保险人未及时报案，在双方对"保险公司是否及时查勘、被保险人是否阻碍保险公司查勘"这一主要事实不清的情况下，草率作出被保险人阻碍保险公司查勘的认定。

案例 5-1：2014 年 2 月 19 日 9 时 39 分，邓某某驾驶钟某甲所有的粤 MVQ×× 号小汽车行驶至紫金县龙窝镇璜坑村路段时，与钟某乙驾驶的粤 S300×× 号小汽车发生碰撞，造成车辆损坏的道路交通事故。2014 年 2 月 20 日，紫金县公安局交通警察大队作出第 00035 号道路交通事故认定书（简易程序），认定邓某某负事故的全部责任，钟某乙不负事故责任。保险公司以钟某甲未及时通知保险公司定损查勘为由拒绝其理赔申请，钟某甲起诉，并提供 3 份鉴定公估机构作出的鉴定结论为证据，要求保险公司赔偿 7 万余元修车费用和鉴定评估费用。一审法院委托广东弘正司法鉴定所鉴定，鉴定结论显示两车"碰撞痕迹不符"。后原告不服，在举证期限内申请法院重新委托鉴定，法院委托广东南天司法鉴定所，该所复函认为根据现有的送检材料，不具备鉴定条件。一审法院根据广东弘正司法鉴定所鉴定结论，以钟某甲违反保险合同的约定，规避保险人参加事故处理、核定财产损失为由，判令其败诉。二审法院在二审判决书明确写到，原审法院查明"保险公司提交的《机动车辆保险单出险抄件》载明，报案时间为 2014 年 2 月 20 日 17 时 14 分，出险时间为 2014 年 2 月 19 日 19 时 15 分",上诉人称"在保险事故发生后 48 小时内通知了被上诉人,然被上诉人并未按合同约定,在接到报案后尽快安排查勘",未对"保险公司是否及时查勘、被保险人是否阻碍查勘"这一主要事实认定的理由进行阐述,直接作出"本案事故发生后,钟某甲本应积极协助保险公司进行现场查勘,却未及时向保险公司报险,而后又拒绝保险公司查勘定损,自行修复车辆、自行赔付第三者损失,造成保险公司无法核定事故造成的损失,该不利后果应由钟某甲承担"的结论,作出维持原判的判决。①

笔者认为这与法官不熟悉证明妨碍理论有关,未将证明妨碍构成要件事实作为审理对象逐一查明,而仓促适用证明妨碍规则。在未履行出险通知义务的证明妨碍诸要件之证明中,是否履行通知义务、妨碍人是否具有主观可归责性、是否导致保险人证明困难或证明不能是证明难点,下文将就此分别进行解析。

(1)未履行通知义务之证明

"未履行出险通知义务"作为妨碍行为是保险公司主张适用《保险法》第 21 条时应当证明的要件事实之一。但该事实属于消极事实,往往难以证明,因为确认一个未发生、不存在的事实往往需要穷尽所有可能性并加以否定。对于消极事实的证明,存在两种做法:一是按照"待证事实分类说"将该消极事实转由对方承担证明责任;二是按照"证明责任减轻理论"减轻对方当事人的举证负担,如要求对方履行事案解明义务,说明相关情况。笔者认为较为妥善的做法是第二种方式,因为证明困难不能成为证明责任分配的唯一依据,姜世明教授指出:证明困难不能作为程序法之基本证据法原则,否则整体举证责任体系将遭到破坏,尤其将导致法律不安定性,对法治国司法程序基本要求将产生侵蚀效果。② 证明责任分配主要取决于实体法之立法宗旨,若无特别实体法上的意图,调整法律要件分类说之分配结果缺乏正当性基础。

---

① 参见钟某与天安财产保险股份有限公司梅州中心支公司财产保险合同纠纷上诉案,广东省河源市中级人民法院民事判决书(2014)河中法民二终字第 108 号。
② 参见姜世明:《证据评价论》,新学林出版股份有限公司 2014 年版,第 331 页。

在出险通知义务的情况下,除了证明困难外,别无其他理由转换保险公司的举证责任,因此"证明责任减轻"不失为缓解保险公司证明困难之妥善方式。具体方法是:要求投保人、被保险人、受益人说明出险通知时间、方式等,再由保险公司承担具体化义务,依据投保人一方的情况说明搜集相关证据。实务操作中投保人一方通常是以电话或赴保险公司营业部面谈方式报案,根据行业档案管理要求,保险公司具有在5年内保管档案资料的义务,因此无论电话报案还是现场报案在保险公司内部均会留下报案资料。如果投保人一方确已报案,则电话呼入记录和柜台接访记录中应留有相关记载;若其确未报案,则相关时间内的档案资料也能够间接证明其未履行通知义务。

若保险公司主张投保人一方未履行通知义务,而投保人一方已提供通知时间、方式等,保险公司未进一步提供证据证明其主张,应认为保险公司对该要件事实未完成证明责任。然而,实践中存在一些错误做法:一是法院未查明"是否履行通知义务"的事实便直接适用证明妨碍规则,如上述案例5-1。二是法院错误地要求投保人一方对"已履行通知义务"承担证明责任,如以下案例:

> 案例5-2:戴某为其名下轿车在某保险公司处投保了车辆损失险及车损险不计免赔条款等。2013年9月13日下午到夜里,上海市普遍出现雷电和雷阵雨,局部地区雨量达到大暴雨,其中13:00到23:00,浦东新区气象局自动气象站显示雨量145.3毫米(大暴雨)。2013年9月13日下午,戴某驾驶上述保险车辆途经上海市浦东新区东方路潍坊路附近时因暴雨致车辆涉水发生故障。2014年7月24日,戴某向法院起诉称其于2013年9月13日下午3:00发生事故,要求某保险公司赔偿修车费用36308元及气象服务费500元。一审法院以戴某未提供证据证明保险事故且未在约定时间内报案为由,依照《保险法》第21条判令其败诉。二审过程中,上诉人戴某提出:"事故发生时间为2013年9月13日下午3点左右,上诉人第一时间4次拨打被上诉人公司服务电话报案,被上诉人故意向法庭作了虚假陈述。"同时,上诉人向

法院提交绍兴县公证处于 2014 年 11 月 10 日出具的(2014)绍证民字第 2412 号公证书 1 份(附相粘连光盘 1 张),主要内容为:该处公证员根据戴某请求,于 2014 年 11 月 10 日上午在该处二楼办公室,由戴某用该处的号码为 0575-841××××0 固定电话拨打了 95××0,该处现场进行拍摄并将摄录内容记录成光盘 1 张,上诉人用以证明其第一次报案时间为 2013 年 9 月 13 日。该光盘当庭播放,被上诉人表示其也清楚听到最后说到是 2013 年 9 月 13 日下午 5∶05 用 180×××4188 打过电话。终审法院根据上诉人提供的新证据,以该新证据"可以认定事故发生时间为 2013 年 9 月 13 日下午及出险后上诉人已及时通知了被上诉人"为由判令上诉人胜诉。①

在案例 5-2 中,一审法院以投保人未能证明其已履行出险通知义务为由,依照《保险法》第 21 条判令其败诉,投保人不得不通过公证的办法迂回收集"已按时报案"的证据,以该证据说服二审法院改判。事实上,由投保人证明"已报案"是极为困难的,因为实务中大多数投保人、被保险人、受益人是以电话方式报案,通常不会留下任何凭据,而报案记录在保险公司回访系统中是留存痕迹的,保险公司具有提供证据之便利条件。况且,从法律要件分类说来看,有关"投保人未履行通知义务"要件事实之证明责任在保险公司一方而非投保人一方,投保人提供报案时间、方式之说明便已履行完毕事案解明义务,"是否通知"之真伪不明后果应由保险公司承担,而非由投保人一方承担。如若要求投保人承担证明责任,无异于凭空令保险公司多出一个拒赔理由,不当加重了投保人之负担。

(2)妨碍人可归责性之证明

关于可归责性要件之证明,由于内界事实难以证明,因此多需要采用证明责任减轻的办法缓解负举证责任一方的证明困难。从比较法上看,可归责性要件之证明责任减轻方式有两种:一是表见证明;二是证明责任转换。在出险通知义务的可归责性证明上,大陆法系采表见证明规则,英

---

① 参见戴某与中国太平洋财产保险股份有限公司柯桥支公司财产保险合同纠纷上诉案,浙江省绍兴市中级人民法院民事判决书(2014)浙绍商终字第 1081 号。

美法系采证明责任转换规则。

在德国,主观要件之证明多借助表见证明规则,行为人违反某一法律规定的义务,通常被认为主观上有可归责性。德国联邦最高法院曾认为依交通法规,汽车驾驶人应保持其驾驶速度于任何时刻得履行其交通义务及可及时停车者,若驾驶人未尽如此义务,而发生事故,可彰显其可归责性。① 鉴于在很多情况下,义务违反均导致典型事象经过被认定,指向可归责性要件之成立,甚至有学者主张将义务违反或违法关联性作为表见证明之要件。当然,由于表见证明在很多案例中并未呈现义务违反之特征,因此义务违反最终未作为表见证明之构成要件。

在美国,可归责性要件之证明责任看上去被"倒置"给了被保险人。很多州的法律都规定:被保险人如果没有及时发出通知,而且没有值得原谅的理由的话,他就不能得到保险赔付。② 所谓正当理由的情形包括:被保险人是额外的、非列明的被保险人,既不知道保单的存在,也没有合理的理由要求他知道保单的存在③;被保险人有理由认为事故相当琐碎,不会导致损失发生,或者不至于让第三人向自己提出索赔④;被保险人合理地认为,第三人向自己提出的索赔是不会得到保险公司赔付的⑤;被保险人由于患病或失能而无法发出通知;保险人已拒赔,通知失去意义⑥;保险人已从他人保险人那里收到通知⑦;保险人放弃了自己的权利⑧。

在我国,由于证明妨碍要件之证明往往处于不清晰状态,从案例中难以查考法院认定被保险人故意或过失之依据,投保人一方未及时履行出险通知义务的,法院通常会以投保人一方未完成对保险事故之证明责任为由令其败诉,而非直接、单独依照《保险法》之出险通知义务令其败诉。如以下案例:

---

① 参见 BGH NJW 69, 2136 ff., 转引自姜世明:《举证责任与证明度》,新学林出版股份有限公司 2008 年版,第 347 页。
② See Bart tesoriero, finly. Harckham & David Roland, The Draconian Late Notic Forfeiture Rule; Off With tk-Policy holders' Heads, 13 Ins. Litig. Rep. 113, 124-127 (1993).
③ See Finstad v. Steiger Tractor, Inc. 301 N. W. 2d 392 (N. D. 1981).
④ See Henschel v. Hawkeye-Security Ins. Co., 178 N. W. 2d 409, 415 (Iowa 1970).
⑤ See Farmers Auto. Ins. Ass'n v. Hamilton, 355 N. E. 2d 1 (111. 1976).
⑥ See Royal-Globe Ins. Co. v. Craven, 585 N. E. 2d 315 (Mass. 1992).
⑦ See City of N. Y. v. Con'l Gas. Co. 805 N. Y. S. 2d 391 (N. Y. App. Div. 2005).
⑧ See Ara v. Erie Ins. Co., 387 S. E. 2d 320 (W. Va. 1989).

案例5-3：2004年4月16日，陈某向某公司投保意外险，保费100元，保额8万，受益人为陈某之外孙女张某；4月17日，陈某死亡。2004年10月25日，张某向保险公司报案，保险公司以其未在合同约定的时间内报案，派出所出具的死亡证明为户籍注销时出具为由拒赔；11月12日，张某请当地派出所出具证明，证明陈某系于4月17日当晚因雨后路滑不慎摔倒，头部受伤，并于当晚18：00过世。2006年7月5日，张某请当地居委会出具一份相似的死亡证明。保险公司仍然拒赔，张某起诉。一审判决保险公司败诉，理由是延迟报案并不能成为拒赔理由。二审中保险公司抗辩陈某女儿颜某为保险公司营销员，明知报案程序，却在被保险人死亡半年后才报案；张某所提供的派出所证明、居委会证明只能证明被保险人摔倒后死亡，并不能证明摔倒是死亡的原因。二审法院认为受益人未在合同规定的时间内报案，导致保险人无法核实死因，受益人应对被保险人之死因承担证明责任，而受益人提供的证明文件均无法证明意外摔倒为死亡的直接原因，因此判令受益人败诉。①

在案例5-3中，受益人一方提供了派出所和居委会出具的《死亡证明》等证据资料，但终审法院却认为受益人未证明被保险人死于意外。也就是说，终审法院以受益人未完成对意外伤害的证明，而非以其未履行出险通知义务为由令其败诉。笔者认为这种做法混淆了当事人双方的证明责任，意外险之外来性要件应由原告证明，但疾病性要件则应由被告承担间接反证责任，因此受益人只要提供证据证明伤害是因意外引起便完成了证明责任，保险公司应证明被保险人存在疾病，且疾病是伤害之原因。在保险理赔实务中，若被保险人一方能够提供当地基层组织、医院或公安机关出具的《死亡证明》，通常会被认为其完成了举证责任。因此，笔者认为该案原告败诉的真实原因并非其举证不足，而是其违反了出险通知义务，遗憾的是法院未按照证明妨碍规则令其败诉，而是作出了证明责任

---

① 参见刘宇萍：《受益人未按合同约定履行出险通知义务的法律责任》，载《人民司法》2009年第6期。

判决。

若必须适用出险通知义务规则,那么妨碍者可归责性之证明就成为必要,法官应在判决理由中澄清该要件事实之认定情况。就可归责性的两种减轻路径而言,笔者认为我国应选择表见证明之方法,因为根据笔者上文论述,投保人主观状态之不同将导致不同的结果,若故意未通知,则保险公司证明困难或证明不能将被推定,保险公司之证明负担将大大减轻;若因重大过失未通知,则保险公司还应证明其发生证明困难或不能之损害后果。而证明责任转换之方法无法区分上述两种后果。

就表见证明而言,未及时履行出险通知义务之行为属于义务违反,本可作为典型事象经过直接认定过失成立。也就是说一旦被保险人一方未及时履行出险通知义务,可推定其具有过失,但由于故意、重大过失以及一般过失之法律效果不同,因此还需对主观可归责性之具体状态作细分。在德国,表见证明原则上对于轻过失有适用性,但对于重大过失是否有可适用性,学界是存在争议的,实务上有认为可以适用,但亦有反对者。[①] 笔者认为比较稳妥的做法是,保险公司仍需提供其他事实以推定妨碍者之主观心理状态。如在上述案例5-3中,被保险人之女儿、受益人之母亲长期作为该保险公司之营销员,理应清楚出险通知义务的规定及其重要意义,但却在被保险人死亡并火化半年后才报案,法院可否依经验法则判断其为"故意"不履行出险通知义务,在"故意"得到推定后,保险公司之证明困难后果亦将得到推定,保险公司完成证明责任,被保险人一方可提出反证证明不存在故意行为或未引起保险公司的证明困难。

(3)"证明困难"或"证明不能"之证明

由保险公司证明投保人一方未履行出险通知义务导致自己"证明困难"或"证明不能"是极为困难的。在这一点上美国法律可以为我们提供借鉴。

在美国,传统法律规则是:被保险人及时履行出险通知义务是获得赔付的前提条件,只要延误通知且没有正当理由,则无论保险人的利益有没

---

① 参见姜世明:《证据评价论》,新学林出版股份有限公司2014年版,第354页。

有因此受损,其都不必赔付。① 不过这一法律规则在实践中并未严格执行,绝大部分州已放弃了传统的严格规则,不再允许单凭通知义务这一项规定就剥夺保险人的保险保障,除非这种行为导致了保险人利益的实际损失。② 与实体法规则统一不同的是,证明责任分配规则存在重大分歧:有的州要求保险人证明自己的利益因此受损,而有的州则要求被保险人证明自己逾期通知行为没有给保险人造成损失。③ 由被保险人承担证明责任是少数派意见,其与传统上不要求保险人产生利益损失规则的结果是一样的,因为被保险人很难证明保险人没有因此产生利益损失,但这并非完全无理,因为被保险人未及时通知行为在先,若非未及时通知,不至发生此后果,因此只要通知出现延误就应当推定被保险人存在损失。但多数派意见仍然认为应让保险人承担证明责任,因为保险人具有丰富的事故调查经验,由其"证有"比让被保险人"证无"更具合理性,而且让保险人承担证明责任有助于激励保险人提前开展调查,以保护自己的利益,而不是坐等被保险人的通知。

有关什么样的证明可以构成一个成功证明的争议也十分大。有的州严格要求保险公司证明自己存在实际损失,如新泽西州法院认为考察损害需要经过两个步骤:第一要考察保险人是否失去了准备拒赔抗辩的权利,而且这项权利的丧失是否无可挽回,第二是要考察保险人成功抗辩的概率是否下降。第一个步骤实际上是要保险公司证明什么样的证据已灭失,证据之灭失有何影响,为何无法从其他途径获取证明资料。④ 而有的州则只要求保险公司证明自己有合理的可能性会受到损害,因为其认为令保险公司证明实际损失是不合理负担。⑤

笔者认为按照法律要件分类说,"证明困难"或"证明不能"要件由保险公司承担证明责任,并不存在正当理由将证明责任倒置给投保人一方,

---

① See Canadyne-Georgia Corp. v. Cont'l Ins. Co., 999 F. 2d 1547 (11 th Cir. 1993).
② 参见〔美〕小罗伯特·H. 杰瑞、〔美〕道格拉斯·R. 里士满:《美国保险法精解》(第4版),李之彦译,北京大学出版社 2009 年版,第 282 页。
③ See Tush v. Pharr, 68 P. 3d 1239(Alaska 2003); Neff v. Pierzina, 629 N. W. 2d 177 (Wis. 2001).
④ See Morales v. National Grange Mutual Insurance Co., 423 A. 2d 325 (N. J. Super. Ct. Law Div. 1980).
⑤ See Jones v. Bituminous Cas. Corp., 821 S. W. 2d 798, 803 (Ky. 1991).

因为保险公司具有证明之便利和能力,且由其证明可促使其改善管理、优化事故调查程序;也不能直接推定未及时通知行为将导致"证明困难"或"证明不能",但故意制造保险事故的除外,因为保险公司强大的调查能力能够确保其在一些案例中证明活动不受损。

当然"证明不能或证明困难"是沉重的举证负担,保险人通常很难完成证明责任,结果就造成延误通知基本不会使被保险人失去保障,但从《保险法》立法宗旨上看,这符合现代《保险法》保护被保险人一方的立法精神。保险公司可证明延误通知使其无法参加庭审、无法参加和解、无法对事实进行调查,至于法官之认定,这纯粹是一个见仁见智的事实问题。在保险公司完成证明责任的情况下,投保人一方也可以提出反证,证明保险公司存在其他路径证明案件事实。然而,是否造成保险公司证明困难的标准往往是存在争议的,如以下案例。

案例5-4:2009年9月2日,朱某为自己投保某公司借款人意外险,保费270元,保险期间1年,保额6万。2011年2月18日8:00,朱某突然不省人事,经医院抢救无效死亡,医院诊断为"猝死"。当日13:00,朱某被火化。当日19:00,朱某亲属向保险公司报案并申请理赔。保险公司以猝死不是意外伤害为由拒付。朱某家属诉至法院,主张猝死的原因是摔倒在地,而被告抗辩朱某家属在其被火化后才报案,死亡原因是疾病而非意外。法院认为猝死是一种死亡表现形式,而非死亡原因,只有对猝死者进行尸体鉴定才能确定原因,本案原告在朱某尸体火化后才报案使保险人丧失了证明"猝死"的原因,该举证不能之过错在于原告,据此败令原告败诉。[1]

事实上,并不是每一个猝死案都需要经过尸检才能认定被保险人死亡的原因,尸检的结果有时也是不确定的,而且保险人可以通过理赔调查查明被保险人生前是否患有可能导致猝死的疾病。从这个意义上看,尽管上述案例中,受益人在被保险人死亡当日先火化再报案之行动存在明

---

[1] 参见中国保险行业协会组织编写:《保险诉讼典型案例年度报告》(第4辑),法律出版社2012年版,第82页。

显的可归责性，但其并未造成保险公司证明困难或证明不能，不应该适用《保险法》第21条直接令原告败诉，当然被保险人一方之行为是否可认定为"故意"行为则是一个需要法官判断的事实问题。笔者认为若被保险人一方明知出险通知义务，如保险公司已明确告知，则可以推论其为故意。

> 案例5-5：2001年5月15日，蒋某就其名下车辆向某公司投保盗抢险、自燃损失险，合同约定"被保险人得知或应当得知保险车辆被盗窃、被抢劫或被抢夺后，应在24小时内向当地公安部门报案，在48小时内通知保险人，并登报声明"。2001年12月14日，蒋某与女友章某争吵后离开住所前往浙江，轿车停在小区停车位上。蒋某于2002年2月19日到停车位处发现轿车已不在，经与章某联系，章某表示2001年12月14日后再没有使用过该车。2002年3月6日，蒋某向派出所报案，同年4月11日，蒋某通知保险公司车辆失窃。公安部门立案侦查3个月无果，蒋某向保险公司提出理赔要求，保险公司以其未履行出险通知义务为由拒赔。蒋某起诉，要求保险公司支付保险金21万余元。一审法院认为蒋某在发现车辆不见后50天才通知保险公司，也未按合同约定登报声明，致使保险公司未能及时进行勘验及采取施救措施，遂令原告败诉。蒋某上诉称保险公司未履行对免责条款的说明义务，该条款无效。二审法院认为该免责条款已以合理形式提请投保人、被保险人注意，属于有效条款，蒋某未能按照合同约定报案并通知保险公司，致使保险公司丧失查找被盗车辆线索的最佳时机，因此判令其败诉。①

在案例5-5中，被保险人知道保险事故发生之日距保险事故实际发生之日已有2月余，而出险通知距发现保险事故之日亦有1月余，报案日距发现保险事故之日有近20日，很显然被保险人未遵守合同出险通知时间之规定。然而有争议的是，未及时通知出险是否引起保险公司之实际

---

① 参见奚晓明主编：《〈中华人民共和国保险法〉条文理解与适用》，中国法制出版社2010年版，第263页。

损失?终审法院认为被保险人未及时报案致使保险公司丧失查找被盗车辆线索的最佳时机。值得商榷的是,即使被保险人在发现车辆被盗之当日通知保险公司,保险公司就能够把车找回来吗?即使被保险人提前1个月通知保险公司,保险公司就能够克服证明困难吗?盗抢险纠纷中,最重要的是如何认定车辆被盗之保险事故发生,具体规则在本书第二章已有论述,在此不再赘述。

4. 小结

本章笔者重构了证明妨碍的构成要件和法律效果,并基于证明妨碍理论视角,提出完善保险法出险通知义务的建议,包括被保险人一方因一般过失未履行出险通知义务的,可适用证明妨碍规则;故意不履行出险通知义务的,推定对保险公司造成了证明困难或证明不能。主张保险人对被保险人一方未履行出险通知义务的证明要件有:①被保险人一方存在未履行出险通知的行为,为减轻保险人因证据距离而产生的证明困难,建议由被保险人一方履行具体化义务,提供履行出险通知的方式、时间等信息;②被保险人一方存在故意或过失,建议借鉴德国法适用表见证明规则,而不是按美国法采证明责任转换规则;③导致保险人产生证明困难或证明不能,当保险人仍然存在其他证明途径时,则无法适用证明妨碍规则。

经实证研究,笔者发现司法实践中存在法官在出险通知义务适用要件基础事实不清的情况下,贸然适用该规则的错误倾向,包括随意转换证明责任,如要求被保险人一方证明未履行出险通知义务;随意降低保险人对"证明困难"或"证明不能"要件的证明标准,使未履行出险通知义务的适用被不当扩大化,侵害被保险人一方的合法权益。对这些错误做法应当予以纠正并避免。

(二) 其他证明妨碍行为

保险合同诉讼中,投保人、被保险人或受益人必须证明保险金请求权的成立,其中最为重要的是证明保险事故之发生,而保险公司则需就权利障碍要件、权利受制要件和权利消灭要件承担证明责任,有些情形下还需就保险事故承担间接反证责任。投保人、被保险人或受益人未履行出险通知义务的行为妨碍保险公司的证明活动,因此需承担证明妨碍之后果。除了未履行出险通知义务之外,投保人、被保险人或受益人的其他行为也可能影响保险公司的本证和间接反证,如阻碍保险人参与定损查勘、故意或过失毁坏保险标的等。实际中最为常见的有投保人一方虽通知保险公司出险情况,但未按保险公司要求保护现场、保护保险标的,擅自火化尸体、擅自与受害人和解、擅自修理受损保险标的。笔者认为这些情况与未履行出险通知义务一样,均属于证明妨碍行为,因此可以类推适用《保险法》第21条的规定。与此同时,保险公司也可能妨碍投保人一方的证明活动,如在接到投保人一方报案后,拒不出险查勘、未指示投保人按要求保护保险标的,在诉讼产生后,却以投保人未按合同规定提供理赔资料为由拒赔,这种情况下,若投保人一方因保险公司的过错导致证据不足,法院也可以适用证明妨碍规则,降低投保人一方的证明标准,或者以自由心证认定投保人一方提供的证据或主张的事实为真。

结　论

本书写作于民事诉讼法学理论上证明责任分配理论学说举棋未定、部门法与程序法研究割裂、实践中保险合同诉讼同案不同判问题严重的背景之下，旨在填补保险法与证据法交叉领域的研究空白，解决实践证明复杂问题，检视证明责任分配理论学说。

本书的研究结论可以简单概括为：不具有证据意识的实体法亦可通过法解释学适用"修正的规范说"；证明责任过程意义重于结果意义，客观证明责任作为诉讼的指挥棒影响诉讼进程，法官应运用经验法则、证明责任减轻等制度竭力避免证明责任判决。

不少学者担心不具有证据法意识的实体法不能适用规范说，因规范说是严格建立在实体法条文形式主义的基础上的，但亦有学者主张可运用法解释学克服实体法的立法缺陷。本书实证研究结果支持了后一种主张。《保险法》可谓是最不具有证据法意识的实体法之一，整部法律仅有一条有关证明责任分配的条文，而且该条文从文义解释上看并不完全符合规范说，相反更接近于英美的阶段式证明责任说。以保险金请求权之实现为线索，本书研究了保险证明中的疑难复杂问题，发现法解释学完全可以弥补实体法立法之缺陷。以规范说作为基准的优点在于可以维护法的安定性，克服司法实践中出现的证明责任随意分配的弊端。

仅仅理顺证明责任分配规则不足以解决理论和实践中的问题。肇始于20世纪90年代初的以强化证明责任为核心的民事审判方式改革，以牺牲司法正义为代价，导致实践中涌现出大量的证明责任判决。在司法改革的理性回归之路上，法院愈来愈弱化证明责任的概念，法官在适用证明责任判决时也日渐谨慎。然而，理论研究之薄弱无力挽救实践中证明责任适用之乱象。本书研究表明客观证明责任不仅在真伪不明时可以指导法官裁判,更重要的是其作为诉讼之指挥棒,在证明责任减轻等制度之共同作用下,帮助法官查明事实、认定事实,从而避免证明责任判决。在强调表见证明、经验法则、不负证明责任一方的事案解明义务等制度运用的情况下,诉讼已经从当事人的竞技场,转变为双方当事人与法官共同协力认定事实的"合作场"。

　　基于上述理论分析保险法上保险事故之证明,本书研究认为应全面减轻被保险人一方的证明责任,包括适用第一眼证据、外观证据规则,区分权利障碍要件与权利成立要件并将权利障碍要件交由保险人承担证明责任,将意外险中"非本意性"要件倒置给保险人,将"疾病性"要件交由保险人间接反证,在因果关系证明中区分当事人与法官责任的界限,在未履行出险通知义务的案件中强调保险人对要件事实的逐一证明等。上述见解符合保险法保护被保险人利益的立法宗旨,而保险人因此可能引发的败诉风险和经济损失亦可以通过价格机制转由全体消费者分担。尽管经济学家常常批判法学家照顾弱势群体的立场可能增加社会总体成本,但本书认为这是保险中的保险机制,即让本应由个体承担的裁判不公风险分散到全体消费者,因为假如要在"冤枉一个无辜消费者或放纵一个道德风险、逆选择风险制造者"之间进行选择,毋宁选择后者。根据法经济学基本原则,风险应由最能够承担风险的一方承担,市场竞争机制将激励保险公司改善经营管理、优化风险识别和控制机制,最大限度地降低整体保险成本。

参考文献

一、著作类

(一) 中文著作

1. 李慧民等编著:《建设工程保险概论》,科学出版社2016年版。
2. 姜世明:《证据评价论》,新学林出版股份有限公司2014年版。
3. 段文波主编:《要件事实理论视角下民事案件证明责任分配实证分析》,厦门大学出版社2014年版。
4. 叶启洲:《保险法实例研习》元照出版有限公司2013年版。
5. 姜世明编著:《民事诉讼法注释书(四)》,新学林出版股份有限公司2013年版。
6. 崔吉子、黄平:《韩国保险法》,北京大学出版社2013年版。
7. 陈聪富:《侵权违法性与损害赔偿》,北京大学出版社2012年版。
8. 崔建远:《合同法总论》(中卷),中国人民大学出版社2012年版。
9. 刘建勋:《保险法典型案例与审判思路》,法律出版社2012年版。
10. 肖建国、包建华:《证明责任——事实判断的辅助方法》,北京大学出版社2012年版。
11. 江朝国:《保险法逐条释义》(第2卷),元照出版有限公司2013年版。
12. 姜世明:《民事证据法实例研习(二)》,新学林出版股份有限公司2011年版。
13. 包冰锋:《民事诉讼证明妨碍制度研究》,厦门大学出版社2011

年版。

14. 沙银华:《日本保险经典判例评释》,法律出版社 2011 年版。

15. 许崇苗:《保险法原理及疑难案例解析》,法律出版社 2011 年版。

16. 奚晓明主编:《〈中华人民共和国保险法〉条文理解与适用》,中国法制出版社 2010 年版。

17. 吴定富主编:《〈中华人民共和国保险法〉释义》,中国财政经济出版社 2009 年版。

18. 姜世明:《新民事证据法论》,新学林出版股份有限公司 2009 年版。

19. 邵明:《正当程序中的实现真实——民事诉讼证明法理之现代阐释》,法律出版社 2009 年版。

20. 骆永家:《民事举证责任论》,台北商务印书馆 2009 年版。

21. 姜世明:《举证责任与证明度》,新学林出版股份有限公司 2008 年版。

22. 姜世明:《民事证据法实例研习(一)》,新学林出版股份有限公司 2008 年版。

23. 林群弼:《保险法论》,三民书局 2008 年版。

24. 魏振瀛主编:《民法》,北京大学出版社 2007 年版。

25. 毕玉谦:《民事证明责任研究》,法律出版社 2007 年版。

26. 李浩:《民事证据立法前沿问题研究》,法律出版社 2007 年版。

27. 沈冠伶:《民事证据法与武器平等原则》,元照出版有限公司 2007 年版。

28. 姜世明:《举证责任与真实义务》,新学林出版股份有限公司 2006 年版。

29. 魏华林、林宝清主编:《保险学》(第 2 版),高等教育出版社 2006 年版。

30. 陈聪富:《因果关系与损害赔偿》,北京大学出版社 2006 年版。

31. 肖建华主编:《民事证据法理念与实践》,法律出版社 2005 年版。

32. 肖建华等:《民事证据规则与法律适用》,人民法院出版社 2005 年版。

33. 许士宦:《证据收集与纷争解决》,新学林出版股份有限公司 2005 年版。

34. 王利明:《侵权行为法归责原则研究》(修订 2 版),中国政法大学出版社 2004 年版。

35. 李浩:《民事证明责任研究》,法律出版社 2003 年版。

36. 江朝国:《保险法基础理论》,中国政法大学出版社 2002 年版。

37. 张俊浩主编:《民法学原理》,中国政法大学出版社 2000 年版。

38. 陈刚:《证明责任法研究》,中国人民大学出版社 2000 年版。

39. 张卫平:《诉讼构架与程式:民事诉讼的法理分析》,清华大学出版社 2000 年版。

40. 张新宝:《中国侵权行为法》,中国社会科学出版社 1998 年版。

41. 尹田编著:《法国现代合同法》,法律出版社 1997 年版。

42. 杨仁寿:《海上保险法论》,三民书局 1996 年版。

43. 刘宗荣:《保险法》,三民书局 1995 年版。

44. 施文森:《伤害保险示范条款及判决例之研析》,自版 1991 年版。

45. 施文森:《保险法总论》,自版 1990 年版。

46. 桂裕民:《保险法》,三民书局 1990 年版。

47. 郑玉波:《保险法论》,三民书局 1984 年版。

48. 陈荣宗:《举证责任之分配》,三书书局 1984 年版。

49. 周枏:《罗马法原论》,商务印书馆 1944 年版。

(二) 中文译著

1. 〔德〕迪特尔·梅迪库斯:《请求权基础》,陈卫佐等译,法律出版社 2012 年版。

2. 〔美〕乔治·E. 瑞达:《风险管理与保险原理》(第 10 版),刘春江、王欢译,中国人民大学出版社 2010 年版。

3. 〔美〕马克·S. 道弗曼:《风险管理与保险原理》(第 9 版),齐瑞宗译,清华大学出版社 2009 年版。

4. 〔德〕耶林:《罗马私法中的过错要素》,柯伟才译,中国法制出版社 2009 年版。

5. 〔美〕小罗伯特·H. 杰瑞、〔美〕道格拉斯·R. 里士满:《美国保险法精解》(第4版),李之彦译,北京大学出版社2009年版。

6. 〔美〕杰弗里·费里尔、〔美〕迈克尔·纳文:《美国合同法精解》(第4版),陈彦明译,北京大学出版社2009年版。

7. 〔古罗马〕盖尤斯:《法学阶梯》,黄风译,中国政法大学出版社2008年版。

8. 〔德〕罗森贝克、〔德〕施瓦布、〔德〕戈特瓦尔德:《德国民事诉讼法》,李大雪译,中国法制出版社2007年版。

9. 〔美〕乔治·E. 瑞达:《风险管理与保险原理》(第8版),申曙光主译,中国人民大学出版社2006年版。

10. 〔德〕普维庭:《现代证明责任问题》,吴越译,法律出版社2006年版。

11. 〔美〕H. L. A. 哈特、〔美〕托尼·奥诺尔:《法律中的因果关系》(第2版),张绍谦、孙战国译,中国政法大学出版社2005年版。

12. 〔美〕E. 艾伦·范思沃斯:《美国合同法》(原书第3版),葛云松、丁春艳译,中国政法大学出版社2004年版。

13. 〔日〕高桥宏志:《民事诉讼法:制度与理论的深层分析》,林剑锋译,法律出版社2004年版。

14. 〔美〕肯尼思·布莱克、〔美〕哈罗德·斯基博:《人寿与健康保险》,孙祁祥等译,经济科学出版社2003年版。

15. 〔德〕迪特尔·梅迪库斯:《德国债法总论》,杜景林、卢谌译,法律出版社2004年版。

16. 〔美〕P·S·阿狄亚:《合同法导论》,赵旭东译,法律出版社2002年版。

17. 〔法〕勒内·达维:《英国法与法国法:一种实质性比较》,潘华仿等译,清华大学出版社2002年版。

18. 〔德〕莱奥·罗森贝克:《证明责任论——以德国民法典和民事诉讼法典为基础撰写》(第4版),庄敬华译,中国法制出版社2002年版。

19. 〔德〕克里斯蒂安·冯·巴尔:《欧洲比较侵权行为法》,焦美华译,法律出版社2001年版。

20.〔古罗马〕优士丁尼:《法学阶梯》,徐国栋译,中国政法大学出版社1999年版。

二、期刊类

1. 胡学军:《证明责任中国适用的限缩——对"程序法上证明责任"在本土适用性的质疑》,载《法学家》2022年第2期。

2. 胡学军:《现代证明责任"风险"性质重述》,载《法制与社会发展》2022年第2期。

3. 胡学军:《四十不惑:我国证明责任理论与规范的协同演进史综述》,载《河北法学》2022年第4期。

4. 王刚:《证明责任减轻制度研究》,载《比较法研究》2021年第6期。

5. 胡学军:《证明责任泛化理论批判——以"物"之争议的举证证明为中心》,载《河北法学》2021年第3期。

6. 胡学军:《证明责任制度本质重述》,载《法学研究》2020年第5期。

7. 吴英姿:《证明责任的程序法理》,载《南大法学》2020年第2期。

8. 陈巍:《论统一的过错证明责任分配规则》,载《法商研究》2020年第5期。

9. 段文波:《民事证明责任分配规范的法教义学新释》,载《政法论坛》2020年第3期。

10. 周洪波:《证明责任分类的体系重构》,载《法制与社会发展》2020年第3期。

11. 胡学军:《在"生活事实"与"法律要件"之间:证明责任分配对象的误识与回归》,载《中国法学》2019年第2期。

12. 魏永征、周琳:《媒体在名誉权案中的举证问题——从证据视角说"世奢会"案》,载《新闻界》2014年第12期。

13. 荣荣:《新闻媒体侵权诉讼中证明责任分配规则研究》,载《新闻战线》2014年第11期。

14. 周翠:《从事实推定走向表见证明》,载《现代法学》2014 年第 6 期。

15. 陈刚:《论我国民事诉讼抗辩制度的体系化建设》,载《中国法学》2014 年第 5 期。

16. 胡学军:《前进抑或倒退:事案阐明义务论及其对我国的启示》,载《法学论坛》2014 年第 5 期。

17. 张海燕:《民事推定法律效果之再思考——以当事人诉讼权利的变动为视角》,载《法学家》2014 年第 5 期。

18. 王雷:《我国〈侵权责任法〉中的证据规范》,载《山东大学学报(哲学社会科学版)》2014 年第 3 期。

19. 潘红艳、夏晴:《〈保险法〉第 57 条立法解析及其完善》,载《当代法学》2014 年第 2 期。

20. 隋愿:《保险纠纷裁判中的近因原则及其反思》,载《法律适用》2014 年第 1 期。

21. 王国征:《〈侵权责任法〉视野下证明责任倒置的适用》,载《湘潭大学学报(哲学社会科学版)》2014 年第 1 期。

22. 谌宏伟:《"规范说"与中国民事立法》,载《北大法律评论》2014 年第 1 期。

23. 马宁:《保险法因果关系论》,载《中外法学》2013 年第 4 期。

24. 田海鑫:《论协同主义视野下的当事人事案解明义务》,载《河南科技大学学报(社会科学版)》2013 年第 4 期。

25. 曹志勋:《"真伪不明"在我国民事证明制度中确实存在么?》,载《法学家》2013 年第 2 期。

26. 胡学军:《从"证明责任分配"到"证明责任减轻"——论证明责任理论的现代发展趋势》,载《南昌大学学报(人文社会科学版)》2013 年第 2 期。

27. 王国征:《合同成立、合同有效和合同生效的证明责任分配——兼评〈关于民事诉讼证据的若干规定〉第 5 条第 1 款第 1 句》,载《湘潭大学学报(哲学社会科学版)》2013 年第 2 期。

28. 胡学军:《证明责任倒置理论批判》,载《法制与社会发展》2013

29. 占善刚:《附理由的否认及其义务化研究》,载《中国法学》2013年第1期。

30. 肖建华:《现代型诉讼之程序保障——以 2012 年〈民事诉讼法〉修改为背景》,载《比较法研究》2012 年第 5 期。

31. 胡学军:《从"抽象证明责任"到"具体举证责任"——德、日民事证据法研究的实践转向及其对我国的启示》,载《法学家》2012 年第 2 期。

32. 毋爱斌:《损害额认定制度研究》,载《清华法学》2012 年第 2 期。

33. 诸福民:《准法律推定——事实推定与法律推定的中间领域》,载《当代法学》2011 年第 5 期。

34. 胡东海:《论合同生效要件之证明责任分配》,载《法律科学(西北政法大学学报)》2011 年第 4 期。

35. 周学峰:《论保险法上的因果关系——从近因规则到新兴规则》,载《法商研究》2011 年第 1 期。

36. 陈本寒、艾围利:《侵权责任法不可抗力适用规则研究——兼评〈侵权责任法〉第 29 条》,载《现代法学》2011 年第 1 期。

37. 张影、黄冠猛:《保险合同纠纷案件的举证责任分配》,载《人民司法》2010 年第 14 期。

38. 王战涛:《中德保险法中的消费者保护比较研究》,载《保险研究》2010 年第 10 期。

39. 岳卫:《人身保险中故意免责的举证责任》,载《法学》2010 年第 5 期。

40. 陈帮锋:《论意外事故与不可抗力的趋同——从优士丁尼法到现代民法》,载《清华法学》2010 年第 4 期。

41. 刘哲玮:《论美国法上的证明责任——以诉讼程序为视角》,载《当代法学》2010 年第 3 期。

42. 霍海红:《证明责任配置裁量权之反思》,载《法学研究》2010 年第 1 期。

43. 邵明:《试析民事证明责任的减轻技术》,载齐树洁主编:《东南司法评论》(2009 年卷),厦门大学出版社 2009 年版。

44. 刘宇萍:《受益人未按约定履行出险通知义务的法律责任》,载《人民司法》2009 年第 6 期。

45. 徐涤宇、胡东海:《证明责任视野下善意取得之善意要件的制度设计——〈物权法〉第 106 条之批评》,载《比较法研究》2009 年第 4 期。

46. 肖建华、周伟:《民事证明责任分配体系刍论》,载《北京科技大学学报(社会科学版)》2009 第 4 期。

47. 于涛:《被保险人自杀索赔问题的中美法律比较——解析新〈保险法〉第四十四条》,载《保险研究》2009 年第 3 期。

48. 毕玉谦:《解读民事证明责任在语义上的表述与基本属性》,载《法律适用》2008 年第 7 期。

49. 王洪亮:《试论履行障碍风险分配规则——兼评我国〈合同法〉上的客观责任体系》,载《中国法学》2007 年第 5 期。

50. 燕云捷、张渤:《不可抗力与意外事件之法律比较》,载《西北大学学报(哲学社会科学版)》2006 年第 2 期。

51. 肖建华、王德新:《证明责任判决的裁判方法论意义——兼评传统证明责任观之谬误》,载《北京科技大学学报(社会科学版)》2005 年第 2 期。

52. 李浩:《证明责任与不适用规范说——罗森贝克的学说及其意义》,载《现代法学》2003 年第 4 期。

53. 肖建国:《论民事证明责任分配的价值蕴涵》,载《法律科学》2002 年第 3 期。

54. 陈刚:《证明责任法与实定法秩序的维护——合同法上证明责任问题研究》,载《现代法学》2001 年第 4 期。

55. 陈刚:《抗辩与否认在证明责任法学领域中的意义》,载《政法论坛》2001 年第 3 期。

56. 肖建华、吴小隆:《证据判断的主观性及其客观化》,载《江西财经大学学报》2000 年第 5 期。

57. 肖建华:《诉讼证明过程分析——从司法个案透视证据判断的主观性》,载《人大法律评论》2000 年第 2 期。

58. 王轶:《论买卖合同中债务履行不能风险的分配——以基于法律

行为的物权变动模式的立法选择为考察背景》,载《中外法学》1999 年第 5 期。

59. 邓辉:《人寿保险事故认定举证责任的分担》,载《保险研究》1998 年第 12 期。

60. 郭晓航、冶思松:《意外伤害的定义及判定(二)》,载《保险研究》1996 年第 1 期。

61. 中国人民保险公司人身意外伤害保险课题组:《意外伤害的定义及判定(一)》,载《保险研究》1995 年第 6 期。

三、硕博士论文

1. 陈帮锋:《意外事故理论研究——以罗马法为中心》,清华大学 2012 年博士论文。

2. 郭佳宁:《侵权责任免责事由研究》,吉林大学 2008 年博士论文。

四、外文资料

1. City of N.Y.v. Con'l Gas. Co. 805 N.Y.S.2d 391 (N.Y.App.Div.2005).

2. Tush v. Pharr, 68 P. 3d 1239 (Alaska 2003).

3. Neffv. Pierzina, 629 N.W.2d 177 (Wis. 2001).

4. BGH NJW-RR 2002, 671, 1997, 663.

5. Canadyne-Georgia Corp. v. Cont'I Ins. Co., 999 F.2d 1547 (11 th Cir. 1993).

6. Forfeiture Rule; Off With tk-Policy holders' Heads," 13 Ins. Litig. Rep. 113,124-127 (1993).

7. Günter Bauer, Die Kraftfahrtversicherung, C.H.Beck (München), 3. Auf. 1993.

8. Royal-Globe Ins. Co. v. Craven, 585 N. E. 2d 315 (Mass. 1992).

9. Jones v. Bituminous Cas. Corp., 821 S. W. 2d 798, 803 (Ky. 1991).

10. Ara v. Erie Ins. Co., 387 S. E. 2d 320 (W.Va.1989).

11. Finstad v. Steiger Tractor, Inc. 301 N. W. 2d 392 (N.D.1981).

12. Dahl v. Grice［1981］VR 513.

13. Morales v. National Grange Mutual Insurance Co., 423 A. 2d 325 (N. J.Super. Ct. Law Div. 1980).

14. McGhee v. National Coal Board.［1972］3 All ER 1008 (HL).

15. Henschel v. Hawkeye- Security Ins. Co., 178 N.W.2d 409, 415 (Iowa 1970).

16. Roe v. Minister of Health.［1954］2 QB 66.

17. Barkway v. South Wales Transport Co. Ltd.［1950］1 All ER 392 (HL).

18. 156 Minn. 60, 194 NW 313(1923).

致　谢

据说大龄女博士在答辩通过之际都会忍不住流泪，我也不例外。这份泪水中既有成功的喜悦，又有对个中艰辛的感叹，还有说不尽的感恩。

首先，我要感谢我的导师肖建华教授。肖老师是我在中国政法大学求学时的硕士研究生导师，博士在读期间，因工作繁忙，再加上改行从事企业管理工作而荒废民事诉讼法专业多年，肖老师的严格要求使我不敢有任何懈怠，在读六年、写作六年，几乎所有的节假日时间都用于读书、写作。论文撰写期间，每遇问题百思不得其解时，肖老师简洁而睿智的指点往往具有醍醐灌顶之效。特别是，博士论文于 2016 年成稿，当年因误将一篇发表于北大核心期刊的论文认为是学校认可的 C 刊论文而未能按时毕业。延期一年后，肖老师再次审核论文稿，又让我改了近三分之一篇幅的内容。最初我有些不解，也有些畏难，但修改完成后，终于体会到老师的治学严谨和深厚造诣。老师的耐心指导和严格要求是本书顺利完成的最重要保障。

其次，我还要感谢我的父母，尤其是我的母亲。如果没有母亲坚定的支持，我不会下定决心考博，更没有勇气坚持为期六年的学习。

再次，我要感谢我的领导。我十分幸运地遇到了数位支持、帮助我的领导，他们是：中国人寿保险股份有限公司的王翠菲女士、许崇苗博士、洪梅女士，上海市建纬（北京）律师事务所的谭敬慧女士。如果没有他们的宽容、理解和帮助，我不可能完成学业。

复次，我还要感谢我人生的良师益友：我的大学班主任、中华女子学院的刘春玲教授，如果没有她一路的鼓励与帮助，我不可能有勇气从一个法律专科生坚持考法学本科、研究生，最后有幸获得法学博士学位；我的硕士老师中国政法大学的史飚教授，如果没有她一路的关心与鼓励,我不可能坚定地走自己想走的路;我的硕士同学冯珂博士,如果没有他的帮助,本书将欠缺重要的德文文献部分;还有我的博士同学李伟民、张天泽……相逢是首歌,是他们与我共度人生中辛苦而充满盼望的阶段;还有很多朋友,原谅我不能一一列出所有人的名字,但感恩之情铭记于心。

最后,我要感谢北大出版社的蒋浩副总编和王建君、周子琳老师,他们的帮助是本书得以顺利出版的重要原因。我于2019年7月博士毕业,时隔四年本书终得以出版,期间因律师工作繁忙而长时间耽搁,多亏助理黄轩辕、倪晶协助校对,廖静珠协助查找最新资料和更新参考文献,感谢他们对本书的付出。